HK러시아·유라시아 연구 시리즈 21/37

우리에게 다가온 러시아 발레

책머리에

한양대학교 아태지역연구센터 러시아·유라시아연구사업단은 한국연구재단의 HK+사업을 수행하면서 러시아 발레·오페라를 알리고자 몇 차례 시민인문강좌를 개최하였다. 러시아 고급예술에 대한 일반대중의 열띤 관심을 확인할 수 있는 기회였다. 관련 서적이 부족한 국내 상황에서 이는 러시아 발레·오페라 해설서 기획으로 자연스럽게 이어졌다.

마침 지난 2020년은 한러수교 30주년이 되는 해였고 이 책이 그간 깊어진 양국의 문화교류를 기념할만한 의미 있는 출간물이 되리라는 확신도 있었다. 대중서와 전문서 사이에서 균형을 잡느라 출간이 다소 지체되었으나 개별 작품에 대한 정확한 정보와 러시아학 전공자들의 충실한 인문학적 해설을 제공한다는 집필 원칙 하에 먼저 『우리에게 다가온 러시아 발레』를 선보이게 되었다. 러시아 발레사(史)를 통시적으로 조망하면서 뛰어난 예술적 성취를 이룬 주요 안무가 및 음악가, 무용수들을 두루 소개하기 위해 17편의 작품을 엄선하였다.

무용예술 전공자들의 견해가 궁금한 독자라면 이 책이 아쉬울 수도 있겠다. 그러나 여기 담긴 설명과 해석은 개별 발레 작품뿐 아니라 러시아 예술 전반을 이해하는 길잡이 역할을 하리라는 기대가 있다. 더불어, 이 책을 통해 독자들이 러시아 발레에 한 걸음 더 가까이 다가갈 수 있기를, 이로써 러시아 예술 애호가층이 한층 더 두터워지기를 기대해 본다.

* * *

문학과 더불어 발레는 문화강국 러시아를 든든하게 떠받치는 대표주자다. 상트페테르부르크 마린스키발레단과 모스크바 볼쇼이발레단은 각기 다른 개성을 자랑하며 전 세계 발레 팬들을 매혹한다. 오늘날 우리가 '발레'하면 떠올리는 전형적인 이미지—낭만적인 플롯과 완성도 높은 음악, 화려한 무대장치, 무용수들의 고난이도 테크닉과 일사불란한 군무 등—는 모두 19세기 러시아의 '고전발레'에 빚지고 있다.

　러시아는 '발레 종주국'으로 불리지만 잘 알려진바 발레의 발상지는 이탈리아다. 르네상스 시기 이탈리아 궁정에서 싹이 튼 발레는 프랑스로 가 꽃을 피우고 러시아에 이르러 만개해 그 풍성한 열매를 거두게 된다. 러시아가 발레 종주국이 될 수 있었던 것은, 17세기 말 서유럽에서 발레를 수입한 뒤 한 세기 동안 모방과 연습을 거쳐 19세기~20세기 초까지 발레를 최고의 종합예술로 만드는 데 성공했기 때문이다.

　이탈리아 왕족과 귀족의 여흥을 위한 사교춤으로 시작한 발레가 본격 극장예술로 그 틀을 갖추게 된 데에는 유명한 발레 애호가이자 발레리노였던 루이 14세의 공이 컸다. 이 시기 발레는 궁중을 벗어나 극장무대에서 대중을 위한 공연으로 정착되었으며 전문기관에서 무용수들이 양성되기 시작했다. 19세기 초 유럽을 강타한 낭만주의는 발레에도 영향을 끼친 바, '낭만발레'의 시대가 도래한다. 그러나 낭만발레의 인기는 점차 시들기 시작해 19세기 중반 이후에는 예술형식으로서의 생존가능성을 잃게 된다. 그 대신 발레는 러시아 황실에서 새로운 활력을 찾았다. 표트르 대제의 서구화 정책은 서유럽의 '춤'을 도입하는 데에도 적극적이었다. 덕분에 발레 쇠퇴기 서유럽의 발레마스터들과 무용수들이 '블루오션'을 찾아 러시아로 왔다. 초빙한 교사들에게 아낌없는 물질적 후원을 제공한 차르에게 이들은 러시아 발레 중흥을 위한 평생의 헌신과 황실에 대한 변치 않는 충성으로 화답했다. 반세기 가까이 60여 편의 발레를 러시아 황실에 바친 마리우스 프티파의 놀라운 성취는 이런 배경에서 가능했다. 이 책에 등장하는 <백조의 호수>, <잠자는 미녀>, <호두까기 인형>에서 러시아 고전발레의 황금시대를 이끌어간 주역들을 만나게 될 것이다.

19세기 중후반 러시아 발레가 이룬 놀라운 예술적 성취는 20세기 초 발레뤼스의 활약으로 이어진다. 세기의 흥행사 댜길레프의 발레단 발레뤼스가 유럽에 선보인 '충격적인' 춤은 발레사의 신기원을 열었다. 기교만 남은 쇠락한 발레에 신선한 생명력을 불어넣은 발레뤼스의 무대는 고전발레에서 현대무용으로 나아가는 대전환의 서막이었다. 이 예측불가한 20세기 초 격동의 무대를 <불새>, <세헤라자데>, <페트루시카>, <봄의 제전>, <아폴론>이 포착한다. 여기서 당시 발레계의 최전선을 누볐던 포킨, 니진스키, 발란친 등의 기라성 같은 예술가들이 모색한 변화와 혁신의 현장을 목격하게 될 것이다.

성공가도를 달리던 러시아 발레는 1917년 공산혁명 직후 부르주아 예술이라는 이유로 잠시 사라질 위기에 처했으나 곧 '소비에트 드라마 발레'라는 독보적인 스타일을 만들어 나가기 시작한다. 그 정점에 볼쇼이발레의 살아있는 전설인 안무가 그리고로비치와 발레리나 플리세츠카야가 있다. 양립불가능한 이념과 예술의 조화를 꿈꾸어야 했던 예술가들의 고뇌 속에서 피어난 소비에트 발레의 빛과 명암이 <황금시대>와 <볼트>, <로미오와 줄리엣>, <석화>, <스파르타쿠스>, <곱사등이 망아지>와 <카르멘 모음곡>을 통해 드러날 것이다.

250여 년의 전통을 자랑하는 러시아 발레는 소련 해체 후에도 그 명성을 유지하기 위해 노력하고 있다. 발레뤼스 이후 새로운 춤으로 다시 한번 전 세계를 열광케 한 안무가 에이프만, 21세기에도 러시아 발레가 건재함을 증명한 안무가 라트만스키의 활약을 <붉은 지젤>과 <안나 카레니나>에서 확인하게 될 것이다.

러시아 발레가 세계 정상에 우뚝 설 수 있었던 것은, 러시아인 특유의 맥시멀리스트적인 성정, 즉 한계치까지 몰아붙이는 예술을 향한 지극한 애정과 도저한 희생정신 덕분이다. 여기에 러시아인의 놀라운 수용 능력 또한 한몫했다. 19세기 러시아 사상가 게르첸은 이 점에 대해 다음과 같이 지적한 바 있다.

> 슬라브인들의 수용적인 성격, 여성스러움, 진취성 결핍, 뛰어난 동화 및 적응 능력은 그들을 다른 민족들에게 꼭 필요한 민족으로 만들었다. 그들은 완전히 자급적일 수 없다. … 다른 민족들의 사상을 그들보다 더 깊고 완전히 흡수하면서도 진정한 자기 자신으로 남을 수 있는 민족은 없다.

이처럼, 러시아 정신의 특장점은 무에서 유를 창조하는 데 있다기보다는 남의 것(chuzoi)을 모방하는 데서 나아가 그것을 내 것(svoi)으로 만들어내는 탁월한 가공 능력에 있다. 18세기에 수입한 서유럽 문학을 모방·학습한 러시아 문학이 한 세기 지나 톨스토이와 도스토옙스키와 같은 대문호를 배출했듯, 러시아 발레 역시 유사한 경로를 밟으며 정상에 올랐다.

『우리에게 다가온 러시아 발레』가 치열한 고민과 숱한 시행착오를 거치며 다듬어진 러시아 예술 정신과 조우하는 자리가 되기를 바란다.

끝으로 출판계의 어려운 사정에도 불구하고 기꺼이 이 책의 출간을 맡아준 뿌쉬낀하우스 출판사에 진심으로 감사를 전한다. 아울러 촉박한 일정 가운데 정성껏 교정작업을 해주신 편집부에도 고마움을 전한다.

2021년 2월 필진을 대신하여 심지은

목차

책머리에　　002

백조의 호수 · 서선정　　009
«Лебединое озеро»

잠자는 미녀 · 김혜란　　037
«Спящая красавица»

호두까기 인형 · 신혜조　　059
«Щелкунчик»

셰헤라자데 · 차지원　　083
«Шехеразада»

불새 · 차지원　　111
«Жар-птица»

페트루시카 · 차지원　　141
«Петрушка»

봄의 제전 · 박선영　　171
«Весна священная»

아폴론 · 황기은　　199
«Аполлон»

황금시대 | 볼트 · 서선정   219
«Золотой век» и «Болт»

로미오와 줄리엣 · 윤서현   249
«Ромео и Джульетта»

석화 · 백승무   279
«Каменный цветок»

스파르타쿠스 · 김혜란   303
«Спартак»

곱사등이 망아지 | 카르멘 모음곡 · 윤서현   325
«Конёк-горбунок» и «Кармен-сюита»

붉은 지젤 · 백승무   351
«Красная Жизель»

안나 카레니나 · 박선영   377
«Анна Каренина»

참고문헌 402 | 찾아보기 404 | 필자 소개 412

백조의 호수

«Лебединое озеро»

서선정

음악: 표트르 차이콥스키
안무: 바츨라프 라이징거
대본: 블라디미르 베기체프, 바실리 겔체르
초연: 1877년 2월 20일, 모스크바 볼쇼이극장

1. 차이콥스키와 발레 조곡

발레 <백조의 호수>는 러시아 발레의 대표 레퍼토리로 오랜 세월동안 대중에게 폭넓은 사랑을 받아 왔다. 트레이드마크라고 할 수 있는 백조의 우아한 자태, 동화 같은 사랑 이야기, 감미로운 음악은 관객을 환상 속 낭만 세계로 이끌며 매료시켜 왔다. 그러나 <백조의 호수>가 처음부터 성공적이었던 것은 아니다. 고전발레 <백조의 호수>가 지금과 같은 형태를 갖추기까지 예술적 완성을 향한 숱한 시도들이 이어져 왔다. 그 창작의 첫 걸음은 차이콥스키의 작곡에서부터 시작되었다.

표트르 일리치 차이콥스키

발레 조곡 <백조의 호수>는 상트페테르부르크음악원을 졸업한 그가 당시 갓 문을 연, 모스크바음악원(현재 차이콥스키음악원)의 교수로 활동하던 시기에 작곡되었다. 차이콥스키는 음악과 예술이 단순한 유희의 대상이 되는 것을 넘어서 깊은 의미를 담아야 한다고 생각했다. 특히 그는 현실과 운명 사이의 갈등이나 그것에 대한 극복처럼 삶의 이야기를 음악 속에 표현하고자 했는데, 그러한 예술적 목표에 부합하는 새로운 장르로 발레 음악에 관심을 갖고 있었다. 그런 까닭에 차이콥스키는 발레 음악을 창작하는 과정에서 발레의 대본을 매우 중시했고 음악의 선율이 극의 전개 과정을 드러낼 수 있도록 표현하였다.

이러한 시도는 매우 혁신적인 것이었다. 지금은 발레에서 음악이 안무의 분위기나 내용 전개를 드러내는 핵심 요소임을 그 누구도 부정하지 않지만, 이 당시 발레 음악이란 우아한 동작과 기교를 살리는 안무에 종속된 것으로 생각되었다. 따라서 무용과 별도로 공연 가능한, 완결된 이야기와 주제를 담은 발레 조곡은 몹시 생소한 것이었다.

차이콥스키는 이러한 예술적 철학을 담아 그의 3대 발레 조곡으로 일컬어지는 <백조의 호수>, <잠자는 미녀>, <호두까기 인형>을 발표했는데, 그 중 가장 먼저 발표된 <백조의 호수>는 동시대 관객들의 몰이해를 고스란히 받아내야 했다. 이로 인해 차이콥스키의 음악은 때로 발레 <백조의 호수> 초연이 실패하게 된 원인의 하나로 지목되곤 했다.

2. 1877년 초연: 발레 <백조의 호수>는 어떻게 탄생하였나?

1875년 차이콥스키는 모스크바 황실극장으로부터 '백조들의 호수'를 주제로 한 발레 음악을 작곡해 달라는 의뢰를 받는다. 그의 회고에 따르면, 당시 급히 돈이 필요하기도 했지만 무엇보다 오래 전부터 관심을 가지고 있던 발레 음악에 도전해보고 싶었던 까닭에 이에 응하게 되었다고 한다.

그런데 차이콥스키가 처음부터 완성된 <백조의 호수>의 대본을 건네받은 것은 아니었다. 공식적으로는 발레 <백조의 호수>의 초연에 사용된 대본 집필자는 당시 극작가이자 모스크바 극장 감독관이었던 블라디미르 베기체프와 무용수였던 바실리 겔체르라

"나는 지금 돈이 필요해서이기도 하지만, 실은 오래 전부터 이런 종류의 음악을 시도해보고 싶었기 때문에 이 일을 시작한 것이라네."

- 차이콥스키가 작곡가 림스키-코르사코프에게 쓴 편지

고 명시되어 있지만, 이것이 곧 그들이 이야기를 구상하고 착안했다는 것을 의미하지는 않는다. 특히 환상적 상상력이 가득한 이야기의 원천에 대한 의견이 분분한데, 날마다 백조로 변하는 저주에 걸린 처녀와 사랑에 빠진 왕자, 그들의 사랑이 이루어지는 것을 방해하는 악마, 그리고 이들 모두가 비극적 결말에 이르는 줄거리는 숱한 문학적 기원을 연상케 하지만, 그 중에서도 독일의 창작동화에다가 러시아, 유럽의 전설과 구전민담의 요소를 결합시킨 것이라는 설이 가장 설득력을 얻고 있다. 흥미롭게도, 대본 구성 과정에서 고려되었을 것으로 추정되는 여러 설화들 중에는 한 사냥꾼이 여인으로 변해 호수에서 목욕하는 백조의 옷을 감춰 결혼에 성공하게 되지만 몇 년 후 옷을 다시 찾은 백조가 떠나간다는 줄거리도 언급되는데, 우리나라의 전래 동화인 <선녀와 나무꾼>의 내용과 매우 흡사하다.

주목할 점은 작품을 의뢰받기 오래전부터 차이콥스키가 '백조의 모티브, 백조가 추는 춤'에 대한 생각에 사로잡혀 있었다는 사실이다. 그는 1871년 여름, 자신의 조카들을 위해 백조를 소재로 한 1막짜리 아동 발레를 창작하여 무대에 올렸을 뿐 아니라, 독일 바바리아를 방문했을 때 루드비히 2세의 노이슈반슈타인의 <백조의 성>이라는 작품을 보고 깊은 인상을 받았다고 한다. 그러므로 <백조의 호수>의 서사를 고안하는 과정에서 차이콥스키는 상당히 주도적인 역할을 했을 가능성이 높다. 실제로 차이콥

스키는 베기체프와 겔체르가 쓴 <백조의 호수> 대본을 보완한 것으로 기록되어 있다.

한편, 차이콥스키는 발레의 내용뿐 아니라 안무의 전개와도 조화를 이루는 음악을 작곡하려 했다. 당시 <백조의 호수>의 안무는 볼쇼이극장에서 활동하고 있던 체코 출신 안무가 바츨라프 라이징거가 담당했는데, 차이콥스키는 그에게 발레에 대한 정보를 줄 것을 여러 차례 요청했지만 라이징거는 한 번도 이에 응하지 않았다고 한다. 이는 라이징거가 발레의 구성에서 음악의 역할을 과소평가한 탓으로 볼 수 있는데, 실제 그는 자신의 안무에 맞춰 차이콥스키의 음악을 마음대로 삭제하거나 삽입하였다. 차이콥스키가 러시아 및 유럽 음악계에서 떨치고 있던 명성을 고려할 때 라이징거의 이러한 태도는 매우 충격적인 것이지만, 당시 발레에서 음악이 차지하는 비중을 고려했을 때 한편으로는 수긍할 수 있다.

그러나 이렇듯 안무가와 작곡가 간의 비협조적 관계는 작품의 위태로운 부조화로 귀결되었다. 차이콥스키는 음악을 통해 하나의 완결된 내용을 표현하려 했으나, 라이징거는 음악을 전혀 고려하지 않은 안무를 고안하며 작품을 마음대로 조각냈기 때문이다. 어쩌면 음악과 안무 사이의 유기성이 결여된 <백조의 호수> 초연 무대가 비극적 실패로 끝날 것임은 예견된 결과였다.

1877년 2월 20일 4막 발레 <백조의 호수>는 우여곡절 끝에 볼쇼이극장의 무대에 올랐다. 전도유망한 작곡가 차이콥스키가 음악을 담당한다는 점이 부각된 탓에 발레는 공연 전부터 세간의 큰 기대를 모았으므로, 실망한 관객들은 그만큼 더 혹독한 평가를 내렸다. 무엇보다 안무가 라이징거의 무능함이 드러났는데, 심지어 무용수들이 자신이 추게 될 바리아시옹을 직접 안무했다는 사실이 폭로되기도 했다. 또한 공연 실패의 주요 원인 중 하나로 지목되었던 뛰어난 주연 무용수의 부재는 발레 외적 요인으로 인한 것이었다는 사실이 밝혀지기도 했다. 초연에서는 백조 오데트와 흑조 오딜을 서로 다른 두 명의 무용수가 연기했는데, 어떤 무용수에게 어느 역할이 더 적합한지 고려되지 않은 채, 당시의 안무에서 절대적 비중을 차지하고 있던 백조의 역할을 극장 고위 관료들과 친분이 있었던 남편을 둔 무용수에게 맡겨졌다는 것이다. 발레의 음악에 대해서는 지휘자가 차이콥스키의 음악을 이해하지 못했기 때문이라는 평가도 있었으나, 음악 역시 지루하다는 등의 혹평을 완전히 피하지는 못했다. 비록 동료들이 발레 조곡 <백조의 호수>가 이룬 음악적 성과를 높이 평가했으나, 차이콥스키는 그 실패를 자신의 책임으로 여기며 이후 오랫동안 괴로워했다.

"어제 연극학교 홀에서 이 발레의 제1막 중 몇 장면에 대한 첫 리허설이 있었다. 대단히 심각하고 영감에 찬 표정으로 단 한 대의 바이올린 소리에 맞춰 춤을 창작하고 있는 안무가의 얼굴을 보는 것이 얼마나 우스꽝스러운지. 게다가 신성한 의무를 수행하며 뛰고 회전하는 경쾌한 동작들에 취해, 가상의 관객들을 위한 미소를 짓고 있는 무용수들을 보는 것 역시 그 못지않았다. 극장의 모든 사람들이 내 음악에 감탄하고 있다."

- 차이콥스키의 일기

3. 1895년 개정본: 다시 태어난 <백조의 호수>

초연에서 크게 실패한 <백조의 호수>는 그 이후에도 간간이 공연되었으나, 관객들의 호의적인 반응을 얻지 못했다.

라이징거의 뒤를 이어 볼쇼이극장에 온 벨기에 안무가 한센은 1880년 음악을 편곡하고 안무를 바꾸어 새로운 <백조의 호수>를 창작하지만 이 또한 성공적이지 않았다. 그 후로도 몇 번 더 볼쇼이극장의 무대에 올려졌으나, 전용 무대장치가 낡았다는 이유로 결국 볼쇼이극장의 발레 레퍼토리에서 완전히 삭제되었고, 그 후로는 러시아에서 단 한차례도 공연되지 않아 영원히 무대 뒤로 사라질 위기에 처하게 되었다.

위기의 발레 <백조의 호수>를 다시 대중 앞으로 끌어낸 것은 러시아 밖의 무대였다. 1888년 2월 체코 프라하극장의 차이콥스키 음악 축제에서 <백조의 호수> 2막이 공연된 것이다.

수많은 레퍼토리 중에서 <백조의 호수>가 선택된 것은 그 초연의 안무가가 체코인이었다는 사실과 무관치 않은데, 이 공연에서 안무가 베르거는 라이징거의 <백조의 호수>와는 완전히 다른 새로운 <백조의 호수>를 시도하여 크게 성공을 거둔다. 이때 그가 2막을 무대에 올린 것은 <백조의 호수>의 예술적 중심을 2막으로 간주한 차이콥스키의 견해를 염두에 둔 것이라 볼 수 있다. 이 공연 이후로 <백조의 호수>는 전막 대신 종종 2막만 공연되기도 하였다.

그러나 이러한 시도들은 <백조의 호수>를 다시 러시아의 무대로 되돌려 놓지는 못했다.

한편 차이콥스키는 1888년부터 상트페테르부르크의 마린스키극장에서 일하게 되었는데, 이때 그가 음악을 담당했던 1891년 <잠자는 미녀>와 1892년 <호두까기 인형>이 크게 성공한다. 그러자 차이콥스키 음악의 대중적 성공과 예술성을 경험한 황실극장장 프세볼로지스키는 모스크바에서 공연되었던 차이콥스키의 <백조의 호수>를 마린스키의 무대로 가져 올 생각을 하게 된다. 이에 1893년 프세볼로지스키, 차이콥스키, 마린스키극장의 수석 안무가 프티파, 지휘자 드리고가 만나 공연을 위한 논의를 시작하지만, 1893년 차이콥스키의 갑작스런 죽음으로 모든 것이 중단된다. 대신 마린스키극장은 차이콥스키 추모 음악회를 기획하게 된다.

전 세계의 이목이 집중된 이 음악회의 공연 레퍼토리에 <백조의 호수>가 포함되었고, 생전 차이콥스키의 견해에 따라 그중 2막이 무대에 올려 지게 되었다. 그런데 당시 75세였던 프티파가 고령으로 인해 병이 나자, 프티파를 보조하고 있던 그 제자 이바노프가 이 무대를 위한 2막의 안무를 도맡게 된다.

이바노프는 그 스스로 매우 뛰어난 무용수였으나 겸손한 사람이었으며 비록 작곡가는 아니었으나 음악에 대한 이해도가 높았다고 전해진다. 그러므로 안무 실력과 음악에 대한 이해, 거기에 러시아 발레의 발전에 대한 열정까지 갖춘 그

"나는 극장장에게 가서 차이콥스키의 음악이 성공을 거두지 못할 것이라고 생각할 이유가 하나도 없으며 문제는 발레 안무, 춤에 있는 것이 틀림없다고 말했다. 나는 개작한 리브레토에 차이콥스키의 음악을 사용할 수 있도록 허락해 줄 것을, 그리고 상트페테르부르크에서 발레를 무대에 올릴 것을 그에게 요구했다. 극장장 프세볼로지스키는 그 즉시 내게 동의했고 함께 차이콥스키에게로 갔다. 그렇게 해서 탄생한 <백조의 호수>는 큰 성공을 거두었다. 당시 차이콥스키는 매우 기뻐하며, 프티파 외에 그 누구와도 발레를 함께 창작하지 않겠노라고 말했다."

- 프티파의 회고록

가 발레 <백조의 호수>를 보다 높은 새로운 차원으로 끌어올린 것은 결코 우연한 일이 아니었다. 특히 발레 작품에서 인간의 감정과 사고를 표현하려 했던 이바노프의 경향은 차이콥스키가 발레 음악을 통해 추구한 것과 일치했다.

이바노프가 안무한 <백조의 호수> 2막은 여러 지점에서 이전의 버전들과는 달랐다. 특히 그 이전까지 '백조다움'을 표현하기 위해 백조의 의상에 새의 깃털로 만들어 달았던 펄럭이는 날개를 없앴는데, 대신 그는 백조의 날개를 대신할 새로운 팔 동작을 안무했다. 인간의 팔 동작을 통해 백조를 형상화한 그의 안무는 백조 속에 인간의 모습을 교차시켰고, 이를 통해 안무 뿐 아니라 작품의 의미에 있어서도 획기적인 변화를 이끌어내었다고 평가된다.

이바노프의 2막이 성공을 거둔 후, 1895년 마린스키극장에서는 <백조의 호수> 전 4막이 부활하였다. 편곡과 지휘는 드리고가, 리브레토는 작곡가 표트르 차이콥스키의 동생인 모데스트 차이콥스키가 맡았고, 안무는 프티파와 이바노프가 함께

1895년 공연 팜플렛

완성하였다. 프티파가 1,3막을, 이바노프가 2막을 전담하고, 4막은 프티파와 이바노프가 공동 창작하였다.

이 버전의 가장 큰 특징은 비로소 유혹적인 흑조 오딜의 형상이 완성되었다는 점이다. 그 이전까지 <백조의 호수>에서 선 중심의 이야기 구도에 힘입어 백조 오데트의 역할이 강조되었던 것과 달리, 프티파는 백조 오데트와 대등하면서도 강렬한 대립을 이루는 흑조 오딜의 형상을 창조해냈다. 3막에서 지그프리드 왕자와 오딜의 2인무 파드되가 그토록 화려하게 펼쳐지게 되는 것은 이러한 안무의 방

1895년 공연의 오데트, 피에리나 레니야니

향을 보여준다.

<백조의 호수>가 지닌 예술적 가능성을 극대화한 이 버전은 대중에게 매우 큰 호응을 얻었을 뿐 아니라, 이후 고전발레 <백조의 호수> 안무의 표준이 되었다. 또한 마린스키극장의 고정 레퍼토리가 됨으로써 러시아 극장 무대에서 사라질 뻔했던 <백조의 호수>가 그 운명의 드라마틱한 전환을 맞이하는 계기가 되었다.

4. 고전발레 <백조의 호수>를 위한 다양한 시도들

마리우스 프티파와 그 제자 레프 이바노프의 전면적인 개작을 통해 탄생한 <백조의 호수>는 오늘날까지 고전발레 <백조의 호수>의 기본으로 자리해 오고 있다.

오랜 세월 공연되는 동안 <백조의 호수>를 새롭게 변화시키려는 다양한 시도들이 이루어졌는데, 그중 안무, 연출, 무대 등의 측면에서 주목할 만한 개정본을 살펴보는 것은 매우 흥미로운 일이다. 특히 이는 <백조의 호수>가 지닌 무한한 예술적 가치와 가능성을 보여주기 때문이다.

제정 러시아를 몰아내고 새롭게 러시아를 장악한 소련은 새로운 문화적 가치를 지향하였는데, 이는 발레에도 고스란히 반영되었다. 1933년 레닌그라드에서 아그리피나 바가노바는 사회주의 사실주의에 입각하

아그리피나 바가노바

여 완전히 새로운 <백조의 호수>를 탄생시켰다. 당시 소련은 환상적인 것, 동화적인 것과의 이념적인 전쟁을 벌이고 있었으므로, <백조의 호수>는 역사적이고 사실적인 이야기, 혹은 일상적 분위기의 이야기로 바뀌어야만 했다. 특히 우연적 요소를 가능한 배제하고 대중들이 이해하기 쉬운 발레로 만들어야 했는데, 바가노바는 전통 발레에서는 널리 사랑받았으나 현대 소비에트 관객에게는 낯선 상징적 표현들과 마임 등을 모두 제거해야 한다고 생각했다.

그 결과 바가노바의 <백조의 호수>에서 왕자는 환상적 전설에 심취한 백작으로, 로트바르트는 딸을 백작에게 시집보내고 싶어 하는 이웃의 공작으로 대체되었고, 마법적 저주와 그것의 포로가 되어버린 백조들, 악한 정령의 화신인 로트바르트의 형상 등은 완전히 사라졌다. 그리하여 왕자와 오데트의 애달픈 사랑 이야기는 백조가 처녀로 변하는 환상에 빠진 나머지, 이웃 공작이 쏜 총에 맞은 백조가 자신의 품속에서 죽자 이를 견디지 못하고 괴로워하다 자살하는 백작의 이야기로 바뀌었다. 즉, 낭만주의자의 비극적 최후에 관한 교훈적 이야기로 변모한 것이다. 그러나 이처럼 <백조의 호수>를 거의 전면적으로 개작하면서도 바가노바는 2막에는 손을 대지 않았다. 바가노바의 버전은 1941년까지 레닌그라드의 무대에서 공연되었다.

2차 세계대전이 종료된 후 1945년, 표도르 로푸호프는 마린스키극장에서 <백조의 호수> 공연을 올렸다. 스스로 2막과 4막의 로트바르트 역으로 출연했던 이 공연에서 로푸호프는 원곡에서 삭제된 부분들을 복원한 후 이를 새롭게 안무하여 차이콥스키에게 헌정했다. 특히 로푸호프의 <백조의 호수>는 그 결말이 이전과 다르다는 점에서 크게 주목받았다. 이전의 안무들, 예컨대 초연에서는 오데트와 지그프리드의 죽음으로, 프티파-이바노프의 개정본에서는 오데트와 지그프리드 왕자, 로트바르트가 모두 죽음을 맞았던 것과 달리, 로푸호프의 버전에서는 로트바르트만 파멸한다. 그런데 행복한 결말로 끝맺는 <백조의 호수>는 이미 1937년 모스크바 볼쇼이극장에서 안무가 아사프 메세레르에 의해 시도된 것이었다. 이는 1930년대 중반 이후 소련에서 사회주의 리얼리즘이 예술의 핵심 강령으로 자리 잡았고, 그에 따라 모든 예술이 인간 정신을 계도할 수 있는 교훈적인 이념을 담아내어야만 했던 것과 연관된다.

훗날 로푸호프는 자신이 프티파-이바노프 버전을 변용시킨 것이 크나큰 죄였다고 고백하며 1958년 말르이오페라발레극장에서 자신의 안무 대신 프티파-이바노프의 <백조의 호수>를 무대에 올렸다고 전해진다.

1950년 마린스키극장에서 선보인 콘스탄틴 세르게예프의 <백조의 호수>에서는 이전보다 훨씬 더 역동적인 형상의 로트바르트가 출현하고 권선징악적 결말이 보다 더 드라마틱하게 제시된다. 무엇보다 인상적인 것은 4막 피날레에서 지그프리드와 로트바르트가 결투하는 장면으로, 결투과정에서 로트바르트의 날개가 부러지자 지그프리드는 그 마법의 힘을 빼앗는데 성공하게 되고 이어 주인공들은 영원한 사랑을 이룬다. 마린스키극장에서는 오늘날까지도 세르게예프의 버전을 공연하고 있다.

1953년 부르마이스터는 모스크바의 스타니슬랍스키 네미로비치-단첸코 음악극장에서 안무뿐 아니라 연출의 측면에서 새로운 <백조의 호수>를 무대에 올린다.

그는 관객의 눈앞에서 처녀들이 백조로 변할 뿐 아니라, 절벽 사이에서 날개를 가진 악마 로트바르트가 등장하는 강렬한 도입부, 백조들의 저주가 풀리는 행복한 결말을 만들어 냈다. 원래 부르마이스터는 소련식 <백조의 호수>에서 전형이 되어버린 행복한 결말 대신 운명에 내던져진 주인공들의 비극적 결말에 관심을 갖고 있었다고 한다. 그러나 소련 당국은 그가 비극적 결말을 구현하지 못하게 했고, 대신 그는 안무와 무대의 형식을 통

부르마이스터의 <백조의 호수>

해 획기적인 버전을 창조해냈다. 흥미로운 것은 부르마이스터 역시 이바노프의 2막은 수정하지 않았다고 한다.

<백조의 호수> 개정본 중에서 가장 독창적인 버전으로 꼽히는 부르마이스터의 <백조의 호수>는 지금도 스타니슬랍스키 네미로비치-단첸코 음악극장에서 공연되고 있다.

1969년 볼쇼이극장에서 유리 그리고로비치가 선보인 <백조의 호수>는 20세기 후반기 러시아에서 탄생한 가장 독창적인 개정본으로 평가된다. 원래 그 역시 부르마이스터처럼 고착화된 권선징악에 진부함을 느끼며 비극적인 결말에 이끌리고 있었으나, 소련 당국이 요구하는 대로 행복한 결말의 <백조의 호수>를 구상해야만 했다. 대신 그는 분신이라는 장치를 고안해 냈고, 선한 왕자의 등 뒤로 아른거리는 악한 "나"의 형상을 두 번째 주인공으로 등장시켰다. 그 결과 유리 그리고로비치의 <백조의 호수>는 인간 내면에 도사린 선과 악의 갈등을 보여주는 대서사시로 변모되었다. 그런

의미에서 유리 그리고로비치의 버전은 고전발레 <백조의 호수>가 현대적 해석으로 나아갈 수 있는 길을 제공하였다고 해도 좋을 것이다.

해외에서도 다양한 개정본이 시도되었는데, 그중에서도 1964년 슈투트가르트극장에서 크랑코가 안무한 <백조의 호수>를 언급할 만하다. 이 버전에서는 다소 충격적인 결말이 제시되는데, 사악한 마법사 로트바르트가 살아남고 지그프리드는 물에 빠져 죽으며 오데트는 계속 백조로 남게 된다.

"나는 동화에서 낭만적 이야기를 만들려 했는데, 낭만주의적인 모든 갈등 구조를 가진 완전히 다른 작품으로서, 삶, 현실이 환상세계와 대립한다. 나는 동화적 장치를 제거했는데, 예를 들어, 왕자가 활을 가지고 백조를 사냥하러 간 호수에는 흔히 그렇듯이, 어느 악한 주인공이 지키는 백조들이 있는데, 이 때 악한 주인공이 왜 등장하는지 이해할 수 없다. 목동 같다고 해야 할까 … 전체적으로 나는 내가 보기에 옳지 않다고 생각되는 것들을 제거했는데, 왜냐하면 이 백조들이 실은 우리 주인공, 즉 지그프리드 왕자의, 일종의 내적 세계이기 때문이다. 그는 이상적이고 아름다운 사랑을 꿈꾸는데, 이 때 악한 주인공이, 아니면 운명, 그림자, 도플갱어 등, 뭐라고 불러도 좋을 그것이 그를 맞이한다."

- 2001년 3월, 유리 그리고로비치의 라디오 인터뷰 중

1961년 러시아에서 유럽으로 망명한 발레리노 루돌프 누레예프는 무용수로 무대에 오르는 동시에 안무가로서도 활동하였다. 그는 1964년 빈과 1984년 파리에서 서로 다른 버전의 <백조의 호수>를 안무하였

루돌프 누레예프

는데, 특히 1984년 파리의 <백조의 호수>는 완전히 새로운 시도로 간주해도 좋을 만큼 독창적이었다.

뛰어난 발레리노였던 누레예프는 자신이 공연하는 왕자의 역할에 새로운 춤을 안무하여 덧붙임으로써 관객의 시선이 자신에게 집중되도록 하곤 했다. 또한 백조와 여성 발레리나 중심의 전통 <백조의 호수>를 거부하고 남성 무용수 중심의 <백조의 호수>를 지향하였는데, 1964년 <백조의 호수>는 이러한 경향이 반영된 안무로 평가된다. 다만 이 버전은 과도하게 기교적인 동작들이 고안되어 구성적 완결성을 깨뜨린다는 혹평을 받기도 했다.

1984년 12월 파리오페라발레단이 공연한 그의 두 번째 안무는 남성 무용수를 중심에 두었을 뿐 아니라, 프로이트 심리주의적 모티브를 끌어들여 <백조의 호수>를 완전히 다른 이야기로 탈바꿈시켰다. 이 버전에서 누레예프는 가족에게조차 이방인이 되어버린, 현실에서 무력한 나머지 자신의 내적 상상 세계에 빠진 왕자의 형상을 창조해 내었다. 그 결과 왕자가 발레의 주인공이 되는 대신, 오데트와 오딜, 로트바르트는 그의 꿈속에 등장하는 가상 인물로 바뀌었다.

원래 파리오페라극장에서는 1956년 부르마이스터가 <백조의 호수>를 초청 공연한 이래 그 버전을 고집해 왔던 터라, 당시 누레예프는 자신의 <백조의 호수>를 공연하도록 소속 무용수들을 설득하느라 꽤 애를 먹었다고 한다. 그러나 누레예프의 1984년 안무는 파리의 콧대 높은 무용수들을 매료시켰고, 지금까지도 파리오페라극장에서는 누레예프의 <백조의 호수>가 공연되고 있다.

누레예프의 파격적인 1984년 안무를 제외하면 앞에서 언급한 개정본들은 비록 춤의 구성, 결말, 연출 등의 측면에서 다양한 변화를 시도하였지만 리브레토, 등장인물, 음악, 무용의 구성, 무대 장치, 의상 등에서는 1895

년 버전의 틀을 대부분 유지해왔다고 볼 수 있다. 그러나 20세기 말부터 고전발레 <백조의 호수>는 더욱 거친 파격을 추구하는 새로운 무대들을 맞이하게 된다.

5. 줄거리와 주요 장면

1막: 성 안의 마을

왕자 지그프리드의 20세 성년식 날, 많은 신하들과 농부들이 이날을 축하하고 있다. 왕자는 스승 볼프강과 친구 벤노와 함께 마을 축제로 향한다. 흥겨운 춤판이 벌어지는데, 왕자의 어머니가 수행하는 부인들과 함께 나타나자 술잔들이 감춰진다. 그녀는 지그프리드에게 석궁을 선물하고는 결혼할 시기가 다 되었음을 알린다. 그는 놀라고 어머니는 떠나간다. 농부가 춤을 출 때, 지그프리드는 생각에 잠겨 사라진다. 춤이 끝나자 농부들이 떠나가고, 지그프리드에게 친구 중 하나가 백조 사냥을 제의하자 그는 숲으로 사라진다. 볼프강이 혼자 남는다.

▶ 주요 장면: 시골처녀들과 성인이 된 기쁨에 들뜬 왕자의 춤, 그리고 왕자의 성인식을 축하하는 축배의 춤이 볼만하다. 특히 축배의 춤은 발레단마다 각자 다양한 형태의 군무로 만들어지는 만큼 각 발레단의 무대를 비교해서 볼만하다.

2막: 숲속의 호숫가

백조를 쫓아 숲속 호숫가에 이른 왕자는 그곳에서 인간으로 변하는 백조의 무리를 보게 된다. 백조들의 여왕인 오데트 공주에게 마음을 빼앗겨 사랑에 빠진 왕자는 그녀에게 청혼을 한다. 공주로부터 해가 지면 호숫가에서 인간의 모습으로 돌아오고 또다시 백조로 돌아가야 하는 악마의 마

2막의 아다지오(상)와 4마리 백조의 춤(하)

법에 걸렸으며 그 마법을 풀기 위해서는 한 사람의 변치 않는 사랑을 받아야 한다는 말을 들은 왕자는 그녀에게 영원한 사랑을 맹세한다. 그리고 다

백조들의 군무

음날 있을 무도회에서 그녀와의 결혼을 발표하기로 약속을 하고 헤어진다.

▶ 주요 장면: 무대에서 백조가 처음 등장하고 왕자와 오데트가 처음으로 만나게 되는 2막에서는 무엇보다 백조의 테마가 감상의 핵심이다. 백조의 화려한 군무, 4마리 백조의 춤 등 따로 공연될 만큼 널리 알려진 춤들이 많다. 특히 왕자와 오데트가 처음 만나서 느린 음악에 맞추어 춤추는 아다지오가 아름답다. 호숫가에서 왕자와 기구한 운명의 오데트가 서로 사랑에 빠져 추는 춤들은 신비감과 애잔함을 동시에 느끼게 한다.

3막: 궁전 무도회장

왕비는 성인이 된 왕자의 신붓감을 고르기 위해 각국의 공주들을 초대하여 성대한 무도회를 열지만, 왕자는 오로지 오데트만을 기다리며 거절한다. 그때 악마 로트바르트가 오데트와 닮은 자기 딸 오딜을 데리고 등장한다. 악마가 데려온 흑조 오딜을 오데트로 착각하여 반한 왕자는 그녀와의 결혼을 발표하고 로트바르트의 요구에 따라 영원한 사랑을 약속한다. 이때 본색을 드러낸 악마와 오딜은 사라지고 왕자는 슬픔에 잠겨 숲으로 달려간다.

▶ 주요 장면: 흑조 오딜이 등장하는 3막은 그 강렬함으로 다른 막과는

흑조 오딜(3막)

현격히 다른 느낌을 준다. 왕자와 오딜이 추는 2인무가 가장 중심에 있다. 청순한 오데트 역을 맡은 발레리나가 악마의 딸로 분해 강렬하게 등장하는 모습이 볼 만하다. 프티파에 의해 만들어진 강렬한 오딜의 형상은 이 춤의 마지막에서 발레리나가 구사할 수 있는 최고의 테크닉으로 일컬어지는 32회전 푸에테를 통해 완성된다. 푸에테는 '채찍질하다'라는 뜻으로 발레리나가 한쪽 다리를 기둥으로 사용하여 몸을 지탱하고 다른 쪽 다리는 마치 말채찍을 휘두르 듯이 앞으로 찬 다음 옆으로 수평 이동하는 동작을 반복하며 회전하는 동작을 일컫는다.

또한 각국에서 온 왕녀들이 추는 민속 무용 역시 다채로운 볼거리를 제공한다.

4막: 숲속

왕자의 배신으로 영원히 백조로 살게 된 오데트. 용서를 빌기 위해 달려온 왕자와 오데트는 서로의 운명을 슬퍼하는데, 그들을 갈라놓기 위해 악마 로트바르트가 나타난다. 오데트는 좌절하여 호수에 몸을 던지고, 왕자도 오데트를 따라 호수에 뛰어든다.

▶ 주요 장면: 4막에서는 버전에 따라 결말이 달라지기도 한다. 왕자는 죽고 오데트는 백조가 되어서 날아가기도 하고, 사랑의 힘으로 악마를 물리치기도 한다. 두 사람이 호수에 빠져 죽지만 영원한 사랑의 상징으로 부활하는 경우도 있다. 극장마다 공연마다 서로 다른 결말을 지닌 상이한 버전을 올리므로 이를 서로 비교하여 감상하는 것도 몹시 흥미롭다.

6. <백조의 호수>의 현대적 변용

<백조의 호수>가 가진 예술적 생명력은 오늘날까지도 끊임없이 새로운 형태로 재탄생되고 있다는 사실을 통해 증명된다. 무엇보다 삶의 우연성과 그것에 직면한 인간의 갈등을 단순한 줄거리 속에 담아낸 <백조의 호수>는 구체적인 시대와 배경을 맞이하여 새로운 이야기로 탈바꿈하기에 용이하였다. 특히 20세기 말 이후의 현대적 <백조의 호수>들에서는 현대 무용의 경향을 반영하듯 고

마츠 에크의 <백조의 호수>

전발레의 형식적 요소에 대한 파격이 두드러졌다.

1987년 스웨덴의 마츠 에크는 전통적인 <백조의 호수>를 현실적이면서도 복잡한 심리극으로 만들어 냈다.

그의 <백조의 호수>에는 아버지 없이 강압적인 어머니 아래에서 자란, 의존적이고 소심한 성격의 왕자가 등장한다. 어느 날 꿈에서 이상형을 본

"예전부터 쭉 그렇게 생각해 왔지만, <백조의 호수>는 모든 발레리나에게 시금석과 같다. 이 발레에서는 아무데로도 숨을 수가, 아무것도 감출 수가 없다. 모든 것이 손바닥 위에 있는 것처럼 선명하게 드러난다. … 이 발레는 영적으로, 육체적으로 모든 것을 다 쏟아 부을 것을 요구한다. 전력을 다하지 않고서는 절대로 <백조의 호수>를 춤출 수 없다. <백조의 호수>를 마치고 나면, 나는 늘 내 자신이 탈탈 털려 텅 비어 버린 것처럼 느껴졌다. 그리고 이틀이나 사흘째에야 기운을 차렸다."

- 자서전 『나, 마이야 플리세츠카야』

그는 진실한 사랑을 찾기 위해 여행을 떠난다. 그러던 어느 날 그는 자신을 유혹하는 흑조 오딜을 만나게 되는데, 그녀가 꿈속에서 만난 백조 오데트와 동일 인물임을 알게 된다. 흑과 백이 한 사람의 내면에 공존하는 것임을 깨달은 왕자는 놀라 그곳을 떠나게 된다. 이렇듯 마츠에크의 <백조의 호수>는 한편의 그로테스크한 정신분석 드라마가 된다. 형식적 요소의 파격도 두드러지는데, 왕자를 제외하고는 모두 대머리로 등장할 뿐 아니라, 발레슈즈 없이 맨발로 춤을 추는 무용수, 근육질의 건강한 여성 백조의 형상은 초연 당시 상당히 충격적이었다.

한편, <백조의 호수>는 발레 장르를 벗어나 뮤지컬로도 만들어졌는데, 1995년 영국의 천재 안무가인 매튜 본이 창작한 <백조의 호수>가 그것이다. 매튜 본의 <백조의 호수>는 런던 초연 이후 영국과 미국의 뮤지컬 무대에서 역사상 가장 오래 공연된 무용이라는 기록을 남겼을 뿐 아니라, 지금도 우리나라를 포함하여 전 세계 순회공연을 이어가고 있다.

특히 매튜 본은 <백조의 호수>에 현대 영국 왕실이라는 구체적인 현실 배경을 끌어들인다. 그 주인공은 어머니의 사랑을 갈구하는 유약한 왕자로서, 왕실의 삶에 적응하지 못할 뿐 아니라 고독과 소외, 성적 정체성의 혼란, 불투명한 자아 등으로 고통 받는 인물이다. 그에게 다가온 평민 여성을 통해 내적 공허함을 채우려 해 보지만, 왕실에서 그 관계를 허용하지 않을

매튜 본의 <백조의 호수>

뿐 아니라 그 여인이 계략적으로 그를 유혹한 것임을 깨달은 그는 자살을 결심하기에 이른다. 그러나 공원 호숫가에서 왕자는 일단의 백조 무리의 공격으로부터 자신을 지켜주는 헌신적인 백조를 만나게 되어 다시 삶의 의지를 회복하지만, 왕실의 무도회에서 그 백조를 닮은 젊은이가 자신의 어머니를 유혹하는 것을 보고 충격을 받아 앓아눕는다. 환각 속에서 왕자는 유일한 친구였던 백조가 자신을 공격하는 백조들과 싸우다 죽는 것을 보게 되고, 절망에 빠진 나머지 쓰러져 죽음에 이른다.

이렇듯 매튜 본을 통해 <백조의 호수>는 유약한 왕자와 그가 갈망하는 힘과 아름다움, 자유와 이상을 표상하는 환상적 백조를 중심으로 펼쳐지는 심리드라마로 변모하였다.

무엇보다 충격적인 것은 가녀린 여성 백조 대신 나타난, 근육질 상체를 드러낸 채 덥수룩한 깃털이 달린 바지를 입고 강렬하게 춤추는 남성 백조의 등장이다. 특히 호숫가를 배경으로 한 2막의 춤들은 고전발레 <백조의

호수> 2막을 연상시키며 선명한 대비를 이룬다. 또한 남성 백조가 등장할 뿐 아니라, 남성 백조로부터 왕자가 헌신적인 사랑을 받는다는 설정으로 인해 이 작품은 동성애 논란에 빠지기도 했다.

영국에서는 영국 왕실의 실제 사건을 끌어들인 또 한편의 <백조의 호

그램 머피의 <백조의 호수>

수>가 탄생하였다. 2002년 안무가 그램 머피는 고전발레 <백조의 호수>의 주요인물들 뒤로 영국 찰스왕자와 다이애나 비, 카밀라 부인의 그림자를 드리웠다. 이 버전에서는 악마 로트바르트 대신 공작부인 로트바르트가 등장하며, 다이애나 비를 형상화한 오데트는 자신이 사랑하는 사람을 이 로트바르트 공작부인과 공유해야만 하는 상황에 절망하여 결국 정신병원에 갇히는 비극적 결말을 맞이한다.

2011년 12월 몬테카를로발레단은 프랑스 안무가 장-크리스토프 마이요의 안무로 독창적인 발레 <호수>를 무대에 올렸다. <백조의 호수>를 재해석한 이 작품에서는 저수지 대신 바위가, 악마 로트바르트 대신 그의 여성형인 밤의 여왕이 등장한다. 오데트와 왕자의 사랑을 방해하는 밤의 여왕은 고전발레를 재해석한 안무들에서 강인하고도 주도적인 성격의 여성을 등장시켜온 마이요의 일관된 경향의 발로라고 볼 수 있다. 밤의 여왕이 건 최면으로 인해 지그프리드 왕자는 백일몽에 빠진다. 그는 꿈속에서 어린 시절 만났던 오데트를 유괴하여 숨긴 밤의 여왕이 자신의 딸 오딜을 대신 데리고 온 것을 보고 놀라 잠에서 깬다. 이후 생일잔치 무도회에 참석한 왕자는 그곳에서 만나게 된 낯선 여인이 꿈속에서 본 밤의 여왕과 똑같이 닮았다는 것을 깨닫고 또 한 번 놀란다.

얼핏 줄거리로만 보면 이 버전은 로트바르트가 밤의 여왕으로 대체되었다는 점 외에는 고전발레 <백조의 호수>와 큰 차이가 없는 것으로도 볼 수 있으나, 주제적인 측면에서 각 등장인물의 형상화 측면에서 매우 다르며 현대적이다. 고전발레에서 로트바르트가 주인공들의 사랑을 방해하는 평면적인 인물이었던 것과 달리, 밤의 여왕은 딸을 위해서는 그 무엇이라도 불사하는 어머니의 모습을 띠고 있으며, 그 딸인 오딜은 추상적인 흑의 화신이 아니라 주체적인 감정을 가진 개별적인 존재로 그려진다. 또한 이 작품의 전반에는 선과 악의 대립이 다루어지는 대신, 환한 낮의 순결함과 밤의

에크만의 <백조의 호수>

본능적 에로티시즘 사이에서 이뤄지는 갈등이 중심 주제를 형성한다.

  <백조의 호수>를 현대적으로 변용한 최신 버전 중의 하나는 2014년 노르웨이 국립발레단이 알렉산더 에크만의 안무로 올린 3막짜리 <백조의 호수>이다. 1막에서는 1877년 <백조의 호수>가 러시아에서 초연될 당시의 상황이 연극적으로 그려진다. 2막은 그로부터 137년 뒤, 즉, 에크만에 의해 파격적인 새로운 <백조의 호수>가 초연된 2014년을 그 시간적 배경으로 삼고 있는데, 5000리터의 물을 사용하여 만든 호수 속에서 흑조와 백조를 형상화한 30여명의 무용수들이 물을 튀기며 장엄하고도 역동적인 무대를 펼쳐낸다. 짧지만 공연의 클라이막스를 이루는 3막은 1877년으로부터 427년 뒤인 2304년을 배경으로 한다. 여기에는 우주복처럼 보이는 우아한 디자이너 의상을 입은 미래의 흑조와 백조가 등장하여 싸움을 벌인다.

  에크만의 무대는 장르 파괴적인 측면이나 독창성의 관점에서 높은 관심의 대상이 되고 있다. 그러나 한편으로는 에크만이 안무가로서는 그다지

성공하지 못했다는 평가도 존재한다.

　고전발레 <백조의 호수>를 급진적으로 변화시킨 무대들과 함께 최근에는 복고주의적 경향을 띤 안무와 연출이 나타나기 시작하였다. 예컨대 2016년 알렉세이 라트만스키가 그동안 삭제되거나 개작된 부분뿐 아니라 음악, 의상, 심지어 메이크업까지 모두 초연의 상태로 복원하려 시도한 것은 그 대표적 사례이다. 이처럼, 1877년 초연된 발레 <백조의 호수>는 지금까지도 변신을 거듭하며 새로운 시도를 기다리고 있다.

잠자는 미녀

«Спящая красавица»

김혜란

이 글은 『중소연구』 제44권 제2호(2020년 8월)에 게재된 논문 「삼인조의 '발레 페에리'(ballet-feéri)의 「잠자는 미녀」에 관하여」를 수정 및 보완한 것이다.

원작: 샤를 페로의 동화 「잠자는 숲속의 미녀」
음악: 표트르 차이콥스키
안무: 마리우스 프티파
대본: 마리우스 프티파, 이반 프세볼로지스키
초연: 1890년 1월 3일, 상트페테르부르크 마린스키극장

1. 최고의 발레 음악을 만들고 싶다

<잠자는 미녀>✢는 차이콥스키와 당시 러시아황실극장의 수석 발레 마스터였던 마리우스 프티파가 함께 작업한 첫 작품이다. 차이콥스키는 1890년 <잠자는 미녀> 초연 이듬해인 1891년 프티파로부터 <호두까기 인형> 대본을 받고 작업을 시작했지만, 프티파의 병으로 안무가가 교체되었고 <백조의 호수>에 프티파가 안무가로 이름이 들어간 것이 차이콥스키 추모공연이었음을 고려한다면, <잠자는 미녀>는 사실상 차이콥스키와 프티파가 공동으로 작업한 유일한 작품이라고 할 수 있다.

표트르 차이콥스키

✢ 샤를 페로의 동화 제목을 그대로 옮기면 <잠자는 숲속의 미녀>가 맞지만, 19세기 러시아에서 이 동화는 <잠자는 미녀>라는 제목으로 번역되어 있었고, 그에 따라 발레 제목도 <잠자는 미녀>가 되어 굳어진 것이다.

차이콥스키는 1877년 <백조의 호수> 초연 실패 후 한동안 발레곡을 쓰진 않았지만, 잘 알려져 있듯이 춤곡에 특별한 애착과 재능을 가지고 있었다. 특히 그는 발레를 "가장 순수하고 도덕적인 예술"이라고 생각했고, 단순히 춤을 보조하는 그저 그런 발레 음악이 아닌 그 장르의 걸작을 만들고 싶어했다. 그리고 그 꿈은 발레에서 음악의 중요성을 일찌감치 간파했던 러시아황실극장 감독 이반 프세볼로지스키의 제안과 함께 이루어지게 된다.

차이콥스키는 프세볼로지스키의 제안이 있고 나서 6개월여 뒤인 1888년 말 <잠자는 미녀> 작곡을 시작했고, 1889년 여름 폰 맥 부인에게 보낸 편지에서 "각별한 주의와 애정을 가지고 작업에 몰두하고 있으며 <잠자는 미녀>가 나의 최고의 작품 중 하나가 될 것 같다"고 쓰기도 했다. 안무가 프티파의 대표작으로서 발레 <잠자는 미녀>의 성공은 차이콥스키의 음악에 힘입은 것으로 평가되곤 한다. 하지만 차이콥스키가 <잠자는 미녀>와 함께 위대한 발레 작곡가가 될 수 있었던 것은 프티파 덕분이기도 했다.

"페로의 동화 <잠자는 미녀>로 리브레토를 쓸 생각입니다. 무대는 루이 14세 스타일로 만들려고 합니다. 그 위에서 음악적 환상을 펼쳐 륄리, 바흐, 라모 풍의 멜로디를 만들 수 있을 겁니다.

괜찮으시다면, 당신이 음악을 써주시면 어떨지요? 마지막 막에는 장화를 신은 고양이, 엄지동자, 신데렐라, 푸른 수염 등등 페로의 모든 동화 속 등장인물들이 등장하여 춤을 추는 카드리유가 반드시 들어가야 합니다."

- 1888년 5월 13일 프세볼로지스키가 차이콥스키에게 보낸 편지 중에서

프티파는 앞서 제국극장 소속 발레 작곡가들과 작업할 때 그랬듯이, 각 장면의 안무뿐만 아니라 안무에 필요한 음악의 분위기와 악기 편성까지 필요한 사항들을 세세하게 정리하여 작곡가에게 전달했다. 차이콥스키의 동생 모데스트에 따르면, 차이콥스키는 프티파의 지나칠 만큼 상세한 지시를

불만스러워하지 않았을 뿐 아니라 기꺼이 그 지시사항을 따랐다. 차이콥스키는 프세볼로지스키와 함께 이루어진 공식적인 만남 외에도 자주 프티파의 집을 방문해서 개별 장면을 연주하고 프티파는 그 음악에 맞춰 안무를 완성해나갔다. 이러한 과정은 프티파로 하여금 음악을 좀 더 섬세하게 파악할 수 있게 해주었으며, 차이콥스키의 음악 역시 보다 조화롭게 안무와 결합할 수 있도록 했다. 말 그대로 완전한 공동작업이었고, 그 결과 차이콥스키가 바라던 발레 음악의 걸작이 탄생한 것이다.

2. 1890년 마린스키 초연

발레 <잠자는 미녀>의 줄거리는 페로의 원작 동화와 뒷부분이 좀 다르다. 페로의 동화에서 숲속 왕궁에 백 년 동안 잠들어 있던 공주를 깨운 왕자와 공주의 결혼식 뒤로 식인귀였던 왕자의 어머니 이야기가 이어지는 것과 달리, 발레 <잠자는 미녀>는 식인귀 이야기 없이 오로라 공주와 데지레 왕자의 성대한 결혼식으로 끝난다. 오로라 공주, 데지레 왕자, 라일락 요정, 카라보스 등등의 이름도 프세볼로지스키가 만든 것들로, 페로의 원작에는 나오지 않는다. 1888년 말 차이콥스키가 받은 프티파의 기획안을 토대로 <잠자는 미녀>의 줄거리와 주요 장면들을 정리해 보면 다음과 같다.

프롤로그

행진곡, 팡파레가 울려 퍼지는 가운데 귀족들과 시동들을 앞세우고 왕과 왕비가 등장한다. 오로라 공주의 대모로 초대받은 여섯 요정이 공주에게 각각의 재능과 성품을 선사한다. 환상적인 음악과 함께 시종장의 실수로 초대 명부에 빠진 심술궂은 요정 카라보스가 살찐 여섯 마리의 쥐가 이끄는 마차를 타고 등장하여 악마처럼 웃으며 공주에게 저주를 내린다. 불

1890년 초연에서 라일락 요정으로 분한 마리야 프티파. 마리아 프티파의 긴 의상은 당시 공연에서 라일락 요정이 춤보다는 팬터마임이 많은 역할이었음을 보여준다. 당시 공연의 무대 의상은 왕족, 귀족들의 행렬용 의상과 춤추기에 적합한 의상으로 나뉘어 디자인되었다.

안에 휩싸인 사람들 앞에 라일락 요정이 나타나 카라보스의 저주를 풀 열쇠가 있음을 암시한다.

▶ 주요 장면: 여섯 요정(순수의 요정, 피어나는 꽃의 요정, 빵 부스러기를 뿌리는 요정, 카나리아 요정, 격정의 요정, 라일락 요정)이 공주에게 각각의 재능과 성품을 선사하는 짧지만 개성적인 바리아시옹은 무용수들의 실력을 테스트할 때 자주 사용되곤 하는 장면이다. 1890년 초연 당시 라일락 요정은 프티파의 딸이자 마린스키의 캐릭터 댄스 솔리스트였던 마리야 프티파가, 카라보스는 이탈리아 출신의 발레리노 엔리코 체케티가 맡아 연기한 것으로도 유명하다.

1막

성장한 오로라 공주의 생일을 축하하기 위해 궁정 안뜰에 모인 마을 처녀와 청년들, 아이들의 성대한 왈츠에 이어 왕과 왕비, 오로라 공주와 네 명의 왕자-구혼자들이 등장해서 춤을 춘다. 어느새 등장한 노파의 물렛가락에 공주가 호기심 보이며 받아들고 춤을 추다 바늘에 찔려 쓰러진다. 노파가 망토를 벗어던지자 카라보스였음이 밝혀지고, 슬픔에 빠진 사람들 앞에 라일락 요정이 나타나 공주와 성 전체를 마법의 잠에 빠뜨린다.

▶ 주요 장면: 네 명의 왕자-구혼자들과 오로라 공주의 로즈 아다지오.

마지막에 왕자들이 차례로 공주의 손을 잡고 돌고 떠나는 내내 오로라 공주가 푸앵트로 선 다리 하나로 균형을 잡고 있는 동작은 어떤 화려한 동작보다 어려울 뿐만 아니라 독립적이고 강인한 오로라 공주의 성격을 표현하는 장면으로 유명하다. 1890년 초연 당시 오로라 공주 역할은 이탈리아 출신의 발레리나 카를로타 브리안차에게 맡겨졌다.

2막

백 년 후 어느 강가. 팡파레가 울려 퍼지고 사냥을 나온 데지레 왕자 일행이 등장해 휴식 시간의 여흥을 즐긴다. 일행이 사냥을 계속하기 위해 떠나고, 혼자 남은 데지레 왕자 앞에 라일락 요정과 네레이드들이 나타난다. 이어 라일락 요정이 불러낸 오로라 공주의 환영에 매혹되어 춤을 추던 데지레 왕자는 공주의 환영이 사라지자 직접 공주를 찾아나선다. 성에 도착한 데지레 왕자는 공주의 이마에 입을 맞추고 공주와 함께 왕궁 전체가 잠에서 깨어난다.

1890년 상트페테르부르크 마린스키극장 초연에서 오로라 공주 역으로 분한 발레리나 카를로타 브리안차

▶ 주요 장면: 데지레 왕자 앞에 나타난 라일락 요정이 불러낸 오로라 공주의 환영과 네레이드들의 파닥시옹. 서정적인 첼로 선율과 함께 시작되는 아다지오와 네레이드들의 군무, 오로라 공주의 바리아시옹은 <지젤>의 윌리들의 춤, <백조의 호수> 2막의 군무를 연상시키는 환상적이고 아름다

잠자는 미녀 43

2막 숲속 네레이드들과 오로라 공주, 데지레 왕자

운 장면이다. 프리마 발레리나를 중심으로 하는 엄격한 위계적 질서, 완전한 대칭으로 직선, 원, 직사각형, 삼각형 등을 그리며 움직이는 동선 등은 전형적인 프티파 발레의 구조를 나타내는 것이기도 하다.

3막

플로레스탄 궁정 앞 광장. 왕과 왕비, 오로라 공주와 데지레에 이어 두 사람의 결혼 축하연에 초대받은 귀족들의 행진이 이어진다. 보석의 요정들, 푸른 수염과 그의 아내, 늑대와 빨간 모자, 신데렐라와 포춘 왕자, 장화 신은 고양이와 흰 고양이, 파랑새와 플로리네 공주 등 동화 속 인물들이 차례로 등장하여 성대한 축하연을 벌인다. 오로라 공주, 데지레 왕자의 파드되와 축하연에 초대받은 전원의 사라방드, 카드리유, 마주르카에 이어 태양

빛과 요정들에 둘러싸여 등장하는 아폴론 예찬이 발레의 대미를 장식한다.

▶ 주요 장면: 오로라 공주와 데지레 왕자의 그랑 파드되. <잠자는 미녀>는 전막에 걸쳐 화려한 연회 장면이 등장하는데, 마지막 3막 결혼식 축하연에서 그 성대함은 절정에 이른다. 프세볼로지스키가 처음 작품을 구상했을 때부터 들어있던 페로의 동화 속 인물들이 총출동해서 추는 파드 카락테르는 프티파 발레의 전형적인 디베르티스망을 보여준다. 그중 파랑새의 바리아시옹은 1890년 초연 당시 카라보스 역을 맡았던 체케티가 더블 캐스팅으로 맡아 화려한 기교를 보여준 것으로도 유명하다.

팬터마임과 춤으로 표현된 극적인 줄거리, 화려한 스펙터클, 고난도의 스텝과 자세, 각종 2인무, 4인무, 기하학적 구성이 돋보이는 군무, 그랑 파드되, 결혼 축하연의 디베르티스망, 출연진 모두가 무대에 올라 펼치는 성대한 피날레까지, <잠자는 미녀>는 프티파가 완성한 고전발레의 원칙과 실제를 집대성한 작품이라고 할 수 있다. 하지만 정작 1890년 초연 당시 <잠자는 미녀>에 대한 평가는 좋지 않았다. 프세볼로지스키가 의도한 대로 루이 14세 시대의 프랑스 궁정을 그대로 옮겨놓은 듯한 화려한 무대와 의상(특히 2막 사냥터에서 귀족들의 여흥 장면과 3막 피로연 장면의 의상과 무대가 그랬다), 오로라 역의 브리안차와 파랑새 역의 체케티 등 몇몇 배역에 대한 긍정적인 평가가 없었던 것은 아니지만, 호화롭게 연출한 동화일 뿐 수준 있는 관객들은 물론이고 성인이라면 모두 지루해할 것이라는 식의 혹평이 많았다. 비평가들은 <잠자는 미녀> 속 무수한 춤들이 작품의 줄거리와 아무런 연관이 없음을 불평했다.

하지만 비평가들의 예상과 달리 <잠자는 미녀>는 전례 없는 공연 횟수를 기록하며 마린스키 최고의 흥행작이 되었다. 차이콥스키의 동생 모데스트의 편지에 따르면, "<잠자는 미녀>를 봤습니까?"라는 말이 상트페테르부르크 사람들의 인사말이 될 정도였다. 무엇보다도 <잠자는 미녀>는 훗날 러시아 발레와 전 세계의 고전발레를 이끌어갈 젊은 발레광들을 사로잡았다.

엄마의 손에 이끌려 마린스키극장을 찾은 여덟 살의 소녀 안나 파블로바는 생전 처음 본 발레였던 <잠자는 미녀>로 발레리나의 꿈을 키웠다. 발레뤼스 창단 멤버였던 무대미술가 알렉산드르 베누아는 그가 스무 살이 되던 해인 1890년에 보았던 <잠자는 미녀>의 매혹이 자신은 물론이고 그의 친구들까지 발레광으로 만들었다고 말하면서, 그때의 그 열정이 아니었다면 발레뤼스도 없었을 것이라고 회상하기도 한다. 오로라 공주 시동 역이 무대 위에서 맡은 첫 배역이었던 뉴욕시티발레단 단장 발란친 역시 "<잠

> 우리가 마린스키에 도착했을 때 흩날리기 시작한 눈발이 가로등 불빛에 반짝였고, 우리 썰매는 꽁꽁 언 길을 조용히 미끄러졌다. 나는 너무 행복해서 엄마에게 달라붙었고, 엄마는 나를 손으로 쓰다듬으며 말씀하셨다.
> "자 이제 마법사들을 보러 가자."
> 그리고 잠시 후 내 앞에 신비로운 세계가 펼쳐졌다. … 오케스트라의 첫 선율에 나는 숨을 죽였다. 그때 나는 아름다움의 호흡을 처음 느꼈고 온몸을 떨었다. 막이 올라가고 황금빛으로 가득한 왕궁이 펼쳐졌을 때 나는 너무 기뻐서 조용히 비명을 질렀다. …
> 2막에서 아이들이 몰려나와 멋진 왈츠를 췄다.
> "너도 저렇게 춤춰볼래?" 엄마가 미소를 지으며 내게 물었다.
> "아니, 저렇게 말고. 난 잠자는 미녀로 나온 저 아름다운 여인처럼 춤추고 싶어. 언젠가 나는 이 극장에서 잠자는 미녀가 되어 저 여자처럼 춤을 출 거야."
>
> — 1912년 잡지 『러시아의 태양』에 실린
> 안나 파블로바의 『내 삶의 몇 페이지들』 중에서

오로라 공주의 환영과 춤을 추는 데지레 왕자

자는 미녀> 덕분에 발레를 사랑하게 되었다"고 고백한 바 있다.

미래의 발레광들을 황홀케 한 <잠자는 미녀>의 매력은 단순히 다채로운 춤의 향연에, 흔히 말하는 프티파 발레의 형식적인 완성도에 있지만은 않았다. 그것은 고전발레의 전통과 그 아름다움의 이상에 대한 세 창작자, 프티파, 차이콥스키, 프세볼로지스키의 열정적인 몰두에서 나온 것이라고 할 수 있다. 실제로 프티파는 "발레는 온갖 점프와 무의미한 회전이 아닌 조형성과 아름다움이 주가 되어야 하는 진지한 예술"이며, 화려한 기술이나 곡예와도 같은 기술을 위해 "고상하고 아름다운 춤의 전통"을 희생시켜서는 안 된다고 믿었다. 차이콥스키가 <잠자는 미녀>의 시적인 주제에 빠져 작품에 몰두했던 것이나 프세볼로지스키가 루이 14세 스타일로 무대를 만들고 싶어했던 것 역시 고전적 질서와 아름다움의 이상에 대한 그들의 열정에서 비롯된 것이라고 할 수 있다.

3. 삼인조의 의고주의

잘 알려져 있듯이, 발레는 궁정 무도와 연회의 여흥으로부터 시작되었다. 우아한 걸음걸이, 궁정 예법과 사교적인 춤, 화려한 볼거리가 가미된 각종 궁정 연회는 질서와 아름다움에의 이상을 품은 궁정 발레로 발전했으며, 루이 14세의 시대는 바로 그러한 궁정 발레의 절정기였다. 프세볼로지스키는 <잠자는 미녀>의 대본을 쓰면서 루이 14세 시대의 궁정 발레는 물론이고, 그가 더듬어 올라갈 수 있는 데까지 궁정 발레의 기원과 그 형식들을 연구했다. 실제로 <

이반 프세볼로지스키

잠자는 미녀>의 각 장면은 왕족의 세례식, 성년식, 결혼식과 피로연에서 볼 수 있는 궁정 예법과 궁정 무도의 재현과도 같다.

예컨대, 오로라 공주의 탄생을 축하하는 프롤로그의 장면들은 귀족들의 입장식은 물론이고, 여섯 요정의 유명한 '파드 시스'도 공식적인 궁정 의식의 절차를 연상시킨다. 여섯 요정은 마치 이웃 나라에서 온 축하사절단처럼 시동-수행단원들과 함께 등장하며, 요정들과 궁정 측의 선물 교환, 요정들의 대표 격인 라일락 요정의 축복과 왕과 왕비의 감사 인사, 궁정 귀족들의 환호로 끝나는 아다지오도 엄격한 궁정 의식의 절차에 맞춰 이루어진다. 왕가와 귀빈들의 입장식, 페로의 동화 속 인물들의 화려하고 환상적인 입장식으로 이루어진 폴로네즈, 동화 속 인물들의 디베르티스망, 오로라 공주와 데지레 왕자의 파드되, 참석자 전원의 마주르카로 이루어진 성대한 3막의 결혼 축하연 역시 마찬가지이다. 베누아가 처음 <잠자는 미녀>를 보고서 성대한 연회에 다녀온 듯한 느낌이 들었다고 말한 것도 이와 같은 궁정 연회의 분위기에서 비롯된 것이라고 할 수 있다.

그렇다고 해서 <잠자는 미녀>가 궁정 의례의 형식적인 재현에 그치는 것만은 아니다. 동시대인들의 회상에 따르면, 프세볼로지스키는 마치 루이 14세 시대의 후작이 현현한 듯 그 시대와 완전히 교감하고 있었다. 그는 황실극장의 감독*으로서 차르 일가가 좋아하는 발레를 통해 궁정을 즐겁게 하고 온화한 분위기로 만드는 것을 자신의 의무로 여겼고, 이는 황실극장의 수석 발레마스터였던 프티파도 마찬가지였다. <잠자는 미녀>는 러시아 황실의 충성스러운 조신이었던 프세볼로지스키와 프티파, 그리고 황실극장 소속 작곡가는 아니지만 그에 못지 않게 궁정과 가까웠던 작곡가 차이콥스키, 세 사람의 의고주의, 고상하고 우아한 왕과 귀족들의 화려한 궁정 문화에 대한 경의와 열정이 만들어낸 작품인 것이다.

그럼에도 불구하고 당시 차르였던 알렉산드르 3세가 초연 직후 비평가들과 마찬가지로 <잠자는 미녀>를 그다지 마음에 들어하지 않았다는 사실은 아이러니하다. 차이콥스키의 일기에 따르면, 초연 전날 알렉산드르 3세는 "다정하시게도" 총리허설을 참관했지만, 리허설이 끝나고는 "매우 경멸하듯 나(차이콥스키)를 내려다보았다."고 했다. 알렉산드르 3세의 이와 같은 반응은 러시아식 여흥을 장려하던 알렉산드르 3세의 보수적인 문화 정책과 연관된 것이기도 했지만, 다른 한편으로 현실과 동떨어진 삼인조, 프세볼로지

---

* 정확히 말하자면 황실극장들을 지휘, 감독하는 감독관이다. 40대 중반의 비교적 젊은 나이에 황실극장 감독관이 된 프세볼로지스키는 열정적이고 예술가적 기질이 풍부한 관료였다. 특히 발레에 대한 그의 열정은 각별했으며, 안무가 프티파와 함께 러시아 고전발레 완성에 중요한 역할을 한 인물로 평가된다.

스키, 프티파, 차이콥스키의 낭만적 이상주의, 또는 심각한 시대착오를 드러내는 것이라고도 할 수 있다. 그런데 그와 같은 시대착오, 현실에 존재하지 않는 이상적인 아름다움에 심취했던 것이 삼인조만은 아니었다. 1921년 발레뤼스의 <잠자는 미녀> 무

"잊을 수 없는 멋진 무대였다! 나는 세 시간 동안 마법에 걸려 꿈을 꾸고 있는 듯 했다. 나는 요정들과 공주들, 금빛 찬란한 멋진 궁전들, 동화 속 세계에 빠져있었다… 하지만 그러고는 다시 현실로 돌아와야 했다! 마법에서 풀려나는 것은 정말 잔인한 일이었다! 그토록 눈부시게 아름다운 동화 밖의 세상은 너무 우울했다."

- 1921년 잡지 『코메디아』에 실린 무대미술가 레온 박스트의 회상 중에서

대와 의상디자인을 맡게 될 레온 박스트의 회상에서도 드러나듯, <잠자는 미녀>의 성대하고 아름다운 동화 속 제국은 이후 러시아 발레를 이끌어갈 젊은 발레광들을 매료시켰다.

4. 발레뤼스의 <잠자는 미녀>

1899년 프세볼로지스키는 제국극장 감독관 직에서 물러나 차르의 겨울 궁전이 있는 에르미타주로 들어갔다. 프세볼로지스키를 따라 에르미타주로 들어간 프티파는 이후로도 황실과 궁정 사람들을 위한 발레들을 몇 편 더 만들었지만, 팔십이 넘은 노 안무가의 신작에 관심을 갖는 사람들은 거의 없었다. 1903년 프티파는 거의 쫓겨나다시피 에르미타주를 떠나 무시당하고 잊힌 채 크림 남부 도시에서 여생을 마쳤다.

하지만 그들이 모두에게 잊힌 것은 아니었다. 무엇보다도 러시아 발레의 새로운 시대, 즉 발레뤼스의 시대를 이끌게 되는 제작자와 무대미술가들은 젊은 시절 그들이 보았던 <잠자는 미녀>를 오랫동안 기억했고, 그 기억은

1909년 발레뤼스의 <아르미드의 누각> 공연 중 '정원, 혹은 꿈' 장면을 위한 베누아의 무대그림. 당시 파리 공연을 위해 제작된 무대는 1922년 <잠자는 미녀>의 축약본인 <오로라의 결혼> 공연에서 다시 사용되었다.

발레뤼스의 레퍼토리에 직간접적으로 영향을 미쳤다. 1909년 파리 첫 시즌의 오프닝 작품이었던 <아르미드의 누각>은 <잠자는 미녀>에 대한 일종의 오마주였고, 1911년 발레뤼스 런던 공연에 참여한 크세신스카야와 니진스키는 <잠자는 미녀> 3막 결혼 축하연의 그랑 파드되를 영국 관객들 앞에 선보이기도 했다. 사실 발레뤼스는 <지젤>, <백조의 호수> 등도 간간이 레퍼토리에 끼워 넣었는데, 이는 고전적인 발레에 대한 관객들의 여전한 요구에 따른 것이라고 할 수 있다. 하지만 발레뤼스에 <잠자는 미녀>는 단순히 관객들의 요구를 따르는 것 이상의 특별한 의미를 갖는다.

1921년 <잠자는 공주> 공연에서 오로라를 연기하고 있는 올가 스페십체바

1921년 11월 2일부터 1922년 2월 4일까지 런던 알함브라 극장에서 100회 이상 무대에 올려진 <잠자는 공주>는 발레뤼스 뿐만 아니라, 발레사의 중요한 이정표가 된다. 당시 영국에서 페로의 동화 제목으로 불리던 <잠자는 공주>라는 제목 그대로 무대에 올려진 이 공연을 위해 댜길레프는 그 어떤 공연보다도 많은 공을 들였다. 프티파 발레의 안무기록자인 마린스키의 전 연출자 니콜라이 세르게예프부터 1890년 초연 당시 오로라 공주 역할을 맡았던 브리안차까지(1921년 공연에서 브리안차는 카라보스 역을 맡았다), 댜길레프는 전설적인 초연의 기억을 간직하고 있는 사람들뿐 아니라, 1921년 당시 마린스키의 프리마 발레리나로 일하고 있던 올가 스페십체바, 발레뤼스 첫 시즌에 무용수로 참여했다가 안무가로 돌아온 브로니슬라바 니진스카야까지 공연에 활기를 불어넣을 새로운 얼굴들을 불러 모았다.

1890년 초연 당시 알렉산드르 3세가 지루해한다는 이유로 삭제되었던 장면들(2막 오로라의 바리아시옹과 2막 피날레 앞의 교향적 간주 등)을 공연에 넣고 싶었던 댜길레프는 해당 부분의 피아노 악보를 구해 스트라빈스키에게 관현악 편곡을 부탁하기도 했다. 스트라빈스키는 회고록에서 당시 자신은 자유분방하고 때로 모호하며 우연적인 디오니소스적 예술과 규칙,

질서, 심사숙고로 만들어지는 아폴로적 예술 사이의 갈등 앞에 서 있었다고 고백하면서 <잠자는 미녀> 작업을 통해 비로소 신고전주의 음악으로 선회하게 되었음을 밝힌다. 그리고 그것은 스트라빈스키 음악에서만의 일은 아니다. 댜길레프의 <잠자는 미녀>는 이후 발레사에서 고전적 테크닉의 복귀, 발레사의 신고전주의의 중요한 이정표로 남게 된다.

프티파와 프세볼로지스키 버전도 호화롭기로 유명했지만, 댜길레프의 1921년 공연

"나는 차이콥스키를 좋아하기도 했지만 고전발레를 진심으로 찬미하고 있었기 때문에 정말 기꺼운 마음으로 <잠자는 미녀> 작업에 참여했다. 고전발레는 아름다움, 질서와 그 형식에서 오는 귀족적인 엄격함 등에 있어서 예술에 대한 나의 개념과 아주 가깝게 일치한다. 고전적 무용에서 나는 모호함에 대한 심사숙고의 승리를, 멋대로 하는 것에 대한 규칙의 승리를, 우연에 대한 질서의 승리를 보았다. … 내가 고전발레의 가치를 높이 평가하는 것은 단순히 개인적인 취향의 문제가 아니라 고전발레 안에서 아폴로적 원리가 완전무결하게 표현되는 것을 틀림없이 볼 수 있기 때문이다."

- 이고리 스트라빈스키, 『자서전』 중에서

도 그에 못지않았다. 니진스카야는 세르게예프가 기록한 프티파의 안무에 후작 부인들의 춤, 파랑새, 바보 이반과 3형제, 3막 파드되에 데지레 왕자의 바리아시옹을 추가하고, <호두까기 인형>의 몇 장면까지 덧붙여 더욱 풍성한 안무를 만들었다. 발레뤼스의 주요 무대미술가가 된 박스트가 디자인한 무대와 의상도 더없이 화려하고 웅장했다. 박스트는 이 공연을 위해 무려 100여 장의 의상을 그리기도 했는데, 댜길레프가 그 제작 비용을 다 지불하지 못하자 소송까지 끌고 갔고, 결국 댜길레프는 오랜 발레뤼스의 동료와 씁쓸한 결별을 맛봐야 했다.

영국의 경제학자 케인즈와 라일락 요정을 맡았던 발레리나 리디야 로코포바와의 결혼으로도 유명한 이 공연은 3개월여 동안을 주역 무용수를 교

1921년 발레뤼스 공연을 위해 박스트가 그린 4막의 무대 스케치

체해가며 거의 매일 무대에 올려졌다. 그중 몇몇 공연은 호평을 받기도 했지만, 댜길레프가 100회 이상 공연을 끌고 간 것은 제작 비용 회수를 위한 것이기도 했다. 심각한 재정적 손실은 물론이고 발레단의 분열까지 겪어야 했던 공연이었지만, 댜길레프는 이후로도 <잠자는 미녀>를 버리지 못했다. 1922년 5월 파리오페라극장에서 댜길레프는 <오로라의 결혼>이라는 제목의 1막 발레로 <잠자는 미녀>를 다시 올렸다. 1909년에 만들어진 <아르미드의 누각>의 베누아 무대를 사용한 이 축약본은 다행히 파리 관객들을 만족시켰고, 이후 발레뤼스의 주요 레퍼토리로 남게 된다.

5. 1917년 이후 러시아의 <잠자는 미녀>들

혁명 이후 소비에트 러시아도 <잠자는 미녀>를 잊지 않았다. 오히려 <잠자는 미녀>는 혁명 이전의 다른 어떤 작품보다도 모범적인 고전발레로 받아들여졌다. '차이콥스키의 놀라운 음악이 들어간 최고의 작품', '심포니 발레의 정수', '고전발레의 진정한 백과사전'과 같은 수식어들은 모두 소비에트 시기에 붙여진 것이다. 세르게이 로푸호프, 콘스탄틴 세르게예프 등 소비에트의 주요 안무가들은 당국이 인정하고 부여한 위상에 맞추어 <잠자는 미녀>를 수정하고 보완했다. 예컨대, 팬터마임에 가까웠던 라일락 요정의 장면들은 우아하고 위엄있는 바리아시옹으로 교체되었고, 파랑새의 화려함에 가려졌던 3막 데지레 왕자의 솔로 바리아시옹도 보완되었다.

'서사를 강조한 드라마틱한 발레'(드라마 발레)에 대한 소비에트의 집착

1952년 초연된 세르게예프 판 <잠자는 미녀>의 3막 장면. 1952년 세르게예프 판본은 이후 마린스키의 정전으로 자리잡게 된다.

잠자는 미녀 55

은 궁정 의례의 재현에 가까웠던 <잠자는 미녀>를 현실에 대한 비유를 품은 정교하고 성대한 궁정 드라마로 바꾸어놓았지만, 작곡가는 물론이고 안무가와 대본 작가의 이름은 여전히 프티파와 프세볼로지스키로 명시되었다. 줄거리도, 플롯도 없다는 1890년 초연 당시의 비판이 오늘날 의아하게 여겨지는 것은 소비에트식 드라마 발레의 원칙에 따라 연극적 요소, 내용적 측면이 보완되었기 때문이라고 할 수 있다.

한편, 유리 그리고로비치는 볼쇼이의 수석 발레마스터로 임명되기 한 해 전인 1963년 프티파의 안무를 순수하게 아카데믹한 고전으로 올린다는 목표 아래 전막 곳곳에 담긴 팬터마임과 캐릭터 댄스, 일상적인 디테일을 상당 부분 제거한 이른바 '백색의 <잠자는 미녀>'를 시도했다. 프티파 구상의 핵심만을 담은 순수한 고전발레 버전임을 강조한 그리고로비치의 이 공연은 마이야 플리세츠카야에게 오로라 공주 역할로 레닌상을 안겨주기도 했지만 프티파 원전의 훼손이라는 비판을 받았고, 1973년 그리고로비치는 앞서 삭제했던 캐릭터 댄스와 팬터마임을 다시 붙여넣으며 자신의 새로운 버전이 프티파 버전의 표준 공연임을 선언하기도 했다.

"재능있는 발레마스터는 예전의 발레를 복원하면서도 자신의 상상과 자신의 재능, 자신의 시대의 기호에 따라 춤을 창조할 수 있으며, 오래전 다른 사람들이 만들어 놓은 것을 카피하느라 시간과 노력을 빼앗기지 않을 것이다."

- 마리우스 프티파

과연 프티파 버전의 표준 공연, '진정한 프티파'의 복원은 가능한 것일까? 1921년 댜길레프가 참고했던 니콜라이 세르게예프의 안무 기록을 토대로 프티파 원전의 완벽한 복원을 시도한 1999년 마린스키의 세르게이 비하레프 버전은 외견상 1890년 마린스키의 초연을 가장 가깝게 재현한 것으로 평가된다. 하지만 박물관용이라는 비판, 그리고 무엇보다도 지속적

1890년 초연을 복원한 비하레프 공연의 피날레

인 관객들의 호응을 받지 못하고 무대에서 내려진 것에서도 알 수 있듯이 비하레프는 오래전 삼인조가 가졌던 꿈, 지상에 존재하지 않는 아름다움에 대한 꿈은 깨우지 못한 것으로 보인다. 경의의 표시로 붙여진 것이긴 하나 화석화된 고전의 동의어와도 같은 '고전발레의 백과사전'을 깊은 잠에서 깨우는 것은 오래전 프티파가 밝혀두었듯, 완벽한 카피가 아닌 새로운 발레광들의 재능과 상상력일 것이다.

호두까기 인형

«Щелкунчик»

신혜조

이 글은 『인문사회21』 제11권 제5호(2020년 12월)에 게재된 논문 「'호두까기 인형'의 역사적 변천에 대한 소고: 프티파에서 그리고로비치까지」를 수정 및 보완한 것이다.

원작: 에른스트 호프만의 소설 「호두까기 인형과 생쥐 왕」
음악: 표트르 차이콥스키
안무: 레프 이바노프
대본: 마리우스 프티파, 이반 프세볼로지스키
초연: 1892년 12월 6일, 상트페테르부르크 마린스키극장

1. 발레 <호두까기 인형>의 탄생

우리 시대에 크리스마스 문화를 상징하는 대표작 <호두까기 인형>은 매년 크리스마스 시즌마다 여러 매체를 통해 마주할 수 있는 친숙한 작품이다. 특히 화려하고 웅장한 크리스마스트리와 장난감 왕국을 배경으로 다채로운 춤이 전개되는 발레는 가장 널리 사랑받고 있는 <호두까기 인형>(1892)의 버전이다. 덕분에 발레의 원작인 에른스트 호프만의 동화를 읽지 않은 사람들 역시 '크리스마스'하면 발레 <호두까기 인형>을 떠올리게 될 만큼, 이는 세계인의 의식 속에서 연말 공연문화의 상징으로 자리 잡고 있다. 또한 크리스마스를 기념하는 문화적 이벤트로서의 의미를 굳이 설명하지 않더라도, 이는 19세기 중후반 러시아 발레를 주도하던 거장 3인방, 표트르 차이콥스키, 마리우스 프티파, 이반 프세볼로지스키의 협업으로 탄생한 작품이기에 세계 발레 역사에서 러시아 고전발레의 전형이자 역사적 정통성의 상징으로 큰 의미를 지니기도 한다.

<호두까기 인형>은 차이콥스키와 프티파의 발레로 널리 알려져 있으나,

<호두까기 인형>(볼쇼이극장, 2014)

이는 1881년부터 1886년까지 상트페테르부르크 황실극장 감독을 지낸 바 있는 프세볼로지스키의 아이디어로부터 나왔다. 그는 어느 날 유럽 축제문화를 즐기는 어린 소녀와 왕자에 관한 환상 스토리 발레 무대를 상상하게 되었는데, 이는 그의 예술적 취향이 지극히 유럽적이었던 것과 무관하지 않다. 한때 헤이그와 파리 등 유럽지역 러시아 영사관에서 근무했던 그는 18세기 유럽 문화의 우아함과 세련미를 지향했던 친유럽파 귀족이었다. 그에게 유럽 상류계층의 고급문화를 대변하는 발레는 당대를 살아가는 러시아 상류층이 향유해야 할 필수 예술 장르였고, 부활절과 함께 기독교의 대표 절기 의례인 크리스마스는 그가 지향했던 서구적 세계관의 기원을 기념하는 축제였다. 게다가 그의 상상 속 이국적이고 환상적인 무대 위 풍경은 러시아인들의 동심과 낭만을 자극할 수 있을 만한 황홀한 것으로, 1890년

초연한 <잠자는 미녀>에 뒤이어 또 한 번의 대대적인 흥행과 성공을 기대해 봄직한 소재였다.

프세볼로지스키의 아이디어는 황실극장 수석안무가 프티파에게 전해졌다. 프티파는 긴 시간 동안 이어진 프세볼로지스키와의 논의, 수차례에 걸친 수정과 각색 작업 끝에 19세기 초반 유럽 낭만주의 동화를 발레에 적합한 대본으로 탄생시켰다. 그리고 곧 음악 제작을 위한 프리파의 계획안은 작곡가 차이콥스키에게 전달되었다. 그러나 차이콥스키가 처음부터 이 주제에 큰 흥미를 느꼈던 것은 아니었다. 그때는 그가 오페라 <스페이드의 여왕>(1890)이라는 대작을 완성한 직후였고, 또 다른 오페라 <이올란타>(1891) 작곡에 매진하고 있던 상황이었다. 과도한 업무와 스트레스에 시달리고 있던 그는 프세볼로지스키가 원했던 '동화극' 혹은 '아동극'에 긴 시간을 할애하는 것이 역부족이라고 여기고 있었다. 게다가 그가 가장 사랑했던 한 살 터울의 누이동생 알렉산드라가 사망한 시기도 그 즈음이었다. 당시 차이콥스키는 누이의 사망 소식을 신문 기사를 통해 접했다고 하는데, 이는 그가 받게 될 충격을 걱정했던 친척들이 그 사실을 철저히 숨겼던 이유에서였다. 가족들의 염려대로 급작스런 비보를 접한 차이콥스키는 슬픔과 절망의 나락으로 빠져들었다. 누이의 사망 사건을 통해 '죽음'이라는 삶의 불가항력을 마주한 차이콥스키는 그때부터 삶과 죽음, 삶의 우연성과 불확실성을 고민하는 내적 갈등의 시기를 겪어야 했다. 이와 같은 이유로 일부의 비평가들은 영롱한 음색을 드러내는 악기 '첼레스타'가 처음 사용된 <눈송이 왈츠>의 비극적 선율이 다름 아닌 그가 누이동생에 대한 추억과 상실의 고통을 악보에 그대로 반영한 결과라는 견해를 내놓기도 했다. 이처럼 오늘날 음악 자체만으로도 널리 사랑받고 있는 <호두까기 인형>은 차이콥스키가 작품에 대한 취향의 문제, 심리적 불안과 불확실성, 작곡가로서 스스로의 능력에 대한 의문 속에서 고통을 딛고 완성한 곡이라 할 수 있다.

레프 이바노프

우여곡절 끝에 음악이 완성되어가고 본격적인 안무 제작에 돌입하게 되는데, 이는 프티파가 아닌 레프 이바노프라는 안무가에 의해 실행되었다. <호두까기 인형>을 통해 드디어 이름을 드러낸 이바노프는 러시아 발레 역사에서 매우 중요한 인물이다. 비록 프티파의 그늘에 가리어 제대로 조명받지 못한 운명을 살았지만, 그는 19세기 황실극장이 배출해 낸 안무가 중 유럽의 쟁쟁한 안무가들 사이에서 능력과 업적을 인정받은 최초의 러시아 안무가였다. 그가 처음 프티파와 함께 일하게 된 시기는 1852년이었다. 황실 발레학교를 졸업하자마자 상트페테르부르크 볼쇼이발레단에 입단한 이바노프는 당시 솔리스트이자 교육자로 활동하고 있던 프티파를 대면하게 되었고, 첫 만남에서부터 발레계를 떠난 마지막 순간까지 그는 언제나 프티파의 영향력 아래 존재했다. 그는 20여 년에 걸쳐 솔리스트와 조감독, 차석 발레마스터로 승진하며 프티파의 뒤를 이었다. 건강상의 문제로 프티파가 자리를 비운 1856년 이바노프는 프티파를 대신해 주역무용수로 처음 무대에 오를 수 있었고, 1869년 프티파가 마린스키발레단 수석 발레마스터로 임명된 후에야 프티파의 솔리스트 자리를 온전히 물려받을 수 있었다. 이처럼 황실극장의 이인자이자 프티파의 성실한 조력자를 자처했던 이바노프는 프티파의 그늘에서 묵묵히 발레에 헌신했으나, 그때까지 단 한 번도 자신의 이름과 능력을 온전히 드러낼 수 없던 인물이었다. 그런데 <호두까기 인형>을 제작할 당시 프티파의 딸이 사망한 한편, 그의 지병이 대본과 안무의 병행작업이 불가할 만큼 악화되어 업무에 전념할 수 없는 상황을 맞았다. 결국 프티파는 마린스키의 보조 안무가로 오랫동안 자신의 곁에 머물고 있던 이바노프에게 수석 안무가의 역할을 넘겨줄 수밖에 없었다. 그렇게 이바노프는 오늘날 <호두까기 인형>의 안무가로 세계 발레 역사에 이름을 올릴 수 있게 되었다.

1892년 12월 18일 저녁, 상트페테르부르크 마린스키극장에서 오페라 <이올란타>와 함께 <호두까기 인형>의 역사적인 초연 무대가 막을 올렸다. 1막은 학생들이 주도한 무대였다. 무대에는 황실발레단 산하 발레학교 학생 60여 명이 주인공을 비롯한 크고 작은 역할들을 도맡았다. 2막에서는 전문 무

<호두까기 인형>을 관람하고 나서, "차르는 매우 기뻐했고, 자신의 지정석으로 불러 감상평을 늘어놓았습니다. 발레 무대는… 웅장하고, 너무도 웅장합니다. 이 화려함으로 눈이 아플 지경입니다."

- 알렉산드르 베누아

1892년 <호두까기 인형> 초연

1892년 <호두까기 인형> 초연

용수들이 무대에 올랐으며, 주역 무용수로 캐스팅된 인물은 이탈리아 밀라노 출신의 안토니에타 델에라였다. 이 초연 무대에는 어린이들을 포함해 총 200명에 육박하는 무용수들이 동원되었다고 하니, 그야말로 마린스키 무대에는 성대한 크리스마스 파티의 향연이 벌어졌을 터였다.

2. <호두까기 인형>, 동화에서 리브레토로

마리우스 프티파의 리브레토는 2막 3장의 발레로 완성되었다. 1막의 배경은 즐거운 크리스마스 파티가 벌어지고 있는 스탈바움 가족의 응접실이다. 대부이자 마법사 드로셀마이어는 프릿츠와 클라라 남매에게 선물을 나누어주는데, 클라라가 그로부터 받은 것은 '길고 우람한 상체와 짧고 가는 다리, 커다란 머리'를 가진 호두까기 인형이었다. 벽시계가 12시를 알리는 종을 울리자 호두까기 인형이 장난감 병정들의 대장이 되어 생쥐 떼와 전투를 벌인다. 호두까기 인형이 수세에 몰리자 클라라는 생쥐 왕에게 슬리퍼를 던져 단숨에 물리친다. 전투에서 승리한 호두까기 인형은 멋진 왕자로 변신해 클라라를 자신의 장난감 왕국으로 초대하고 남녀 주인공은 눈꽃이 아름답게 휘날리는 길을 따라 여행을 떠난다.

2막에서는 클라라와 왕자가 장난감 왕국의 사탕과자 나라에 도착한 후 연회가 펼쳐지는 장면이다. 클라라의 도움으로 목숨을 건진 그 인형이 바로 장난감 왕국의 왕자였던 것이다. 이 왕국에서 클라라는 환상적인 향연의 세계를 경험한다. 커피, 차, 초콜릿 등 맛있는 간식들이 소녀에게 이국적인 춤의 무대를 선사하는가 하면, 분홍색으로 물든 수십 송이의 꽃들이 모여 경이로운 경관을 연출한다. 그리고 왕자는 클라라에게 영원한 사랑을 맹세하며 청혼하기에 이른다.

이처럼 환상성에 근거한 동화 스토리의 <호두까기 인형>은, 널리 알려진 바와 같이, 독일 후기 낭만주의 환상 문학의 거장 에른스트 호프만의 동화 「호두까기 인형과 생쥐 왕」(1816)을 그 원작으로 한다. 동화 역시 크리스마스 전날 밤에 이루어지는 '호두까기 인형과 소녀의 로맨틱한 사랑', '두 사람의 환상 세계로의 여행'이 줄거리의 주축을 이루며 전개되는데, 현실과 환상을 넘나드는 이 획기적이고 과감한 동화는 출간 당시부터 많은 연구가들이 인정하듯이 '낭만주의 예술동화 문학의 정점'을 이룬 작품으로 평가되며 독일 문단에 등장했다. 그러나 「호두까기 인형과 생쥐 왕」이 취하는 구조적·서술적 특징은 과연 이 작품이 동심을 바탕으로 한 동화라고 불릴 만한가 하는 의구심을 불러일으키기도 했다. 호프만 원작 자체를 볼 때, 일상적 현실의 세계와 초월적 환상의 세계, 아동의 순수한 세계와 어른들의 이성적 세계가 엄격하게 분리되지 않을 만큼 얽히고설켜 복합적인 서술구조를 취했던 연유였다. 다시 말하면, 스토리의 대부분이 인형과 장난감의 세계를 다루고 있고, 극을 이끌어가는 주인공이 어린 소녀이기에 호프만의 다른 작품들에서 드러나는 괴기스럽고 음울한 색채가 절제되어 있는 편이지만, 그럼에도 이 작품에서 역시 스탈바움 가정의 화목함 이면의 갈등, 작품 속 유토피아로 제시된 사탕과자 나라의 병폐 등을 통해 아름다움 저변에 짙게 깔린 호프만적 기이한 성격이 드러나기도 한다는 것이다. 이처럼 어린이 동화임에도 작가 호프만의 목소리를 완전히 감추지 않은 이 작품은 '감성의 해방', '질서와 논리에의 저항', '그로테스크적 환상'이라는 낭만주의 특유의 자유주의 형식에서 크게 이탈하지 않은 작품이라고 볼 수 있다.

그러나 원작과 달리 발레 <호두까기 인형>에서는 호프만 특유의 낭만주의적 색채는 거의 드러나지 않는다. 그러한 이유 중 가장 큰 하나는 이 작품이 독일 동화를 원작으로 함에도 프랑스 출신인 프티파가 독일어를 구사하지 못했기에 리브레토와 프로그램을 제작할 당시 프랑스어 번역본을 사용할 수밖에 없었기 때문이며, 다른 하나는 동화가 발레에 적합한 서술구조로 수차례에 걸쳐 각색되었기 때문이다.

프티파의 <호두까기 인형>은 호프만 동화를 소재로 하지만 정작 리브레토 작업에 사용된 것은 알렉산드르 뒤마의 손을 거친 번역본이었고, 이는 오리지널 버전과 큰 차이를 보인다. 뒤마의 번역본은 호프만 원작에 비해 부드럽고 감미로운 톤과 어휘로 짙은 호소력을 발휘했는데, 이는 극중 사건의 긴장감과 압박감을 완화하는 요소로 작용했다. 즉 뒤마의 번역본은 기본적으로 호프만이 동화에서 설정한 서술 전개 방식과 동일한 구조로 이루어져 있지만, 여기에서는 호프만의 낭만주의적·심리학적 깊이가 뒤마의 손을 거치며 약화되어 원작과는 또 다른 동화적 환상성이 배가 되었다는 것이다. 우아하고 감미로운, 부드럽고 세련된 프랑스어 억양의 <호두까

기 인형>은 관례적으로 아름다운 환상적 피조물들의 세계를 그려왔던 고전발레의 서술구조에 부합하는 새로운 동화 버전으로 재탄생된 것이라고 볼 수 있다. 그 후 뒤마의 <호두까기 인형>은 프티파와 프세볼로지스키의 협업에 의해 또 한 번의 각색 과정을 거치며 발레화된다. 이렇게 두 차례에 걸친 대대적인 각색 작업으로 발레 <호두까기 인형>은 오늘날의 밝고 경쾌하고 아름다운 동화 스토리로 변모되었다고 볼 수 있다.

3. 프티파에서 그리고로비치까지

앞서 제시한 줄거리에서 살펴보았듯이, <호두까기 인형>의 주요 사건, 즉 '왕자와 생쥐의 전투'는 그 발단에서 결말에 이르기까지 모두 1막에서 종결되고, 2막은 사건 해결에 대한 보상이 주인공들에게 주어지는 내용으로 구성된다. 이와 같은 1막에서 2막으로의 이행은 무대의 급격한 분위기 전환을 일으킨다. 2막에서는 그야말로 환상적 향연의 세계, 마법의 세계로 전환되는데, 이와 같은 현실과 환상의 교차는, 다른 많은 작품의 줄거리가 증명하듯이, 고전발레가 보편적으로 취하는 서사적 특징이기도 하다. 그런데 <호두까기 인형>은 초연 당시 프티파와 차이콥스키, 프세볼로지스키의 기대와 달리 흥행에 실패하고 말았다. 이유는, 당시 고전발레의 전형적인 스토리 전개 양식이 아기자기하고 다채로운 춤으로 줄거리를 표현해내는 것이었던 반면, <호두까기 인형>은 1막에서는 지극히 현실적이고 일상적인 가정의 모습을, 2막에서는 혼미할 정도로 강렬한 환상적 색채를 보여주었기 때문이다. 물론 1막에서도 '생쥐 떼와 인형의 싸움'이 우리 현실 속에서 마주할 수 없는 사건이기에 환상성이 전적으로 결여되었다고 보기는 힘들다. 그러나 극중 매우 긴 시간을 할애한 것은 단란한 가정의 명절 모습을 재현하는 것이었고, 생쥐 떼와의 전투 장면 역시 전통적인 발레 속에 재현되어왔던 환상적 색채와는 전혀 다른 차원의 것이었다. 프티파 버전의 실패 이후, <호두까기 인형>을 각색, 재상연하고자 하는 러시아 주요 안무가들의 시도는 끊임없이 이어졌다. 초기 소비에트 발레 거장으로 '클래식 발레의 소비에트화'를 주도했던 알렉산드르 고르스키는 초연 이후 27년 만인 1919년 볼쇼이극장 무대를 통해, 표도르 로푸호프는 그 후로 10년이 지난 1929년 키로프극장 무대를 통해 이를 재상연했으나 모두 크게 주목받지 못했다.

초기 소비에트 버전 중 <호두까기 인형>의 성공사례로 꼽히는 것은 바실리 바이노넨이 1934년 키로프극장에서 선보인 버전이었다. 이는 프티파 발레와는 다른 버전으로 외형상의 변화를 거쳤는데, 소비에트라는 시대적 특성상 해당 사회가 추구했던 새로운 예술적 가치에 따라 작품이 수정되어야 했던 까닭이었다. 바이노넨이 활동했던 1930년을 전후한 시기는 러시아 발레마스터들이 사회주의 이념에 부합하는 작품 창작에 뛰어들어야만 했던 시기다. 더욱이 1934년 제1차 소비에트 작가 회의에서 '소비에트 리얼리즘'이 채택된 이후로는 소비에트 문학예술의 탁월성을 위해 반드시 지켜져야 할 예술 창작원칙, 즉 '정치성, 사실성, 민중성'을 기본 축으로 하는 작품들이 대거 출현하고 있었다. 이러한 사회 분위기 속에서 유럽 낭만주의적 환상성과 이국성이 농후한 <호두까기 인형>은 사실상 소비에트 인민들에게 공개하기에 부적합한 작품으로 평가되었고, 바이노넨은 작품 내 크고 작은 부분들에 변화를 가하며 작품에 다시금 생명력을 불어 넣었다. 우선 그는 주인공의 이름을 바꾸

바실리 바이노넨

었다. 작품이 탄생한 시점부터 그때까지 마리헨에서 마리로, 다시 클라라로 바뀌어야 했던 극중 소녀의 이름✢이 유럽적 이국주의라는 비판에서 탈피하기 위해 다시 한 번 새로운 이름으로 바뀌게 된다. 프티파의 '클라라'는 바이노넨 버전에서 - 호프만 원작 주인공의 이름 '마리헨'과 유사하나 외국식 이름이 아닌 - 러시아식 이름 '마샤'로, 동생 프릿츠는 '미샤'로 불리게 된 것이다. 그리고 서구 기독교 문화를 대표하는 명절인 크리스마스는 소비에트 사회에서 기념할만한 명절이 아니었던 바, 작품의 배경 역시 러시아의 최대의 명절인 '설날'로 대체되기에 이른다. 외형상 러시아 문화 속 러시아인의 삶과 꿈을 그린 '러시아적' 작품으로 변신한 <호두까기 인형>은 1934년 2월 18일 갈리나 울라노바의 연기와 함께 초연한 이후 흥행에 성공했고, 곧 키로프발레단의 레퍼토리로 선정되어 소비에트 명절용 발레로 점차 국내 인지도를 확보해갔다.

<호두까기 인형>이 세계무대에서 크리스마스를 상징하는 발레로서 입지를 다지고 그 운명을 달리하게 된 것은 고향 러시아에서가 아닌 미국에서였다. 당시 소비에트 사회에서 순수예술 진영 예술가들의 입지가 점차 줄어들게 되면서 많은 이들이 자유를 찾아 서방세계로 대대적인 망명길에 올랐다. 유럽이나 미국으로 떠난 안무가나 무용수들은 세계 각지에 정착해 활동을 이어갔고, 바이노넨의 <호두까기 인형>은 그들에 의해 서구 세계에 소개되기 시작했다. 특히 러시아 출신 미국 안무가 조지 발란친은 <호두까기 인형>의 세계적 확산과 대중화에 크게 기여한 인물이었다. 그는 모

✢ <호두까기 인형>의 여주인공 소녀는 호프만의 원작에서 마리헨이라는 이름을 갖지만, 뒤마의 번역본에서는 프랑스어 발음에 따라 마리로, 프티파 발레 대본에서는 클라라로 불리게 된다. 사실 클라라는 호프만 원작에서 마리헨이 소유한 인형의 이름이었으나 프티파는 주인공의 이름을 인형의 이름으로 대체했다. 그 후 소비에트 버전에서는 클라라를 본래의 이름 마리헨과 유사한 발음의 러시아 이름 마샤(마리야)로 부른다. 이와 같은 독일식 이름의 러시아어화는 로푸호프가 가장 먼저 시도했으나, 바이노넨에 의해 세상에 알려졌다. 그리고 오늘날 발레 <호두까기 인형>의 여주인공은 최초 발레 버전의 클라라라는 이름을 되찾게 되었는데, 이는 발란친의 미국 버전이 출현하면서부터다.

발란친의 <호두까기 인형>

던발레를 탄생시킨 발레뤼스의 안무가로 활동하며 러시아 활동기를 보내고 난 후, 1930년대에 미국으로 건너간 전위파 발레 안무가다. 1935년부터는 오늘날 미국을 대표하는 뉴욕시티발레단(당시 명칭 '미국 발레 앙상블')을 결성해 예술 감독으로 활동하며 미국 컨템포러리 발레 육성과 발전에 크게 기여하기도 했다. 이러한 맥락에서 볼 때, 모던발레를 지향하며 자유로운 창작을 위해 미국으로 건너가기까지 한 그가 돌연 프티파의 유산이 고스란히 녹아있는 <호두까기 인형>을 각색해 무대에 올린 일은 매우 이례적인 사건으로 여겨질 수밖에 없었다. 이와 같은 외부의 궁금증과 관련해, 그는 한 언론과의 인터뷰에서 <호두까기 인형>을 선보인 이유가 자신의 '창작 세계를 보여주려는 의도가 아닌, 사람들에게 즐거움을 주기 위한 것'이라고 밝힌 바 있다. 사실 발레 단체가 티켓 판매로 얻는 이윤과 이를 통한 재정적 자립은 단체의 존립과 직결된 매우 중요한 문제였다. 뉴욕시티발레단의 창립자이자 발레마스터 발란친의 관점에서 뉴욕시티발레단의 원활한 운영과 자유로운 예술창작 활동을 위해서는 대중들의 기호와 취향을 고려한 대표 레퍼토리의 창작이 무엇보다 중요했고, 이러한 가운데 <호두까기 인형>은 미국 사회에서 크리스마스 특수를 노려봄직한 작품으로 그에게 선택되었던 것이다.

발란친의 버전은 작품 속에 묘사된 가정의 모습이 이전의 다른 버전에서와는 그 느낌을 달리한다는 점이 특징적이다. 프티파의 시대로부터 소비에트 시대에 이르기까지 발레 <호두까기 인형> 스토리에서 일관적으로 유지되어 왔던 부분은 바로 권위적이고 귀족적인 스탈바움 가족의 모습이었다. 리브레토에 작품의 시대적 배경이 19세기로 설정되어 있듯이, 고상한 유럽풍의 의상을 잘 갖추어 입고 통제된 걸음걸이와 제스쳐를 선보이는 크리스마스 파티 장면 속 등장인물들은 누가 보아도 영락없는 고위 관료나 귀족의 이미지였다. 또한 유년기의 아이들이 대부분 그렇듯 극중 남매와 친구들은 거침없는 장난을 즐기는데, 이 아이들의 행색은 그들의 부모와 마찬가지로 값비싼 듯한 고급스러운 옷차림에 형형색색의 선물상자를 들고 있는 모습이다. 화려하게 장식된 크리스마스트리와 이들이 함께 어우러진 풍경은 관객들로 하여금 이 무대가 전반적으로 부유한 고위계급 인사의 가정임을 짐작케 한다. 반면 발란친은 대체로 원작과 유사한 분위기를 연출한 듯하지만, 그보다 더욱 안락하고 단란한 미국 중산층 가정의 모습을 그려냈다. 당시 백인 중산계층이 주류를 이루었던 서구사회에서 <호두까기 인형>은 이웃처럼 단란하고 평범한 가족의 모습과 어른들이 그리워할 만한 어릴 적 가정의 모습, 즉 사회 구성원 모두가 공유하는 공통경험을 자극함으로써 대중의 정서에 호소한 작품이었다고 볼 수 있다. 또한 발란친은 바이노넨이 설정한 주인공 이름과 배경을 프티파의 버전으로 다시금 되돌려 놓았다. 주인공 마샤는 프티파가 지어준 클라라라는 이름을 되찾았고, 20여 년간 작품의 배경이 되었던 러시아 새해 풍경은 크리스마스로 대체되었다. 이때부터 '<호두까기 인형>은 크리스마스 발레'라는 공식이 미국, 나아가서는 세계인의 인식 속에 자리를 잡아갔다.

이렇게 발란친의 <호두까기 인형>은 서구 세계에서 빠르게 확산되고 있었지만, 정작 소련에서는 크게 주목받는 작품이 아니었다. 이 작품이 볼쇼이와 마린스키극장에서 고정 레퍼토리로 등극한 것은 비교적 늦은 시기인 1960년대 후반으로, 33년간 볼쇼이발레단을 이끈 유리 그리고로비치가 볼쇼이발레단에 부임한 이듬해에 이를 새로운 버전으로 각색하면서부터였다. 그리고로비치는 흥행성을 고려해 전반적으로 프티파의 구성과 양식을 적용했으나, 내용적인 면에서는 소련식 발레 스타일을 따라야 했다. 결국 그는 프티파의 초연 버전과 바이노넨의 아이디어를 결합해 다시 한 번 볼쇼이 버전의 리브레토로 재탄생시켰다.

"나는 <호두까기 인형>의 구체화를 꿈꿨고, 차이콥스키의 천재적인 음악에 대한 나의 이해를 표현하고 싶었습니다. 나는 단순한 내 생각이 아니라, 내가 춤을 통해 경험하고 이해한, <호두까기 인형>에 대한 나의 주관적 인식을 드러낼 수 있는 안무를 찾고자 했습니다."

- 전 볼쇼이극장 예술감독 유리 그리고로비치

그리고로비치가 <호두까기 인형>을 통해 드러낸 메시지는 '이상적인 유토피아'의 존재 가능성을 부정하는 것이었다. 앞서 언급한 바와 같이, 환상적이거나 비현실적인 소재들이 용납되었던 고전주의 발레에서는 극중 초자연적 힘을 과시하는 마법사가 등장한다거나, 생쥐들이 현실적 개연성과 무관하게 등장해 주인공과 전투를 벌이는 <호두까기 인형>의 스토리가 타당한 것으로 인정받을 수 있었다. 그러나 사실성에 입각하지 않는 예술이

용인되지 않았던 소비에트 시대의 발레는 환상이라는 허구 세계로부터 빠져나와 현실 세계 속으로 편입되어야 했다. 이처럼 발레라는 장르가 가지는 특유의 성격과 사회적 요구가 상이한 상황 속에서 그리고로비치는 '꿈'이라는 예술적 장치를 통해 이 딜레마를 극복했다. 결국 <호두까기 인형>에서 벌어지는 모든 환상적 스토리는 '마샤의 꿈'에서 일어난 일로 처리되기에 이르는데, 이와 같은 극중 꿈의 도입은 무의식이 지배하는 꿈의 세계가 현실에서 용인되지 않는 비합리적인 모든 것을 허용하는 세계이기 때문인 것으로 보인다. 실제로 극의 초반, 크리스마스 파티가 끝난 발레 1막의 무대에는 마샤가 침대에 누워 잠자리에 드는 모습이 연출되었고, 막이 내리기 직전에는 마샤가 꿈속에서 자신의 어린 시절과 작별 인사를 하며 잠자리에서 깨어나는 것으로 마무리되었다.

한편 호프만의 동화에서 '판사이자 마법사'로 현실과 환상을 넘나들며 이야기 속 사건에 끊임없이 개입하는 존재, 드로셀마이어가 등장한다. 모든 발레 버전을 보더라도 이 인물은 호프만의 원작에서처럼 현실과 환상의 세계를 연결해 주는 캐릭터로 등장해 무대를 지배한다. 그러나 그리고로비치 버전에서 드로셀마이어의 역할과 성격은 이전의 버전에서와는 다른 양상으로 나타난다. 가령 프티파의 버전에서 드로셀마이어는 호두까기 인형을 클라라에게 선물한 마법사로서 그녀를 경이로운 환상 세계 속으로 인도한 주요 인물로 등장한 반면, 그리고로비치의 버전에서 그는 마법사가 아닌 판사라는 직업을 가진 남매의 대부로 등장한다. 프티파가 무엇보다 환상성을 배가시키기 위해 드로셀마이어라는 인물에게 호프만이 설정한 인물의 현실적 삶을 배제하고 마법사로서의 역할만을 부여했다면, 그리고로비치는 그와 반대로 현실성을 강조하기 위해 마법을 부리는 초월적 존재가 아닌 현실 사회 속에 실재할 법한 인심 좋은 남성의 캐릭터로 그를 등장시켰다는 것이다. 물론 그리고로비치 버전에서도 판사 드로셀마이어가 마법사의

드로셀마이어

복장을 한 채 등장하기도 하지만, 이는 마법사가 아닌 어린이를 위해 분장한 어른, 즉 마술사의 모습이라고 볼 수 있다. 이처럼 프티파의 드라마틱한 전개 방식을 보존함과 동시에 꿈이라는 미적 장치를 통해 양립할 수 없는 두 가지 요소, 즉 환상성과 현실성을 엮어낸 그리고로비치의 버전은 마침내 러시아 무대에서 대성공을 거두었고, 1966년 이후로는 볼쇼이발레단의 고정 레퍼토리로 선정되어 오늘날까지

"나는 볼쇼이극장에 입단한 이후에야 그리고로비치 버전의 <호두까기 인형>을 처음 보았습니다. 그때까지 나에게 마법에 대한 그러한 감정을 일깨워 준 공연은 없었습니다. 이 삶을 혼란과 무질서로 인식하고 있는 우리, 어른들은 순식간에 마법이 창조한 세계로 빠져듭니다. 바로 여기에서, 우리는 순수한 꿈과 기적에 대한 진지한 믿음으로 다시 어린아이가 됩니다."

- 볼쇼이극장 수석무용수 아르툠 옵차렌코

꾸준히 상연되고 있다.

　한편, 우리나라의 경우, 1974년 국립발레단이 프티파와 이바노프의 황실발레 버전의 <호두까기 인형>을 처음 소개한 이래로, 1996년부터는 바이노넨의 키로프 버전으로 상연해온 바 있다. 그리고 국립발레단이 예술의전당으로 이전한 2000년부터 오늘날까지는 그리고로비치의 볼쇼이 버전으로 공연무대를 선보이고 있다.

4. 고전극 <호두까기 인형>의 하이라이트

　<호두까기 인형> 1막의 안무는 스탈바움 부부와 남매, 어른과 아이의 역할로 분리되어 전체적으로 이중구조를 이루고 있으며, 각 세대 간 인간관계의 모습, 각 세대들이 파티를 즐기는 방식의 차이를 여실히 드러낸다. 파티가 벌어진 응접실에 모여든 어른들은 오랜만의 만남을 반가워하며 이곳저곳을 향해 인사를 나누는데, 이들이 주고받는 인사는 서로를 향해 가볍게 상체를 숙이거나, 혹은 술잔을 부딪치거나, 무릎을 구부리는 등 발레 특유의 우아한 자태로 완성된다. 이들의 여유로운 움직임은 천방지축 뛰어다니는 아이들의 행위와는 대조를 이룬다. 어른들의 느긋함과 어린이들의 역동적 움직임이 함께하는 발레 무대는 전체적으로 안정감과 균형성을 확보한다. 아이들의 춤은 작고 빠른 스텝들로 이루어진 안무들이 상당한 분량을 차지한다. 2인무 혹은 몇 개의 그룹으로 나뉘어 진행되는 이들의 춤은 종종 다양한 대형들을 만들어내어 자칫 혼란스러울 수 있는 무대에 일련의 질서를 부여하며 파티의 명랑하고 유쾌한 분위기를 더욱 고조시킨다. 이 모든 유쾌함은 작품 속 무대 장치, 즉 한가운데 설치된 크리스마스트리에 의해 더욱 배가되는데, 이는 화려한 장식미와 웅장함으로 탁월한 시각적 효과를 낼 뿐 아니라, 트리의 아랫부분을 장식하는 형형색색의 선물상

자들은 설렘과 기대, 흥분 가득한 동심의 세계로 관객들을 인도한다.

이처럼 스탈바움 가족과 초대받은 손님들이 함께하는 단란한 파티가 열린 가운데 드로셀마이어의 등장은 아기자기한 극의 분위기를 더욱 화려하고 현란한 분위기로 전환시킨다. 각 버전에 따라 마법사, 대부, 판사 등 복합적인 성격의 인물로 등장하는 드로셀마이어의 행위는 곧 무대 위에 펼쳐질 마법의 세계를 암시한다. 특히 그의 마법으로 기적처럼 생명을 얻은 자동인형들의 춤은 2막에 비해 상대적으로 볼거리가 적은 1막의 하이라이트를 형성하며 관객들의 시선을 사로잡는다. 이렇듯 아름다운 크리스마스트리를 둘러싸고 이루어지는 아이들의 경쾌한 춤, 그리고 드로셀마이어가 선보이는 마법 혹은 마술의 무대는 대중의 사랑을 널리 받고 있는 1막의 주요 장면들이라 하겠다.

호두까기 인형과 생쥐의 결투, 그에 따른 승리로 완결된 1막이 내러티브 중심의 무대였다면, 2막은 등장인물뿐 아니라 무대를 바라보는 관객들 역시 그 언젠가 느껴보았을 법한 크리스마스 판타지의 심연을 보여주는 무대라고 할 수 있다. 그리고 더욱 중요한 것은, 바로 여기에 고전발레의 아버지 마리우스 프티파가 확립한 고전적 법칙들이 고스란히 반영되어 있다는 것이며, 그 대표적인 예로 2막에 접어들어 무용수들의 기량을 집중적으로 노출하고 있는 '디베르티스망'과 '그랑 파드되'를 들 수 있다.

2막은 사탕과자의 나라에서 펼쳐지는데, 이를 한마디로 규정하자면 '환상의 세계'라고 할 수 있다. 그러나 이는 단순한 환상 혹은 근거 없는 미지의 세계가 아닌, 의인화된 크리스마스 상징물들이 다채로운 춤을 보여주는 향연의 장이다. 우선 서양문화에서 보편적으로 크리스마스에 아이들이 즐겨 먹는 음식은 '달콤한 것들'이다. 2막 전체에서 상당한 분량을 차지하는 디베르티스망에서는 각 국가들을 대표하는 달콤한 음식들, 가령 스페인의 초콜릿, 아라비아의 커피, 중국의 차, 러시아의 막대사탕 등이 무대 위에 등장해 기교 넘치는 춤을 춘다. 이처럼 각국의 음식들을 춤으로 표현하는 방식은 '발레화된 민속춤'을 나열한 '디베르티스망'을 통해서다. 프랑스어로 '기분전환'이라는 뜻을 가진 디베르티스망은 자칫 단조로운 무대가 될 수 있는 클래식 발레 공연에 다채로운 볼거리, 즉 음악과 춤을 통해 무대 위에 화려함과 현란함을 부여하기 위한 부분이다. 이는 보통 클래식 발레의 범주를 벗어나 민족적 전통에 근원을 둔 춤들의 모음이며, 극의 줄거리와는 무관하게 삽입된다. <호두까기 인형>의 디베르티스망은 스페인 춤, 아라비아 춤, 중국 춤, 러시아 춤, 갈대피리의 춤, 어릿광대들의 춤으로 이루어져 있으며, 그중 스페인, 아라비아, 중국, 러시아 춤은 지역 문화적 색채가 매우 강하여 관중들에게 강렬한 이미지를 전달한다. 당시 초콜릿이 유명했던 스페인 춤은 집시춤인 플라멩코와 볼레로의 풍으로 이루어졌고, 최대 커피 수출국이었던 아라비아 춤은 동양풍의 의상과 단선율을 사용한 정적인 춤

디베르티스망 (마린스키극장, 2012)

으로, 러시아 춤은 남성의 용맹성을 상징하는 트레팍의 경쾌한 춤으로 각 무대가 꾸며졌다. 이는 지역 문화적 특색을 활용해 이국적 환상성을 고취시키는, 즉 다양성의 공존으로서 카니발적 향연인 한편, 어린 클라라의 내면 세계에 내재하는 이국적 판타지이자 경험해본 적 없는 미지의 세계에 대한 호기심을 드러내는 요소이기도 하다.

디베르티스망에 이어 전개되는 그랑 파드되 역시 프티파가 극의 스펙터클한 전개와 웅장한 마무리를 위해 고안한 남녀 주인공의 2인무 형식이다. '대(大)이인무'를 뜻하는 그랑 파드되는 남녀 커플의 서정적 아름다움을 형상화하는 '아다지오'에서 시작해, 개인의 폭발적 기량으로 채워진 '솔로 바리아시옹'을 거쳐, 군무진을 대동해 화려함과 웅장함으로 끝을 맺는 형식으로 구성된다. 달리 말해, 서정성과 화려함, 웅장함으로 완결되는 그랑 파드되의 역동적 무대는 작품의 클라이맥스를 장식한다. <호두까기 인형>의 그랑 파드되 역시 프티파의 전형적인 그랑 파드되 형식에 상응하게 구성되었는데, 그중 가장 주목할만한 부분은 어른이 된 클라라의 바리아시옹 '사탕요정의 춤'이다. 이는 차이콥스키가 <호두까기 인형> 초연 당시 프랑스에서 직접 공수해온 첼레스타를 러시아에서 최초로 선보인 무대이기도 했다. 이 악기의 영롱한 음색은 주역 무용수의 정교한 기술과 어우러져 매혹적인 무대로 완성되었다.

프티파의 고전주의 발레 형식에서 또 하나의 중요한 요소는 바로 '군무'의 연출이다. <호두까기 인형>의 군무 중 유명한 장면으로는 1막의 <눈송이 왈츠>와 2막의 <꽃의 왈츠>가 있다. 대칭성과 균형미를 고려해 군무의 대형은 직선에서 곡선으로, 곡선에서 사선으로, 또는 가운데서 바깥으로 분열되었다가 다시금 안쪽으로 응집되는 등 복합적 대형의 연속으로 진행된다. 물론 균형성과 대칭성, 조화를 염두에 둔 기본적인 골격과 형태는 프티파에 의해 확립된 것이지만, <호두까기 인형>은 프티파가 아닌 이바노프

눈송이 왈츠

의 안무로, 그의 대형 연출은 프티파의 것과 비교할 때 보다 복잡하고 중층적인 구조를 취한다. 또한 의미론적 측면에서 볼 때, 1막 크리스마스 분위기의 절정을 장식하는 <눈송이 왈츠>는 남녀 주인공이 눈 내리는 길목을 지나 장난감 왕국으로 향하는 여정 중 마주하게 되는 장면이라는 점에서 중요한 의미를 지닌다. 이는 작품의 배경이 스탈바움 가정의 응접실에서 장난감 왕국으로 이행되는 길목에 배치되어 극이 환상의 마법 세계로 진입하게 됨을 암시하는 주요 장면으로 기능한다고 볼 수 있다.

"발레마스터의 혁신적 기술이 실현되었다. <눈송이 왈츠>는 예외적으로 성공했다. 관객들은 이 장면을 구성하는 춤이 음악을 표현하는 안무라는 것을 감각적으로 느꼈다. 이렇듯 무대에서 청중은 음악과 춤의 조화를 느꼈으나, 이바노프만은 생각이 달랐다. 그는 <눈송이 왈츠>에서 새로운 안무 법칙이 발견되었다고 생각했고, 모든 교향곡 발레에는 고유한 안무 패턴이 적용되어야 함을 인식했다."

- 발레 비평가 유리 바흐루쉰

셰헤라자데

«Шехеразада»

차지원

음악: 니콜라이 림스키-코르사코프

안무: 미하일 포킨

대본: 알렉산드르 베누아

무대: 레온 박스트

초연: 1910년 6월 4일, 파리 그랑오페라극장

1. 동양의 환상, <셰헤라자데>

발레 <셰헤라자데>는 세르게이 댜길레프의 제안으로 19세기 러시아 작곡가 림스키-코르사코프의 동명의 교향시 <셰헤라자데>(1888~1889)에 기초하여 미하일 포킨의 안무에 의해 창작된 발레뤼스의 공연작이다. <셰헤라자데>의 초연은 댜길레프가 기획한 러시아 시즌의 두 번째 시즌 중인 1910년 6월 4일에 파리의 그랑오페라극장 무대에서 이루어졌다.

무대장식과 의상은 화가 레온 박스트에 의해 디자인되었고, 무대막 그림은 화가 발렌틴 세로프의 스케치에 의해 그려졌다. 연출은 보리스 아니스펠트, 지휘자는 니콜라이 체레프닌이었다. 왕비 조베이다 역을 맡은 첫 발레리나는 이다 루빈시테인이었고 그녀가 댜길레프와 결별한 이후 조베이다 역은 타마라 카르사비나가 맡았다. 황금노예 역은 바츨라프 니진스키가, 샤리야르 역은 알렉세이 불가코프가 맡았다. 무대 의상의 스케치에는 프랑스 화가 조르쥬 바르비에도 참여했다.

발레뤼스의 대표적 레파토리 중의 하나인 <셰헤라자데>의 작품성과 기

<셰헤라자데>의 1910년 공연장면

교는 파리와 전(全) 유럽을 놀라게 했다. 발레뤼스는 이미 파리에 널리 알려져 있었지만, 발레뤼스가 일부 엘리트 사회에서 나아가 파리 사회 전체에 영향을 끼치게 된 것은 단연코 <셰헤라자데>의 성공 덕택이었다.

특히 이 작품의 주된 정조를 이루는 동양성(오리엔탈리즘)은 바로 다음 작품인 <불새>와 더불어 유럽을 매혹시켰으며 당시 유럽문화에 큰 영향을 주었다. 특히 동양성의 정조를 구현한 의상과 무대를 맡은 박스트의 공이 가장 컸다고 평가된다. 박스트의 의상으로 인해 파리 패션계에서는 동양풍이 일대 유행하였고 폴 푸아레와 칼로 쇠르 디자인하우스는 박스트의 스케치로부터 영감을 받은 의상을 만들기 시작했다. 또한 실내장식, 광고 등에서도 동양풍의 유행이 일어났다. 심지어 사교계 파티에서도 동양풍의 의상을 입고 파티를 동양풍으로 연출하는 일까지 벌어졌다고 한다.

포킨에 따르면, <세헤라자데>는 발레 안무와 새로운 춤에 관한 그의 생각을 십분 실현한 작품이다. 포킨은 이다 루빈시테인, 니진스키, 불가코프 등을 비롯하여 작품에 참여한 무용수들이 자신의 안무를 훌륭하게 실현해 주었다고 만족감을 피력한 바 있다.

<세헤라자데>의 1910년 공연 프로그램 표지

<세헤라자데>는 물론 새로운 배역으로의 놀라운 변신을 보여준 니진스키의 천재성을 다시금 확인해준 작품이기도 하지만, 여주인공 조베이다 역을 춘 이다 루빈시테인을 일약 스타덤에 올려놓았다. 이다 루빈시테인은 이전 작품인 <클레오파트라>에 이어 <세헤라자데>에서 주역을 맡게 되면서 이름을 알렸다. 그녀는 기술적으로 뛰어난 발레리나는 아니었지만 배역에 어울리는 독특한 외모와 체격을 가진 덕분에 조베이다 역으로 발탁되었다. 포킨은 그녀의 기술적 약점을 덜 드러내고 체격이라는 장점을 최대한으로 살려내도록, 즉 움직임의 선(線)의 느낌을 주로 이용하도록 안무했으며 이는 대성공을 거두었다.

조베이다로 분한 이다 루빈시테인(1910, 파리)

신비로운 설화적 환상을 환기하는

세로프가 그린 이다 루빈시테인의 초상

림스키-코르사코프의 음악, 포킨의 자연스럽고 감정을 직접 표현하는 안무, 예사롭지 않은 동양적 실루엣과 선을 그려낸 이다 루빈시테인과 반인반수처럼 관능성을 표현해낸 니진스키의 춤, 그리고 동양적 환상을 한 폭의 회화처럼 구현한 박스트의 무대미술 등이 결합된 <셰헤라자데>는 다시 한 번 유럽에 폭발적인 예술적 영감을 불어넣었다.

- **<셰헤라자데>의 리브레토**

샤리아르의 하렘. 왕비 조베이다는 왕에게 연민을 구한다. 그러나 그는 음울한 기분에 젖어 있다. 왕의 형제인 샤제만이 와서 왕의 처첩들이 부정한 짓을 하고 있다고 말했던 것이다. 조베이다는 왕의 마음을 누그러뜨리려 애쓰지만, 그는 굽히지 않고 주위에 의심의 눈길을 던진다. 세 명의 무희들이 춤을 추지만 의혹에 사로잡힌 샤리아르를 달래주지 못한다. 왕은 사냥을 나가겠다고 선언한다. 조베이다는 왕에게 가지 말라고 애원하지만 그는 외면하고 수행원들을 데리고 떠난다.

하렘의 여인들은 수석 환관에게 그들의 흑인 연인들을 들여보내 달라고 요구하고 연인들이 들어와 함께 즐거운 시간을 보낸다. 이때 갑자기 샤리아르가 들이닥치고 처첩들이 즐기는 모습을 목격한다. 왕의 친위대가 첩들과 흑인 연인들을 모두 베어버린다.

조베이다는 살려달라고 애원한다. 잠시 동요하던 샤리아르는 샤제만의 경고에 왕비의 애원을 거절하고, 절망한 조베이다는 자결한다. 사랑하는 아내를 죽게 한 샤리아르는 그제야 정신을 차리고 침묵 속에서 흐느낀다.

셰헤라자데와 황금노예

2. <셰헤라자데>의 창작사 및 창작에 관련한 논란

 발레뤼스의 첫 시즌에서 대성공을 거둔 이후 두 번째 시즌을 구상하던 댜길레프는 림스키-코르사코프의 교향시 「셰헤라자데」를 가지고 발레를 만들 생각을 하게 된다. 림스키-코르사코프의 열렬한 숭배자였던 그는 이러한 구상을 발레뤼스 예술가들에게 제안하게 되고, 가장 먼저 그리고 신속하게 반응한 이는 알렉산드르 베누아였다. 그는 바로 음악에 맞추어 리브레토를 짜기 시작했다. 원래 림스키-코르사코프의 교향시 「셰헤라자데」는 「천일야화」의 셰헤라자데가 들려주는 이야기들에 영감을 받아 작곡된 작품으로, 「신밧드의 모험」 등 셰헤라자데의 이야기들에 대한 연상을 표현한 음악은 대부분 해상 장면들을 묘사한 것이었다. 그런데 발레에서는 교향시가 묘사하는 바다의 주제 대신에 다른 것이 선택되었다. 베누아는 무슨 이유에서인지 림스키-코르사코프의 음악에서 바다보다는 하렘의 분위기를 느꼈던 것이다. 추측컨대 어느 정도는 '셰헤라자데'라는 제목이 주는 분위기로 인해서였을 것이다. 댜길레프와 베누아는 「천일야화」의 서문에 나오는 내용인 샤리아르 왕과 그의 형제, 그리고 왕비에 관한 이야기를 줄거리로 선택했다. 처음 리브레토를 만들기 시작할 때에는 박스트 역시 참여했지만 작업이 진행되면서 점점 리브레토 작업은 보다 경험이 많았던 베누아가 주도하게 되었다고 한다.

무대미술 작업은 처음에 아니스펠트에게 맡겨졌지만 그의 스케치가 적절치 않다고 평가되고 곧바로 무대는 박스트에게 넘겨진다. 두 번째 시즌에서 더욱더 장관이 될 만한 프로그램을 만들려 했던 댜길레프는 박스트에게 이전 작품인 <클레오파트라>를 능가하는 또 다른 동양적 색채를 만들어낼 기회를 주게 되었다. 박스트는 여러 장의 디자인을 가져와 작업팀에서 논의했고 최종적으로 1910년 공연에서 등장한 선명한 녹색의 커튼, 짙은 푸른 천장, 강렬한 색상의 장식품들과 쿠션들이 놓인, 아랍의 나른한 분위기를 자아내는 무대를 그린 스케치가 선택되었다.

파리의 문화계, 특히 패션과 실내장식, 사교계 등에 떠들썩한 동양성의 유행을 불러일으킨 발레 <셰헤라자데>는 창작에 관련한 흥미로운 일화를 가지고 있다. 사실상 발레뤼스의 작업을 총괄하던 댜길레프는 포스터에 이 작품을 레온 박스트의 것으로 표시했다. 이로 인해 작품의 리브레토를 쓴 베누아는 엄청나게 분노하게 된다. 베누아는 당연히 이 작품의 작가를 자신으로 생각하였다. 당시에는 발레 작품의 창작적 권리를 통상 리브레토를 쓴 작가에게 귀속시키는 것이 관례였던 것이다. 사실 발레에 쓰이는 음악은 발레리나의 희망으로도 변경될 수 있었을 정도로 유동적인 것이었고, 안무 역시 대체적으로 완전히 정해진 것이 아니었다. 오직 작품의 극적 줄거리를 담아낸 리브레토만이 해당 발레 작품에서 변하지 않는 것으로서 모종의 창작적 증명서 같은 것으로 생각되었기 때문이다. 스위스로 되돌아간 베누아는 댜길레프에게 부드럽지만 단호하게 이후의 협업을 거절하는 편지를 썼다. 파리의 시즌이 끝난 이후 댜길레프는 스트라빈스키와 니진스키를 동반하여 베누아와의 화해를 시도했지만 실패했다. 베누아는 같이 일하지 않겠다는 결심을 바꾸지 않았다.

그러나 베누아는 결별 이후 댜길레프의 적이 되지는 않았다. 그는 <셰헤라자데>의 창작을 박스트의 공으로 돌리며 그의 무대의 뛰어난 예술성을 자세히 언급한 바 있다. "<셰헤라자데>를 놀랍고 독창적인, 전대미문의 무대로 만들어낸 공은 진정으로 박스트에게 있다. 이 굉장한 녹색의 침상(寢牀)에서 막이 오르면 당신은 곧 아라비아 동화를 읽을 때와 같은 그 특별한 감각의 세계로 입장하게 될 것이다. 하나는 덮개와 휘장, 벽, 왕좌의 에메럴드색, 또 하나는 숨막히는 하렘의 정원으로 향한 창살 쳐진 창을 꿰뚫는 밤의 깊은 푸른 색, 수놓인 방석들과 양탄자들, 그리고 이 굉장하고 내밀한 분위기 가운데에서 유연하고 정확히 균형잡힌 움직임으로 춤을 추며 술탄을 위로하는 반라의 무용수들... 이 모든 것들이 곧바로, 완전히 당신에게 마법을 건다. 마치 무대로부터 바로 알싸하고 관능적인 향이 풍겨오는 듯하고 당신의 가슴이 전율할 것이다. 여기에서, 축제가 끝나면, 광기의 달콤한 환영이 지나고 나면, 붉은 피가 흐르고야 말리라는 것을 당신은 알고 있기 때문이다. 박스트는 가장 섬세하고 가장 적절하고 가장 절제된 방식으로 표현된 무대를 만들어냈다. 이것이 전부가 아니다. 박스트는 예술가들을 어떻게 변용시켜야 하는지, 그들을 어떻게 자신의 창작으로 만들어야 하는지를 알고 있었다. … 두 장인 박스트와 포킨은 이 발레에서 순수 예술의 놀라운 창작이 주는 인상을 만들어냈다".

이후 <셰헤라자데>의 창작적 권리에 대한 박스트와 베누아 간의 갈등에 심판관이 된 것은 공평무사한 마음을 가진 것으로 정평이 났던 화가 세로프였다. 세로프는 박스트의 손을 들어주었다. 한편 포킨은 회고록에서 이 문제의 본질은 예술가들의 너무도 긴밀한 협업에 있다고 말한다. 창작에만 골몰한 이들에게는 주도적 아이디어가 누구에게서 나온 것인지는 아

레온 박스트의 무대 그림

무리 따져보아도 알아내기 어려웠다. 그러나 <세헤라자데>의 가장 두드러진, 그리고 영향력 있는 예술적 특징인 동양성은 박스트의 무대미술을 통해 구현되었음은 누구나 인정할 수 있는 사실이기도 했다.

 결국 <세헤라자데>는 레온 박스트의 작품으로 남게 되었지만, 오늘날 문헌에서는 발레의 리브레토 작업에 관련하여 박스트와 더불어 댜길레프, 베누아, 포킨 등 여러 예술가들의 이름이 언급되며, 그중 베누아의 역할은 결코 간과될 수 없다는 것이 일반적인 해석이다.

3. <셰헤라자데>의 동양성을 만들어낸 사람들, 포킨과 박스트

<셰헤라자데>는 <불새>에 앞서 강렬한 동양성으로 유럽을 매혹시킨 작품이다. 이 발레의 동양성은 림스키-코르사코프의 교향시가 환기하는 청각적 인상과 더불어, 무엇보다 거칠고 충동적이지만 자연스러운, 야만적이고 원초적이지만 생명력 넘치는 몸의 미학을 실현하는 포킨의 안무와, 대담하고 이국적인 색채의 조합과 압축적이고 추상적인 회화적 원리를 통해 만들어진 박스트의 미술작업에 의해 창조된 것이었다.

<셰헤라자데>의 동양성은 우선 포킨의 '새로운 춤'에 의해 만들어진 것이다. 포킨은 <셰헤라자데>에서 처음으로 자신의 안무 원칙을 충만하게 실현하는 데 성공했다고 밝힌 바 있다. 그가 이후 1914년에 발레의 개혁을 위해 세웠다고 밝힌 발레의 '5가지 원칙'이 사실상 이 작품에서 모두 구현되어 있다. 그는 낡은 고전발레 체계가 아니라 자신의 새로운 체계에 근거하여 이 작품을 안무했다. 그것은 팬터마임 식으로 동작과 감정이 자세(포즈)와 움직임에 의해 표현되는 안무였다. <셰헤라자데>에서는 과거 안무에서처럼 동작으로 언어를 대신

"이다 루빈시테인의 춤과 그녀의 배역에 대한 안무를 나는 감히 놀라운 성취라고 말하고 싶다. 그녀는 가장 경제적이고 최소한의 수단으로 큰 힘의 인상을 얻어냈다. 한번의 자세, 한번의 몸짓, 한번의 고갯짓으로 모든 것이 표현되었다. 대신에 모든 것이 정확히 제도되고 그려졌다. 선 하나하나가 다 숙고되고 지각되었다. … 니진스키는 흑인 역할을 뛰어나게 춤추었다. 그의 특징이었던 강인함이 여기서는 사라짐으로써 … 검은 흑인의 역에 아주 적절하게 어울렸다. 그는 반인반수(半人半獸), 그는 엄청난 거리를 부드럽게 뛰어넘는 고양이 혹은 힘이 남아돌아 도약할 준비를 하며 다리를 고르며 코를 벌름거리는 에너지 넘치는 표범을 연상시켰다. 보통의 수석 무용수와는 너무나 다른 이 특별한 형상은 어디서 나타난 것일까?"

- 포킨의 회고록 『흐름을 거슬러』 중에서

하지 않았다. 포킨에 따르면, 고전발레의 관습적 동작 없이도 <셰헤라자데>는 모든 것을 전달했다. 포킨은 과거에 쓰였던 바 몸동작으로 언어를 대신하는 관행적인 안무를 버리고, 오히려 언어에 뒤따르는 생생하고 자연스러운 동작을 취하는 새로운 안무를 고안해냈다. 그는 관행적인 발레 규약에 의해 만들어진 어색한 동작을 '흉내내기'라 부르며 이러한 흉내내기는 표현해야 할 것을 표현하지 못한다고 비판한다.

포킨은 흉내내기 대신 실제 삶에 가까운 자연스러운 몸짓을 가지고 피날레의 장면을 어떻게 안무했는지를 이야기한다. "그 대신 나의 왕은 음울하게 조베이다의 연인인 죽은 노예의 시신에 다가가, 발로 그를 건드린다. 시신이 뒤집어지자, 왕은 형제를 향해 손으로 그를 가리킨다. 이것이 전부다. 광기에 찬 질투의 폭발로 인해 불행한 남편이 방금 왕비를 애무한 그 미남자의 몸 앞에서 왕비를 환관과 군인들의 칼에 내던지도록 하기 위해서는 이것으로 완전히 충분하다. 다해서 몇 개의 몸짓만으로도 관객에게는 모든 것이 분명해진다. <셰헤라자데>는 이처럼 연출되었다. 몸동작은 다만 행위의 해당 순간을 표현하는 것이면 충분하다. 이 발레에는 사랑과 열정, 방탕, 분노, 슬픔, 실망이 있는 것이지, 꾸며낸 몸짓은 없다. 이 발레에 있는 팔동작은 우리가 말을 할 때 따라나오는 그 현실적인 동작이다. 조베이다가 배신을 고백하며 슬프게 팔을 늘어뜨리고 머리를 숙이며, 그러나 여전히 그를 사랑하고 있다고 말하기 위해 팔을 뻗칠 때, 왕이 첩들에게 매질을 하라고 군인들을 큰 동작으로 다그칠 때, 그가 자신의 발아래서 죽어가는 조베이다의 손을 붙잡고 흐느끼며 얼굴을 손으로 감쌀 때… 이 모든 것들은 귀머거리와 벙어리의 동작이 아니다. 이것들은 말을 대신하는 동작이 아니라, 들리지 않아도 발음할 수 있고 이해할 수 있는 말을 보충하는 동작이다."

이처럼 포킨의 발레 개혁의 본질은 자연스러움에 있었고 이로부터 창

황금노예로 분한 니진스키

출되는 즉흥성에 있었다. <셰헤라자데>의 춤은 자의적이고 충동적인 춤으로 보였지만 가장 가벼운 동작 하나까지도 빈틈없고 세세하게 통제되었고 그럼에도 불구하고 마치 즉흥적인 것처럼 보였다. 흐르는 듯이 자연스럽고 아무런 힘을 들이지 않은 듯한, 몸의 에너지가 그대로 분출하는 듯 보이는 포킨의 춤을 가장 이상적으로 구현한 것은 역시 니진스키였다.

니진스키의 춤은 포킨이 의도한 바 무용수가 자신을 몸을 완전히 통제함과 동시에 제한하지 않는다는 역설적 원리를 잘 보여주었다. 니진스키의 움직임은 마치 하중을 가지지 않은 것처럼 가벼워 보였고 갑작스러운 방향 전환을 자유자재로 구사하였다. 다른 한편, 그의 춤은 발레의 전통적인 중요한 남성적 동작들을 강력하게 요구하는 동작 또한 계속해서 보여주고 있었다. 포킨은 비르투오소적 발레 스텝들을 변형시켜 모던 댄스의 요소들과 섞고 재조합함으로써 무용수의 움직임을 거칠고 통제되지 않는 것처럼 보이도록 고안했던 것이다.

포킨이 발전시킨 즉흥성은 다만 안무에 의해서만 이루어지는 것이 아니었다. 의도하지 않은 듯한 자연스러움으로부터 발생하는 즉흥성은 음악과 무대미술 등 발레의 다른 요소들이 모두 합해진 종합예술이라는 보다 큰 틀 안에서 비로소 가능했다. 구스타브 사마조일은 포킨이 무용수의 스텝이 발레의 음악에 즉각적으로 반응하는 것처럼 보이도록 함으로써 마치 "음악적 리듬의 감각을 외면화"하고 있는 것 같다고 평가하기도 했다. 안무와 음악의 완벽에 가까운 조화에 대한 이러한 평가는 포킨이 음악을 단순히 춤을 뒷받침하는 부차적 장르로 생각하지 않았음을 증명해준다. 포킨은 발레 <셰헤라자데>를 포함한 초기 작업 시기에는 음악과 안무의 종합이라는 자신의 구상을 작곡가와 협업 하에서 실현할 기회를 갖지 못했다. 그러나 <셰헤라자데> 이후 스트라빈스키와 작업하게 되면서 포킨은 종합예술로서의 발레를 본격적으로 실현할 수 있게 되었다. <셰헤라자데>는 음악과 완벽히 조응하는 안무에 관한 포킨의 구상을 예고해주었던 것이다.

<셰헤라자데>에서 의도된 즉흥성과 자연스러움의 감각은 매우 심오한 것이었다. 이는 무용수의 몸으로부터 나아가 무대 장면이라는 보다 큰 차

<셰헤라자데>에서 니진스키와 이다 루빈시테인

원에서도 실현되어야 했다. 포킨은 과거와 다른 방식으로 전체 안무를 조직했다. 그는 주역 무용수를 중심에 두고 대칭적인 선이나 사각 형태로 무용수들이 배열되는 19세기 발레의 위계적이고 형식화된 배치 방식 대신에 원 모양의 고리 및 밸런스를 맞추지 않은 모음 방식을 택했다. 무용수들은 회전하는 하나의 집단으로 서로 합쳐졌다가 흩어졌다가 다시 결합되곤 했다. 이러한 안무 방식 역시 종합예술의 개념으로부터 나오게 된 것이다. 포킨은 발레공연을 하나의 큰 그림으로 보았고 이로 인해 <셰헤라자데>에서는 플롯의 진행에서 춤의 역할이 최소화되며 춤은 회화성이 강하게 드러난다는 평가를 받게 되었다.

박스트가 그린 조베이다의 의상

즉흥성과 자연스러움은 박스트의 미술작업으로 이어졌다. 벨로우에 따르면, 박스트의 의상은 무용수의 몸을 자유롭게 움직이도록 함으로써 <셰헤라자데>의 춤의 즉흥성 및 자연스러움의 효과에 또한 크게 기여했다. 발레뤼스 초기작들에서 디자이너들은 종종 이사도라 덩컨이나 로이 풀러처럼 규범적인 튀튀를 사용하지 않았다. 박스트는 덩컨 스타일의 튜닉이나 꼭 맞는 바디스타킹을 특히 좋아했고 목과 어깨를 노출시키는 옷깃과 미드리프(몸통 중앙부를 노출시키는 복식 스타일) 및 허리, 다리, 팔 부분을 노출시키는 커팅 등을 사용하여 무용수의 몸을 아슬아슬하게 보여주는 의상을 디자인하기도 했다. 또한, 보석, 베일, 깃털 등 다양한 부속품을 사용하여

박스트의 의상 그림들

무용수의 움직임을 반복하거나 확장하는 효과를 노리기도 했다. 비평가 펠라당은 이러한 의상으로 "박스트는 모델이 아니라 움직임에 옷을 입혔다."고 평가했다.

박스트의 무대는 결코 춤의 조연이 아니었다. <세헤라자데>의 가장 큰 매혹은 박스트가 만들어낸 원색적이고 대담한 색채가 넘쳐나는 회화적 무대미술이 창조해낸 동양적 환상이었다. 보두예르가 지적한 바, "새롭고 예기치 않았던 가치들을 창조해내는, 유럽인들로서는 생각하기 어려운 색채 조합"은 <세헤라자데>의 원시적이고 이국적인 동양성을 창출하는 데 크게 기여하였다.

박스트 무대 개혁의 본질적인 특징은 기존 무대를 지배하던 무대적 사실주의를 거절하고 당시 새로이 부각되던 러시아 모더니즘 미술 및 아방가르드 양식을 채택하였다는 점에 있었다. 모더니즘적인 과감하고 압축적인 추상적 디자인, 그리고 풍부하고 대담한 색채 언어는 박스트의 무대미술의 핵심이다.

레온 박스트의 무대 그림

<셰헤라자데>의 극장 세트에서 전통적으로 사용되던 창백한 색조 대신에 등장한 에메랄드 초록, 빨강, 주홍, 진분홍, 파랑 등의 강렬한 색채들 역시 아방가르드 화가들의 화폭에서 발견할 수 있는 것이었다. 솔직하고 강렬한 색채들이 열정적으로 서로 대조되고 대립하는 무대는 모더니즘 회화를 그대로 3차원적 무대로 옮겨놓은듯 했다. <셰헤라자데>의 무대는 크게 세 가지의 색채 부분으로 나누어져 있다. 커다란 녹색의 장막이 무대의 가장 윗부분을 채우고 그 아래 하렘의 벽은 깊은 푸른색으로 대비를 이룬다. 무대 앞부분에서는 밝은 주황색과 빨강색이 왼편의 계단과 오른편의 기둥들, 그리고 바닥에 깔린 카펫들을 두드러져 보이게 하고 있다. 벨로우에 따르면, 이처럼 분명히 구분되어 칠해진 색채는 표면적 무늬의 느낌을 주기보다는 색채에 의해 공간이 만들어지는 느낌을 주었다.

"파리의 고상한 취향의 중재자들은 아연실색했다. … 색채의 르네상스가 시작되었다. 에메랄드와 인디고, 제라늄, 표범무늬와 뱀비늘, 검정색, 장미색, 주홍색, 의기양양한 오렌지색 등이 제각기 소리를 지르고 있었지만, 이것은 조화 속의 외침이었다. 마치 가능한 한 최대한 팽팽히 맞서 긴장하는 색채의 바쿠스 축제라고 할 수 있었다"

- 1913년 미국 비평가 비른바움의 논평 중에서

박스트의 스케치에서는 무용수들조차도 이와 같은 무대배경 속으로 녹아 들어가는 것처럼 보였다. 중앙에서 바로 왼편에 있는 무용수 그룹, 즉 인경 모양의 주황색 모자를 쓴 환관들은 전체로서 삐죽삐죽한 윤곽을 가진 하나의 형태로 보일 수 있었다. 색채와 형태에 있어, 이 그룹은 그들의 왼편에 있는 등불 무리를 모사(模寫)한 것인 동시에 오른편에 놓인 주황색 쿠션과 카펫의 색채 공간과 시각적으로 이어진다. 박스트는 이러한 스케치를 성공적으로 무대화하였다. 비평가들은 무대에 던져진 대담하고 화려한 색채의 단순성에 주목하였다.

레온 박스트의 무대 그림

박스트의 붓질은 자세하고 사실적이지 않았다. 벨로우에 따르면, 그는 무대를 단순하고 간명하게 처리함으로써 다만 무대 위에서 전개되는 이야기의 배경을 암시하는데 그쳤고 행위에 색채에 의한 분위기를 부여했을 뿐이었다. 박스트의 과감한 압축과 생략은 모더니즘 회화의 추상성으로부터 기인한 것이다. 그는 무대 세트를 단순화하고, 당시 무대 배경판을 최소한으로 줄여서 뒷배경막을 극적 환상을 만들어내기 위한 주요 도구로 사용했다. 배경판들을 없애버림으로써 뒷배경막이 부각되기도 했지만 보통 배경판들이 창출해내던 원근법적 환상 또한 삭감되어 결과적으로 당시 모더니즘 회화가 추구하던 공간적 압축의 감각이 창출되었다. 이는 결코 단순한 일이 아니었다. 대규모의 발레단원이 공연하는 큰 무대에서 박스트가 스케치에서 의도했던 압축의 감각을 전달하기란 어려웠다. 그런데 박스트의 스케치는 무대공간에 대한 관객의 3차원적 지각을 삭감시키는 방식을 고안해냈음을 보여준다. 박스트는 색채 및 형태의 요소들을 통해 무대가 전체적으로 회화적인 2차원적 공간의 감각을 창출해내도록 유도한다.

스케치의 이미지를 지배하고 있는 커다란 녹색의 커튼은 그림면과 같은 평면으로 걸려있어서 보는 이의 주의를 표면으로, 즉 관객에게 가장 가까이 있는 무대 부분으로 끌어낸다. 어두운 청색의 천장 타일이 커튼 밑에서 안쪽으로 물러나는 반면, 내부의 벽들은 구성의 중심으로부터 중간지점으로 돌출되어 나온다. 벽의 밝은 녹색으로 인해 벽들과 가장 전면부의 커튼이 연결되어 관객은 벽들이 있는 자리보다 더 가깝게 벽들을 인식하게 된다. 하렘을 관통하여 매달린 거대한 샹들리에들 혹은 향로들은 천장과 바닥을 연결하여 보는 이들이 시각적으로 깊은 공간으로 침투할 길이 없게 만든다. 오른편 멀리 화려한 장식에 매달린 줄은 황색 기둥을 바닥과 합쳐지게 만들어 시각을 지붕에서 바닥까지 부드럽게 이동하게 한다.

화가였던 박스트는 자신이 구상한 무대를 만들기 위해 회화의 원리를 적극적으로 이용했다. 그는 소실점을 흐리게 하거나 여러 개의 소실점을 두어 관객의 원근감을 교란시켰다. <세헤라자데>의 무대에서 관객의 주의는 시선에 일정한 초점을 주지 않는 중앙의 녹색 커튼에 의해 분열된다. 커튼이 대각선으로 매달림으로써 관객의 시선은 왼편으로 쏠릴 수 있다. 그러나 전면의 휘장들, 샹들리에들, 사람들 등 일련의 장식들이 공간적 후퇴가 이루어지는 것을 막는다. 여기서 사용된 대각선 기법은 박스트가 당시 무대적 사실주의에 기초한 '제4의 벽' 개념을 거절하고 무대 공간을 관객석과 연결하기 위해 주로 채택하던 것이었다. 19세기 사실주의 극장이 '제4의 벽' 원리를 통해 무대를 외부 현실의 세계로부터 차단하여 무대 위에 완벽한 실제적 환상을 구축하고자 했다면, 박스트는 추상적이고 압축적인 무대장치를 통해 오히려 비현실적인 몽상을 구축하였다. 또한 2차원적 평면성에 대한 박스트의 지향은 무대에서 벌어지는 사건의 가상성을 더욱 배가함으로써 19세기 사실주의가 무대에서 추구하던 실제의 환상과 완전히 결별하였다.

보두예르는 단순성과 축약은 보이지 않는 것을 관객이 쉽게 상상할 수 있도록 만든다고 지적하고 이처럼 박스트가 미장센을 다루는 추상적 방식이 관객이 상상력을 통해 공연 창작에 참여할 수 있는 여지를 준다고 평가하였다. 이처럼 관객이 수동적인 관찰자가 아니라 창작에 참여하는 미학적 수용행위를 하는 적극적 참여자가 될 수 있다는 생각은 모더니즘 예술 원리들 중의 하나였다.

박스트는 회화 예술의 개념을 통해 무대를 구상하였다. 그는 발레 디자인이 그림 그리기와 마찬가지라고 생각하여 발레를 여러 장의 그림이 계속 이어지는 하나의 큰 그림으로 보았다. 각각의 그림은 일련의 상호 연상적인 리듬으로 조합되는데, 이 리듬들은 음악과 안무, 색채에 의해, 그리고 음악에 의해 상기되는 특정한 정서적 어조를 표현할 책임이 있는 장식과 의상이라는 조형적 요소들에 의해 표현되었다. 모든 다양한 요소들이 하나의 '완성된 시'를 창조해 내기 위해 서로가 서로에게 종속되었다.

박스트는 3차원적인 무대미술에 2차원적 회화의 틀을 투사하였다. 무용수들을 회화에서의 "붓칠"로 간주한다는 박스트의 언급은 그가 회화 예술의 매체와 춤 예술의 매체를 구분하지 않고 있음을 보여준다. 박스트는 무용수들을 회화의 도료(塗料)로 다룸으로써 인물과 배경 간의 경계를 지웠고 이로써 무용수의 개별적인 몸은 무대라는 커다란 전체 속으로 녹아 들어갈 수 있게 된 것이다. 더불어, 도료이면서 움직임을 가진 무용수들은 정적(靜的)인 실제 도료로서는 할 수 없는 방식으로 관객에게 감정이입적인 반응을 유도해낼 수 있다.

박스트의 무대 작업은 발레뤼스의 종합예술이 단순히 예술장르들의 결합을 의미하지 않음을 보여준다. 이질적인 예술장르들이 한 예술작품의 창작으로 집적될 때 장르 각각의 작업 뿐 아니라 장르와 장르가 서로 침투함으로써 조화로운 종합예술창작 작업이 이루어질 수 있었던 것이다. 벨로우에 따르면, 언론은 발레뤼스가 춤과 미술, 음악 등이 완전히 융합된 종합예술임에 주목하고 <셰헤라자데>를 "소리, 색채, 그리고 곡선의 미친 회오리"라 정의하기도 했다. 한 장르에 다른 장르의 매체적 개념을 도입하여 사고하는 박스트에게서 발레뤼스의 종합예술의 이상적 예를 볼 수 있다. 그 결과 박스트가 만들어낸 놀라운 무대를 고려해 볼 때, 댜길레프가 <셰헤라자데>를 박스트의 발레로 결정한 사실은 아주 틀린 판단은 아니지 않을까. 파리 관객을 사로잡은 동양성의 환상적인 체험은 음악과 미술, 춤이 서로 침투해 있는 완벽한 조화 속에 있었기 때문에 가능했던 것이기 때문이다.

4. 교향시 <셰헤라자데>

발레의 음악으로 쓰인 오케스트라를 위한 교향시 <셰헤라자데>는 니콜라이 림스키-코르사코프가 1888년에 작곡하여 1889년에 발표한 관현악곡이다. 평균 연주시간은 약 43분 37초이며 4개의 악장으로 구성되어 있다.

림스키-코르사코프는 아랍의 설화문학 「천일야화」의 이야기에 매료되어 이 작품을 바탕으로 오케스트라 작품을 쓰고자 생각하게

니콜라이 림스키-코르사코프

된다. 당시 림스키-코르사코프는 가족의 부양 및 과도한 일로 인해 창작을 위한 정신력이 몹시 소진된 상태였다고 한다. 그럼에도 불구하고 이 시기에 그는 아름다운 작품들을 써냈고 <셰헤라자데>는 그중 하나였다. 이 작품은 림스키-코르사코프 음악의 가장 뛰어난 특징들이 구현되어 그의 교향악 작품 중의 최고봉으로 평가받고 있다.

교향시 <셰헤라자데>는 러시아 음악에서 일반적으로 나타나는 유려하고 색채감이 풍부한 오케스트레이션과 림스키-코르사코프가 동양에 대해 가졌던 지대한 관심을 결합한 작품이다. 동양성의 이념은 19세기 후반 제정 러시아의 정치적 팽창의 행보 및 민족주의의 부상이라는 맥락과 더불어 고갈되어 가는 유럽문명에 대한 새로운 대안으로서의 동양에 대한 관심이 표출된 현상이다. 동양성은 당시 러시아 지식인층 일반이 공유하고 있던 주제였다. 림스키-코르사코프 역시 창작을 위한 새로운 영감의 원천으로서 동양에 깊은 관심을 가졌고 동양적 모티브들을 작품에 적극적으로 도입하였다. 문화사가 르젭스키에 따르면, 이 작품은 이러한 동양성의 주제를 담아낸 가장 성공적인 작품들 중의 하나이며, 또한 이 음악을 사용한 발레 <셰헤라자데>로 인하여 림스키-코르사코프의 가장 대중적인 작품이 되었다. 이 작품은 역시 민중주의와 동양성의 이념에 천착했던 예술평론가 블라디미르 스타소프에게 헌정되었.

> "나는 오래전부터 생각했던 「천일야화」에 기초한 오케스트라 작품을 이제 무엇이 되었든 마치려고 하네. … 처음에는 막연하게 떠올랐지만, 이후 상당히 빨리 일이 진행되었어. 비록 환영과 같았지만, 이 일은 나의 음악 인생을 채워주었다네."
>
> - 1888년 림스키-코르사코프가 글라주노프에게 쓴 편지 중에서

림스키-코르사코프는 당시 러시아에 널리 알려져 있던 「천일야화」로부

터 가져온 몇 개의 에피소드들을 도입하여 이 작품을 창작했다. 음악학자 솔롭초프에 따르면, 흥미로운 것은 「천일야화」에서 어떤 이야기들이 작곡가에게 영감을 주었는지, 그리고 이야기들이 어떤 음악적 형상 속에 구현되었는지는 분명하지 않다는 점이다. "<세헤라자데>에 쓰인 이야기들은 개별적인 것이며 서로 연관되어 있지 않으며, 림스키-코르사코프가 선택한 장면들은 하나의 플롯을 이루지 않으며 「천일야화」의 어떤 한 주인공에 관한 서사도 아니다."

교향악 <세헤라자데>는 하나의 주제를 이루는 4개의 연관 악장으로 구성된 모음곡이다. 각 악장은 악상을 간략히 설명하는 표제를 달고 있다. 1악장은 "대양과 신밧드의 배", 2악장은 "칼렌데르 왕자 이야기", 3악장은 "젊은 왕자와 젊은 공주", 그리고 4악장은 "바그다드의 축제, 바다, 청동기사가 서 있는 바위에서 파선한 배, 결말"이라는 표제를 가지고 있다. 림스키-코르사코프는 원래 4개의 악장을 각각 프렐류드, 발라드, 아다지오, 피날레 등으로 명명하려 했으나 동료 작곡가 아나톨리 랴도프 등의 의견을 듣고 이야기들로부터 가져온 주제에 기반한 표제를 붙이기로 결정했다. 이때 그는 스토리텔링을 이해할 수 있는 상세한 이야기와 설명을 붙이는 것에 반대했다고 한다. 그는 의도적으로 제목을 모호하게 함으로써 음악이 신밧드의 모험 등 어느 특정한 이야기와 연관되지 않도록 의도했던 것이다.

나중의 판본에서 림스키-코르사코프는 악장의 표제들을 모두 없앴다. 현재의 표제는 후대에 다시 붙여진 것이다. 그는 자신의 음악이 동화 속 모험 이야기의 느낌을 자아내는 동방 주제의 교향악 작품으로 들려지길 원했다. 그가 구상했던 것은 단지 하나의 주제에 의한 네 개의 악장이나 독립된 작품들을 듣는다는 느낌이 아니라 동화 속 신비로운 세계를 묘사한 동방적 서사의 인상이었다. 림스키-코르사코프는 이 곡에 '셰헤라자데'라는 제목을 붙인 이유를 그 이름을 휩싸고 있는 동양적 뉘앙스 및 「천일야화」의 환상적 분위기 때문이라고 밝혔다. 그러나 우리는 결국 이 작품을 스토리가 있는 표제음악적인 오케스트라 작품으로 받아들이게 되었고 그 음향적 효과와 스토리의 친연성 덕분에 엄청난 인기를 누리게 되었으며 이후 발레 음악으로까지 이용될 정도로 많은 사랑을 받았던 것이다.

발레 <셰헤라자데>에서는 교향시의 음악 전체가 사용되지는 않았다. 작품 전체에서 바이올린 솔로가 셰헤라자데의 목소리를 묘사하기 위해 사용된다. 이 목소리가 다양한 일화들을 연결하는데, 일화들의 관현악 편성은 각기 독창적이다. 뇌우처럼 강렬한 합주, 정교한 바이올린 솔로의 선율 등이 등장하며 바다를 형상하는 1악장은 발레의 서곡으로, 동양적 분위기의 멜로디와 클라리넷의 카덴차 전개가 특징적인 2악장은 발레의 시작 부분에서 사용되었고, 변화무쌍한 복잡한 카덴차, 폭풍같이 광포한 악구(樂句), 그리고 2장으로부터 가져온 우레같이 힘찬 합주의 선율 등으로 이루어진 가장 긴 4악장은 징벌의 장면에서 쓰인 음악의 주요 부분이다. 3악장은 발레에서 쓰이지 않았다. 발레의 마지막 장면에서는 모든 선율이 점점 잦아들고 조용하고 평온하게 바이올린의 카덴차가 연주된다. 샤리아르의 주제가 현악의 피아니시모로 연주된다. 마지막으로 높은 음역에서 연주되는 선율이 메아리처럼 점점 사라져가며 바이올린의 주제는 끝을 맺는다.

이처럼 선택적으로, 즉 교향시의 음악을 발췌하여 사용하는 일은 오늘날에는 오직 창작자 사후 70년이 지나야만 가능하다. 사실 발레 <셰헤라자데>가 파리에서 성공을 거두자, 이처럼 자의적으로 음악을 이용한 것에 대해 림스키-코르사코프의 미망인은 공식적인 항의를 제기했다. 이에 댜길레프는 발레가 의심할 여지 없는 대성공을 거두었음을 들어 자신을 합리화하기도 했다. 드뷔시, 라벨 등이 <셰헤라자데>를 지켜보았던 것이다.

댜길레프와 발레뤼스의 예술가들이 부당한 일을 한 것일까. 그러나 이러한 일이 금지되었다면 아마도 우리는 발란친의 <세레나데>도, 베자르,

노이마이어, 에이프만 등의 여러 멋진 공연들도 보지 못했을 것이다. 아이러니하게도 음악을 자유롭게 사용할 수 있었던 것이 안무가가 더 큰 상상력을 발휘할 가능성을 주었다. 진정한 음악은 작곡가가 생각했던 것보다 더 많은 것을 암시하고 있는 것인지도 모른다.

5. <셰헤라자데>의 부활…

발레 <셰헤라자데>의 부활은 소비에트의 몰락과 함께 이루어졌다. 1993년 이자벨 포킨과 안드리스 리예파는 포킨의 발레 <셰헤라자데>를 박스트의 디자인과 함께 복원하였다. 지휘자는 치스탸코프, 조베이다 역은 일제 리예파, 황금노예역은 야레멘코, 샤리야르 역은 미하일 라브롭스키가 맡았다. 이 공연은 댜길레프 센터의 후원으로 이루어졌다. 1994년부터 <셰헤라자데>는 마린스키극장의 레파토리에 공식적으로 포함되었다. 2008년 10월 안드리스 리예파는 크레믈린극장의 무대에서 댜길레프 100주년의 <러시아 시즌>에서 발레 <셰헤라자데>를 선보였다.

2008년 한 신문 인터뷰에서 안드리스 리예파는 다음과 같이 이야기한 바 있다. "1906년 댜길레프는 러시아 초상화 전시회를 프랑스로 가지고 감으로써 첫 번째 러시아 시즌이 이루어졌다. 1907년 음악 시즌에는 스크랴빈, 림스키-코르사코프, 표도르 샬랴핀이 처음 등장했다. 1908~1909년 시즌에는 모든 유럽 관객을 사로잡은 발레가 선보여졌고, 이때부터 러시아 문화의 웅대한 유럽 진출이 시작되었다. 나는 <러시아 시즌. XXI세기>가 언젠가 세르게이 댜길레프에 의해 시작되었던 러시아 예술의 성공적 진출의 계속이라고 생각한다. 댜길레프의 시즌 공연이 유럽 예술 전체에 끼친 영향은 재론하기 어렵다."

포스트 소비에트 시대에 들어 복원된 <셰헤라자데>는 영상화되어 영화

<불새의 귀환>을 통해 텔레비전으로 여러 번 방송되었다. 이 영화는 포킨의 다른 발레 작품들인 <불새>와 <페트루시카>에 관한 내용도 포함하고 있다.

불새

«Жар-птица»

차지원

이 글은 『중소연구』 제44권 제2호(2020년 8월)에 게재된 논문 「"Du vrai Russe": <발레뤼스>의 「불새」」를 수정 및 보완한 것이다.

음악: 이고리 스트라빈스키

안무: 미하일 포킨

무대: 알렉산드르 골로빈, 레온 박스트

초연: 1910년 6월 25일, 파리 그랑오페라극장

1. "Du vrai Russe", <불새>

<불새>는 이고리 스트라빈스키의 음악을 바탕으로 만들어진 1막 3장의 발레 작품으로, 20세기 초 러시아에 나타나 발레의 전 역사에 가장 화려한 꽃을 피웠던 발레뤼스의 공연작이다. 초연은 1910년 6월 25일 프랑스 파리의 그랑오페라극장에서 이루어졌다. 안무는 발레뤼스의 대표적 안무가 미하일 포킨이 맡았으며, 무대 및 의상 디자인은 당대 러시아의 상징주의 예술가 동인모임인 <예술세계>의 일원이며 상징주의 화풍을 이끌었던 중요 화가들로 꼽히는 알렉산드르 골로빈과 레온(레프) 박스트에 의해 제작되었다. 가브리엘 피에르네가 지휘를 맡았고, 주역으로는, 불새 역으로 타마라 카르사비나, 차레비치 이반 역으로 미하일 포킨, 차레브나 역으로 베라 포키나, 마왕 카세이 역으로 알렉세이 불가코프 등이 춤을 추었다. 발레 <불새>는 독특한 러시아의 이국성으로 파리 문화계를 매혹시켰으며 동시에 아직 유럽이 알지 못했던 러시아의 예술적 성숙을 알린 작품이다.

<불새>는 또한 젊은 작곡가 스트라빈스키에게 단번에 국제적 명성을

베누아가 디자인한 <불새>의 의상

가져다주었다. 스트라빈스키는 이 작품으로 인해 발레뤼스와의 협업을 계속하게 되었고 이후 <페트루시카>(1911), <봄의 제전>(1913) 등 발레사에 영원히 남을 뛰어난 발레 음악을 쓰게 된다. 이 세 작품들은 발레뤼스와 스트라빈스키의 3부작으로 알려져 있다.

- <불새>의 리브레토

1막

차레비치(왕자) 이반은 숲속에서 길을 잃고 헤매다 불사(不死)의 마왕 카세이가 사는 거대한 성의 정원으로 오게 된다. 정원 가운데에 황금 사과나무가 있다. 이때 불새가 나타나 황금사과를 따먹으려고 하다가 이반에게 사로잡힌다. 이반은 불새에게 위급할 때 도와주겠다는 약속과 그 징표로 황금 깃털 하나를 받은 뒤에 놓아준다.

2막

열두 명의 아가씨들이 차레브나(공주)를 앞세운 채 등장하고 원무를 춘다. 차레브나는 이반에게 이곳이 행인에게 주문을 걸어 성에 가두는 마왕 카세이의 성이라고 말한다. 이반과 차레브나는 사랑에 빠진다. 차레브나는 마왕 카세이에게 갇혀있는 신세로, 새벽이 오자 차레브나와 아가씨들은 슬퍼하며 성안으로 사라진다.

제3막

차레비치 이반이 차레브나와 아가씨들을 따라 성으로 들어가자, 종이 울리고 무시무시한 괴물들이 나타난다. 카세이가 그들 앞에 모습을 드러내고 모두가 머리를 조아린다. 카세이가 이반을 돌로 만들려 하자, 이반은 불새의 깃털을 꺼내 흔들어 도움을 청한다. 불새가 나타나 마왕의 무리가 지쳐 쓰러질 때까지 춤추게 한다. 모두 잠든 뒤 이반은 불새의 안내에 따라 카세이의 영혼이 들어 있는 알을 훔친다. 그가 알을 던져 깨트리자 카세이는 죽고 마법이 풀린다. 마법에 걸렸던 사람들이 깨어나고 세상은 빛을 되찾는다. 차레브나와 이반은 모두의 축복 속에 결혼하고 대관식을 올린다.

• <불새>의 시작, "du vrai Russe" 만들기

1909년 댜길레프와 발레뤼스가 '러시아를 유럽에 보여주기 위해' 처음 파리에 가지고 간 발레 작품들 <아르미드의 별장>, <실피드>, <지젤> 등의 공연은 아마도 파리 문화계가 기대하던 러시아의 '동양적 이국성'을 보여주지 못했던 듯하다. 파리 언론은 발레뤼스의 공연에서 민족적 분위기가 결여되어 있다고 비판했다. 이 작품들은 미하일 포킨의 독창적인 해석으로 만들어진 작품이었음에도 불구하고, 포킨이 초기 공연에서 사용한 낭만주의적 연출은 프랑스를 비롯한 유럽이 생각하는 이국적이고 동양적인 '진정으로 러시아적인 것'(du vrai Russe)으로 인식되지 않았던 것이다. 이를 깨달은 댜길레프는 파리를 만족시킬 만한 '러시아적' 발레를 만들어낼 생각에 골몰하게 되었다.

작곡가를 찾던 댜길레프는 우연히 스트라빈스키의 관현악 작품 <불꽃>

을 듣게 되었고, 그는 환호하며 "이 사람이야말로 우리 발레에 필요한 사람"이라고 외쳤다고 한다. 포킨 역시 다음과 같이 쓴다. "나와 댜길레프는 이 음악에 사로잡혔다. 여기에 내가 <불새>를 위해 기대했던 바로 그것이 있었다. 이 음악은 불꽃을 뿌리며 타오른다. 이것이 바로 내가 발레의 불타오르는 형상을 위해 기대했던 것이다".

> "저에게는 발레인 동시에 러시아적 발레인 것이 필요합니다. 말하자면 최초의 러시아적 발레죠. 이전까지는 그런 것이 없었으니까요. 러시아적 오페라, 러시아적 교향곡, 러시아적 노래, 러시아적 춤, 러시아적 리듬은 있어요. 하지만 러시아 발레는 없죠. … 리브레토는 준비되었습니다. 포킨이 가지고 있어요. 그것은 우리 모두의 꿈, <불새>입니다."
>
> - 1909년 댜길레프가 랴도프에게 쓴 편지 중에서

댜길레프는 곧바로 당시 파리에 체류하고 있는 스트라빈스키에게 <불새>의 작곡을 의뢰했고 스트라빈스키는 바로 이에 열렬히 호응했다. 스트라빈스키는 1909년에 <불새>의 전체적인 얼개를 구상한 뒤 작곡을 시작했다. 그는 당시 발레뤼스 팀과 상트페테르부르크에 머물고 있던 댜길레프에게 완성하는 대로 조금씩 악보를 보냈고 포킨은 이에 기초하여 춤을 만들어냈다. 스트라빈스키는 이듬해 3월 작곡을 마치고 총보를 완성한 뒤 4월경 댜길레프가 머물고 있는 파리로 악보를 보냈다.

<불새>팀은 준비를 마치고 파리로 떠났다. 스트라빈스키 역시 파리에 도착했다. 1910년 6월 25일 댜길레프의 러시아 시즌에 파리 그랑오페라극장에서 공연된 <불새>는 엄청난 성공을 거두었다. 무명의 작곡가 스트라빈스키는 여러 차례 커튼콜을 받았다. 파리 상류사회 전체가 공연에 참석한 것이나 다름없었다. 마르셀 프루스트, 장 지로두, 피에르 클로델, 모리스 라벨, 클로드 드뷔시, 플로랑 슈미트, 마누엘 드 팔라 등 문화계의 저명인사들은 모두 공연을 지켜보았다.

• 스트라빈스키의 음악 <불새>

아직 신예 작곡가였던 이고리 스트라빈스키는 <불새>의 음악으로 단번에 유럽 음악계의 주목을 받았다. 러시아적 이국성과 현대성을 특징으로 하는 <불새>의 음악은 드뷔시를 비롯한 당대 유명 음악인들의 극찬을 받게 되고 스트라빈스키에게 음악을 청탁한 댜길레프의 선견지명이 옳았음을 증명해주었다.

"이보다 더 시적이고 매 순간 더 표현적이고 더 아름답고 환상적 혼을 갖춘 음악은 상상할 수 없을 것이다."

- 알렉산드르 베누아,
자신이 발간하던 신문 『말』지에서

리듬에서 나타나는 지극히 섬세한 감각과 창조성, 강렬하고 역동적인 분위기, 능수능란한 편성 등은 댜길레프가 <불새>의 강렬한 인상을 위해 원했던 중요한 음악적 자질들이었다. 대위법을 사용하지 않은 채 집요하게 이어지는 멜로디, '카세이의 지옥의 춤' 장면에서 등장하는 격렬한 리듬의 불규칙한 향연 등으로부터 강렬한 색채감과 이국성에서 그들이 원하던 '진정으로 러시아적인 것'을 느꼈던 파리 청중의 환호에 의해 스트라빈스키는 하루아침에 진정한 작곡가이자 시대의 스타로 다시 태어나게 되었다.

<불새>의 음악 속에 '진정으로 러시아적인 것'이 구현될 수 있었던 것은 스트라빈스키가 앞선 시대 및 동시대 작곡가들로부터 받은 음악적 영향을 동시대의 러시아성에 대한 감각을 통해 창조적으로 발전시켰기 때문이었다. 특히 림스키-코르사코프와 무소르그스키 등의 음악으로부터 물려받은 민중주의의 영향이 핵심으로, 림스키-코르사코프의 러시아 민요에 대한 관심은 이 작품에 사용된 민속적 주제에 고스란히 계승되었다. <불새>의 음악이 러시아 5인조의 공감을 얻었던 것은 이 때문이다. 또한 스크랴빈, 리하르트 슈트라우스, 라벨 등의 음악적 영향들은 그의 독창적인 형식과 파격적인 내용을 위한 창조적인 밑거름으로 사용되었다. 스트라빈스키

이고리 스트라빈스키

의 독창성은 이미 작품 전체에 분명히 드러나며, 특히 '카세이의 지옥의 춤'은 <봄의 제전>(1913)을 예언하고 있다고 평가된다.

음악적으로 발레 음악 <불새>는 형식과 스타일에 있어서 러시아 오페라 음악을 발레 음악으로 옮긴 작품이라고 평가된다. 동시에 <불새>는 작곡법에 있어서 일종의 옴니버스로서 스트라빈스키가 당대에 존재했던 모든 작곡 방식들을 고도로 연마하여 독자적으로 발전시킨 작품이라고 이야기된다. <불새>는 20세기에 커다란 영향력을 끼친 작곡가 스트라빈스키의 '시작'이자 발레 음악과 민속 음악에 있어서 새로운 시대를 제창한 혁명의 '시작'이라고 할 수 있다.

<불새>의 음악은 스트라빈스키와 포킨의 긴밀한 소통의 결과로 안무와 완벽히 결합되어 있다. 스트라빈스키는 부분이 완성될 때마다 악보를 보냈고 포킨은 이에 기초하여 각 장면의 춤을 만들어냈다. 포킨은 발레의 전형적 동작에다 민속춤적 요소를 결합한 여러 양식의 춤을 발레 안무에 도입하여 서로 다른 세 개의 세계를 춤으로 표현했는데, 이는 다시 스트라빈스키의 음악에서 선명하게 다른 양식의 분위기를 통해 표현되었다.

스트라빈스키는 <불새>의 인기에 부응하고자 1911년에 발레의 장면들을 떼어내어 오케스트라를 위한 연주회용 관현악곡을 만들었고 발레 이상의 성공을 거두었다. 이후 작곡가는 1919년과 1945년, 두 번에 걸쳐 모음곡 버전을 더 만들었는데, 1945년 버전은 림스키-코르사코프에게 헌정

되었다. 연주 시간이 50여 분에 달하는 1910년 발레 버전을 축소하여 만든 연주회용 모음곡은 버전별로 악기 편성과 내용이 조금씩 다르다. 1945년 버전이 발레의 원곡을 더 많이 포함하고 있지만, 가장 널리 연주되는 것은 1919년의 두 번째 버전이다. 음악학자 로베르트 크라프트에 따르면, 스트라빈스키 자신은 발레 안무를 위해 두 번째 버전을 선호하며 원곡 버전은 극구 피하고 싶

"스트라빈스키의 음악에는 세 가지의 설화적 세계가 있다. 카세이의 음울한 왕국, 그것은 억압과 소리 없는 삶의 왕국이다. '지옥의 춤'은 노예들의 야만적이고 사악한 춤이다. 이 춤의 중심은 자유를 갈망하지만 구속을 깨기에는 무력한 사로잡힌 에너지를 선명하게 표현하는 음악에 있다. 다른 세계는 불새 자신이다. 이것은, 한편 눈부신 빛과 강렬한 회오리바람이며, 한편 사람을 매료시키는 서정성을 암시한다. 불새의 음악에서 가장 최상의 순간은 불새의 주옥같은 '자장가'이다. 세 번째 설화적 세계는 마법에 걸린 차레브나와 아가씨들, 그리고 그들을 해방시키는 용사의 세계이다. 차레브나들의 춤에 붙여진 서정적 음악은 매혹적이며, 이 음악의 무늬, 짜임, 진행 등은 악보에서 가장 섬세하고 우아한 장들에 속해 있다."

- 평론가 보리스 아사피예프

었다고 한다. 오늘날 지휘자들은 총 세 개의 모음곡 버전과 오리지널 발레음악 가운데에서 자신의 취향과 관점에 따라 선택하여 연주한다.

2. 발레뤼스의 종합예술작품 <불새>

<불새>가 파리 관객을 놀라게 한 것은 비단 발레뤼스의 새로운 발레가 보여주는 이국성과 개혁성 때문만은 아니었다. <불새>는 발레 작품이었지만, 무대는 춤과 더불어 음악, 드라마, 미술, 연출 등 모든 예술의 장르가 총출동한 완벽한 종합예술을 보여주었다. 초연에서도 비평가들은 이를 먼저 알아차리고 <불새>가 "춤과 음악, 형식 등 이들 사이에서 놀라운 균형감의

기적을 보여주었다"고 격찬했다.

<불새>의 창작에는 작곡가와 안무가, 화가, 작가 등 여러 분야의 전문가 및 예술가들이 참여하였다. 이러한 종합예술 지향은 발레뤼스의 일반적인 창작방식이었고, 이는 또한 '예술세계'로부터 이어진 특징이기도 했다. 이들은 발레를 무대 위에 올리기 위해 필요한 다양한 예술 장르들의 분야, 즉 춤, 음악, 무대와 의상 디자인 등에 있어 각기 따로 작업하는 것이 아니라 이러한 장르들이 무대에서 유기적으로 결합되어 작품의 주제를 실현해야 한다고 믿었고 끊임없이 다른 분야를 맡은 예술가들과 의견을 나누어가며 자신의 작업을 진행해갔다. <불새>는 이러한 협업으로 이루어진 발레뤼스의 종합예술창작의 첫 결실이었다.

<불새>의 강렬하고 환상적인 리브레토 역시 포킨 뿐 아니라 알렉산드르 베누아, 알렉산드르 골로빈, 스텔레츠키, 문학자 포툠킨, 상징주의 작가로 고대문헌 전문가인 알렉세이 레미조프 등 예술가들의 협업으로 만들어졌다. 리벤에 따르면, 이들은 리브레토의 뼈대를 만들 소재로 동화작가 알렉산드르 아파나시예프가 수집, 편집한 민담들 중에서 「차레비치 이반, 불새와 회색 늑대에 관한 이야기」, 「불사(不死)의 마법사 카세이 이야기」, 그

골로빈이 디자인한 <불새>의 무대

리고 「형언할 수 없이 아름다운 차레브나의 이야기」 등을 선택했다. 선택된 여러 민담들은 원작 그대로 반영되지 않았고 개작되고 변형되었다. 스트라빈스키 또한 음악을 완성한 이후 협업에 합류하였다. 그는 피날레를 결혼식 대신 대관식으로 마무리할 것을 제안하기도 했다.

<불새>의 성공에는 의상과 무대장치 등 미술을 담당했던 화가 레온 박스트와 알렉산드르 골로빈의 공역시 작지 않다. 불새와 차레브나의 의상은 레온 박스트에 의해 만들어졌고, 골로빈은 무대장식과 배경에 대한 수많은 뛰어난 디자인을 남겼다. 특히 거대한 독버섯을 닮은 카세이의 불길한 성에 대한 골로빈의 건축은 매우 인상적이다. 강렬하고 인상적인 골로빈의 무대미술은 안타깝게도 제1차 세계대전 동안 유실되었다. 이후 댜길레프는 구축주의자 나탈리야 곤차로바에게 불새의 새로운 의상을 주문했다고 한다.

불새 의상 디자인

• "완전한 표현적 통일성"을 위해: 미하일 포킨의 발레 개혁

다양한 예술분야의 협업으로 인해 발레가 종합예술로 발전하게 된 것은 사실 발레뤼스의 안무가 미하일 포킨에게 큰 공이 있다. 포킨은 러시아 황실극장학교에서 발레를 공부하고 1898년 마린스키극장에 솔리스트로

불새 의상 디자인

입단하였지만, 곧 그는 스스로 무용수로 활동하기보다는 안무가로서 명성을 떨치게 되었고 발레뤼스와 함께 발레 개혁이라는 자신의 꿈을 실현하게 되었다.

포킨은 마리우스 프티파의 고전발레적 유산으로부터 벗어나지 못한 러시아 발레를 새로운 방향으로 이끌 생각을 발전시키게 된다. 그는 일찍이 고전발레의 관행에 의구심을 가졌고 또한 발레에서 춤과 음악, 그리고 관련

미하일 포킨

된 다른 예술이 서로 따로 기능하며 일체성을 이루지 못함을 비판하였다. "그는 발레가 '완전한 표현적 통일성을 가져야' 한다고 주장했다. 또한 그것은 역사적으로 일관된 동시에 스타일적으로 정확해야 했다. 프티파의 프랑스 고전주의 표현양식은 프랑스 고전주의나 낭만주의적 주제들에만 적합했다. 만일 어떤 발레가 고대 그리스에 대한 것이라면 안무가는 그 장소, 그 시간의 그림과 조각들에 기초한 움직임을 창안해야 마땅했다." 이와 같은 포킨의 생각은 이후 발레뤼스를 위한 그의 안무에서 명확하게 찾아볼 수 있다.

포킨은 발레 이외에 음악, 회화, 연극 등 다양한 예술 장르에 관심을 가졌고 이를 통해 영감을 받으며 자신의 개혁적 생각을 발전시켰다. 당대 러시아 지식인들과 마찬가지로 '민중주의' 사상의 세례를 받은 포킨은 러시아 민속 음악에 대해 큰 관심을 가졌다. 또한 그는 사회주의 혁명 사상을 접하면서 소수가 아니라 대중이 발레에 접근할 수 있어야 한다는 정치적 생각 또한 가지게 되었다.

이사도라 덩컨의 관습 파괴적 춤을 만나게 되면서 포킨은 발레 개혁에 결정적인 아이디어를 얻게 된다. 고전발레를 경멸했던 덩컨은 맨발에 무

형식인 '미래의 춤'을 창안했고 1904년에 러시아에서 자신의 '자유로운 춤'을 선보여서 논란을 일으켰다. 포킨은 덩컨의 원시적이고 꾸밈없고 자연스러운 움직

"이 러시아의 노래들이 도시민인 나를 민중에게로 데려다 주었다."

- 포킨, 『발레 마이스터의 수기』 중에서

임에 충격을 받았다. 덩컨의 춤은 포킨뿐 아니라 안나 파블로바 등 댜길레프의 발레단의 많은 무용수들에게 커다란 영향을 주었다.

1906년 포킨은 발레 개혁을 위한 자신의 생각을 담아 <빈사의 백조>라는 작품을 창작했다. 그는 이 작품을 새로운 세대의 발레 무용수를 대표했던 안나 파블로바에게 헌정했다. <빈사의 백조>에서 파블로바는 역시 19세기 발레의 고전적 테크닉에 더불어 유연성과 조형성을 강조하는 누그러지고 유려한 움직임에 기반한, 이사도라 덩컨의 자유로운 춤을 닮은 '새로운 춤'에 대한 포킨의 생각을 실현했다. 호먼스에 따르면, "포킨과 파블로바는 더 자유롭고 치열하며 직관적인 무용 스타일로 가는 길을 열었다. 발레뤼스를 가능하게 한 것은 이 '새로운 춤'이었다".

이처럼 20세기의 모더니즘에 의해 준비되고 있던 '새로운 춤'을 위해 포킨은 발레 안무에 있어 중요한 역할을 하게 될 5가지 원칙을 제시하기에 이른다. 첫째, 어떤 춤이던지 전해 내려오는 전통에 따라 이미 주어진 동작을 사용하려고 하기보다 발레의 주제, 시대, 나라에 적합하고 음악에 맞는 새로운 형식의 동작을 창조해야 한다. 둘째, 팬터마임 부분을 따로 두어 극의 내용, 의미, 해설적인 가사가 전혀 없는 춤들과 번갈아가며, 줄거리를 이야기하게 하는 것이 아니라, 발레의 연극적 행위를 통해 끊임없이 전개되도록 해야 할 것이다. 셋째, 전통적으로 내려온 제스처 언어(팬터마임)는 관객이 이해하지 못하는 경우가 많고, 심지어 무용수들도 이해하지 못하는 경우가 있으니 사용하지 않아야 하고, 그 대신 사상과 감정을 무용수의 온몸을

통해 전달하도록 해야 한다. 넷째, 발레의 주제를 전개함에 있어 무용수 전원을 참여하게 한다. 군무에서는 무의미한 장식적 간주곡만을 보여주지 말고 무용수 전원이 플롯의 요소가 될 수 있게 해야 한다. 다섯째, 발레가 하나의 통일된 창작을 이루는데 필요한 춤과 음악, 무대배경 사이에는 이야기에서 펼쳐지는 드라마를 뒷받침하는 깨어질 수 없는 동맹관계가 있어야 한다. 특히 음악은 이제까지와 같이 서로 아무 연관이 없는 악곡을 늘어 붙이는 방법을 지양하고 연극적으로 줄거리와 결합된 작곡이어야 한다. 정해진 동작만이 아니라 몸 전체가 무용수의 표현수단이며 솔리스트뿐 아니라 무용수 모두가 주제 표현 및 줄거리 진행에 있어 각자의 의미 있는 역할을 가지고 있다는 포킨의 생각은 발레를 종합예술작품으로 격상시키는 출발점이 되었다.

포킨은 <불새>의 안무에서 발레 개혁과 '새로운 춤'의 실현을 위해 실험적인 방식을 택했다. 그는 서로 다른 세계와 대조적인 힘들을 표현하기 위해 고전발레의 동작만이 아니라 여러 양식의 춤을 결합해서 안무를 만들어냈다. 발레 비평가 도브로볼스카야에 따르면, "안무에는 세 가지의 다른 표현방식이 적용되었다. 불새는 푸앵트를 추었다. 불새의 춤에는 도약이 풍부하게 나타나는데, 이것이 새가 가볍게 날아오르는 인상을 주었다. 불새의 춤은 기본적으로는 고전발레

"몸을 허리에서 나누던 관례적 망사 치마 없이 이루어지는 그녀의 춤에는 새로운 폭넓음과 관능이 있었다. … 가장 엄격한 고전적 스텝들조차 그녀의 몸의 선이 완전히 휘어짐에 따라 풍부하게 확장되었다. 사진들은 그녀가 허리를 깊고 유연하게 구부린 채 차레비치를 춤춘 포킨과 얽혀서 양팔로 자신의 얼굴과 몸을 육감적으로 감고 있는 것을 보여준다. 그녀의 공연은 춤이라는 예술에서의 상전벽해였다."

- 제니퍼 호먼스, 『아폴로의 천사들』 중에서

의 안무를 따르지만 불새의 형상이 가진 특징에 따라 제한적으로 사용되었다. 맨발로 추는 차레브나들의 춤은 환상적인 불새의 춤에 강한 대비를 이룬다. 이들의 형상은 시적이지만 평범하며 또한 지상적이지만 고상하다. 지옥의 왕국에 속한 등장인물들의 춤은 그로테스크하게 표현되었다. 이들 춤의 안무는 차레브나들의 시적 안무나 불새의 불꽃 같은 춤의 안무와 대조될 것이다." 포킨은 특히 마왕 카세이의 세계를 고전 발레에서 크게 벗어난 모더니즘적인 자유로운 춤으로 표현했다고 밝혔다.

불새 역의 카르사비나와 차레비치 역의 포킨

<불새>의 다채롭고 역동적인 무대는 프티파의 우아한 고전발레가 표현할 수 있는 범위를 넘어선 것이었다. 전 세대 무용수들과 달리 직업인으로서의 예술정신에 투철했고 변혁이라는 현대적 감성에 공감했던 발레뤼스의 무용수들은 포킨의 '새로운 춤'을 기꺼이 받아들였다. 초연에서 불새 역을 맡은 타마라 카르사비나 역시 파블로바와 마찬가지로 포킨에게 공감한 새로운 세대의 발레리나였다.

<백조의 호수>의 하얀 튀튀가 아니라 박스트가 디자인한 동양풍의 화려한 의상과 깃털 달린 보석관 등으로 치장한 카르사비나는 서구가 상상하던 '러시아적인 것'의 화신이었던 것이다.

3. 세기의 흥행사, 세르게이 댜길레프와 발레뤼스

　<불새>와 발레뤼스는 예술인들에게 진정으로 필요한 딜레탕트의 모범이자 천재적 흥행사였던 세르게이 댜길레프 없이는 가능하지 않았을지도 모른다. 그는 파블로바, 니진스키, 카르사비나 등과 같은 새로운 세대의 무용수들 및 안무가 포킨에게 '새로운 춤'을 만들어갈 장을 열어주었고 이후 러시아 발레가 유럽과 신대륙의 문화를 주도하도록 발돋움시켰던 장본인이며 발레뤼스의 재정을 확보하기 위해 자신은 밤낮으로 러시아와 유럽의 재계와 정계, 문화계 인사들에게 허리를 굽혔던 발레뤼스의 진정한 주인이었다.

　댜길레프의 집안은 제정 러시아의 교양 있는 귀족가문이었다. 조부와 부친 모두 정치적으로나 문화적으로 진보적 성향을 가지고 있었으며 가문의 저택은 '페름의 아테네'라고 불리는 예술 살롱이었다. 댜길레프는 러시아 귀족가문에서 당시 전형적이었던 유럽식 교육을 받았고 예술을 사랑하는 가풍을 이어받았다.

　댜길레프는 법률을 공부하기 위해 1890년 상트페테르부르크에 오게 된다. 그러나 그는 곧 자신의 관심과 재능이 예술에 있음을 깨달았고 관심사를 공유하는 친구들과 '넵스키의 피크위키언즈'라고 불리는 서클을 조직하게 된다. 여기에는 후일 발레뤼스에서도 함께 하게 된 알렉산드르 베누아, 레온 박스트(당시 이름은 레프 로젠베르크) 등이 포함되어 있었다. 관습과 구태의연한 모방에 반대했던 이들은 취향과 입장은 다양하면서도 리얼리즘에 대한 반대와 탐미주의적 성향을 공통적으로 가지고 있었던 모더니즘의 선구자들이었다. 이들은 제정 러시아의 귀족적 문화와 러시아 전통을 탐구하고 이를 현대적으로 재창조하는 일을 예술적 사명으로 생각했다. 또한 댜길레프를 포함해서 이들은 모두 당시 러시아 지식인들을 사로잡았던 민중주의 사상에 심취했고 예술에서의 민중주의 운동이라 할 수 있는 러시아 예술공예운동에도 관심을 가졌다. 이같은 전통예술의 발굴과 재창조작업으로부터 얻어진 영감은 이후 발레뤼스가 러시아성을 유럽 무대에서 재현하게 된 밑바탕이 되었다.

1890년대 말 이미 예술문화 사업에서 주목되는 인물이 되어 있었던 댜길레프는 베누아와 함께 1898년 『예술세계』라는 잡지를 창간했다. 『예술세계』의 동인에는 박스트, 베누아, 골로빈, 코로빈, 빌리빈, 바스네초프, 레비탄, 네스체로프, 소모프, 세로프 등 러시아 상징주의 및 모더니즘 화가들이 다수 포함되어 있었다. 이 화가들 역시 이후 발레뤼스의 창작 작업에 참여해 발레 무대의 의상과 무대 디자인 등에서 최고의 미술적 역량을 선보임으로써 발레를 종합예술의 경지로 끌어올리는 중요한 역할을 담당했다.

이후 댜길레프는 1905년 상트페테르부르크에서 표트르 1세부터 현재까지

세르게이 댜길레프의 초상: 레온 박스트의 그림

러시아 귀족들의 초상화 약 3,000점을 보여주는 이례적인 전시회를 시작으로 러시아 예술과 사회의 전체 역사를 선보이고자 하는 웅대한 기획을 꿈꾸게 되며 러시아를 유럽에 보여주는 과업에 착수했다. 그는 1906년 파리에서 러시아 미술 및 음악 전시회를 개최하였다. 베누아의 디자인을 배경으로 열린 이 전시회에서는 고대 이콘들로부터 『예술세계』 동인들의 상징주의적 회화, 박스트와 골로빈의 발레 의상과 무대 디자인 등에 이르는 다양한 성격의 회화들이 선보였다. 이어 댜길레프는 1908년에는 러시아 오페라 시즌을 기획하여 샬랴핀이 이끄는 오페라단을 불러 <보리스 고두노프> 등을 공연하여 대성공을 거두었다.

오페라 시즌은 재정적 이유로 다음 해에 계속되지 못했고 댜길레프는 대신 베누아의 제의로 1909년에 발레 공연을 기획하게 된다. 그는 파리에 80명의 강인한 최고의 솔리스트들로 구성된 뛰어난 발레단을 데려감을 알리는 전보를 치고 유럽에서 러시아의 위상을 높이고자 하는 바람을 가지고 있었던 차르의 도움을 받아 러시아 제국극장의 무용수들을 초청할 수 있었다. 당시 마린스키극장의 수석 무용수였던 크세신스카야 등을 비롯한 뛰어난 무용수들이 파리로 올 예정이었지만, 댜길레프의 계획은 예상치 못한 갑작스러운 난관에 부딪치게 되었다. 발레 공연은 원래 파리 그랑오페라극장에서 이루어질 예정이었다. 그러나 마지막 단계에서 크세신스카야가 자신의 배역에 불만을 품고 자신의 연인이었던 블라디미르 대공에게 후원을 철회하도록 하여 파리 그랑오페라극장의 대관이 취소되는 사태가 벌어졌다. 그러나 댜길레프는 단호하게 문제를 해결해나갔다. 그는 공연장소를 샤틀레극장으로 변경하고 이곳을 수리하여 새롭게 단장하고 과감하게 행사를 홍보했던 것이다.

댜길레프와 포킨, 베누아, 박스트, 파블로바, 카르사비나, 니진스키 등은 파리에서 열린 러시아 시즌에서 <아르미드의 별장>(1909), <실피드>(1909),

<지젤>(1910) 등의 공연을 잇달아 성공시켰다. 이것이 발레뤼스의 시작이었다. 포킨의 뛰어난 안무와 마린스키극장 등으로부터 기용된 무용수들의 발군의 실력, 또한 베누아와 박스트 등의 환상적인 무대 디자인과 의상이 결합된 발레뤼스의 공연은 파리 관객을 놀라게 하였다.

그러나 이와 같은 낭만적 주제와 고전적 양식의 발레는 러시아 발레로부터 이국성과 동양성을 기대하던 유럽의 관객에게 일말의 아쉬움을 남겼다. 파리 비평계는 발레뤼스가 발레를 통해 '러시아적인 것'을 보여주기를 요청했고, <불새>는 이러한 유럽의 요구에 대한 댜길레프와 발레뤼스의 대답이었던 것이다. <세헤라자데> 이후 <불새>, <페트루시카> 등 일련의 '러시아적인' 발레를 보여주며 발레뤼스는 러시아의 동양성을 통해 서구가 잃어버린 몸의 표현을 일깨웠다. 이어 1913년 공연된 <봄의 제전>은 러시아에 잠재해 있는 문명의 대안, 즉 원시성과 생명력에 대한 절정의 표현으로 문명화된 파리에 큰 충격을 주었다.

발레뤼스와 댜길레프의 운명은 하나였다. <페트루시카> 이후 포킨과 결별한 댜길레프는 이후 니진스키, 니진스카야, 조지 발란친(러시아 이름은 게오르기 발란치바제), 레오니드 먀신 등의 안무가들과 함께 발레뤼스를 이끌어간다. 발레뤼스는 발레 무대를 통해 아방가르드, 큐비즘, 신원시주의, 구축주의 등 당대의 가장 모던한 예술사조를 선구적으로 이끌어나갔다. 제1차 세계대전으로 인해 1914년 일시적으로 해체되었던 발레뤼스는 혁명 이후 댜길레프의 재기에 의해 다시 한번 되살아난다. 볼셰비키의 집권에도 불구하고 댜길레프는 여전히 발레뤼스의 창작적 가능성을 러시아에서 발견하고자 했다. 그는 프로코피예프에게 "동시대 삶에서 가져온 주제에 관한 새로운 발레를 … 볼셰비키적 발레를" 창작하라고 제안하며 발레뤼스의 무대에서 사회주의 예술을 실현하려 시도하기도 했다.

하지만 발레뤼스는 사실상 러시아 제국의 종말과 함께 종언을 고한다.

재기한 이후 먀신, 발란친 등의 안무가들과 무대에 올린 발레뤼스의 실험적 발레들은 레닌 사후 경직된 스탈린주의 하에서 지속되지 못했다. 1929년 댜길레프는 베네치아에서 지병으로 세상을 떠나게 된다. 발레뤼스는 댜길레프의 죽음과 함께 해체된 셈이었지만, 함께 했던 이들은 유럽과 신대륙, 세계 각지로 퍼져나가 그곳에서 발레의 전통을 새로이 세웠다. 역설적이게도 발레뤼스 이후의 발레 역사는 다시 발레뤼스가 쓰게 된 것이었다.

4. <불새>, '러시아적인 것' 혹은 러시아성

<불새>는 최초의 '러시아적' 발레로서 환상적인 동양적 러시아성을 재현함으로써 파리의 관객을 놀라게 했다. <불새>의 '진정으로 러시아적인 것'은 유럽 관객의 기대를 충족시키기 위해 댜길레프에 의해 의도적으로 기획된 것이었지만, 이는 단순히 상업적 기획의 맥락에서만 볼 수 없는 복잡한 문화적 배경과 의미를 가진다. <불새>의 러시아성은 러시아의 민족 정체성에 관한 지난한 사상적, 문화적 탐색과 직접적으로 연관되어 있기 때문이다.

러시아의 고대 국가 키예프 루스가 9세기 후반 기독교를 수용한 이래 제국 러시아 시대에 이르기까지 러시아의 민족 정체성은 끊임없이 동(東)과 서(西)의 양편으로 진동해왔다. 유럽의 일원이고자 하면서 동시에 슬라브 세계의 고유성을 유지하려는 모순된 지향으로 인해 러시아의 정체성은 제국 러시아의 문장에 새겨진 상징 쌍두독수리처럼 양쪽으로 분열된 것으로 표현되었다. 이러한 분열적이고 모순적인 자의식은 러시아의 전 역사에 걸쳐 나타나지만, 특히 19세기 중반부터 전개된 지식인들의 이른바 '슬라브주의와 서구주의 논쟁' 속에 깊이 아로새겨져 있다. 이러한 분열적 의식은 19세기 중후반에 이르러 민족적 정체성을 러시아 민중 속에서 발견하려는

민중주의 사상으로 귀결되었다. 수많은 지식인과 젊은이들을 민중에게 향하도록 한 '브 나로드(민중 속으로) 운동'은 이러한 민중주의를 실천하려는 운동이었다. 19세기 후반 러시아는 제국주의를 펼치며 본격적으로 제국의 이념을 정립하려는 작업에 몰두하고 있었다. 황실에서도 민중주의에 관심을 가졌고 차르가 댜길레프의 문화사업을 후원했던 것도 이러한 이유에서였다.

예술분야에서의 민중주의 사상은 댜길레프를 포함한 러시아 동시대 지식인들이 깊이 관심을 가졌던 아브람체보와 탈라슈키노의 민족적 예술운동을 통해 실현된다. 여러 민담을 조합하고 변형하여 만들어진 <불새>의 리브레토와 다양한 분야의 예술가들의 협업으로 창조된 무대의 설화적인 환상 세계 역시 아브람체보나 탈라슈키노의 영향을 증명해준다.

그러나 <불새>의 유례없는 성공은 비단 전통의 가공을 통해서만 가능하지 않았다. <불새>의 '러시아적인 것'은 현대적이고 세련되게 재창조된 러시아성이었다. 러시아 문화의 서유럽화에 강하게 반발했던 탈라슈키노의 후원자 마리야 테니셰바 대공녀와 달리, 발레 연구자 정옥희에 따르면 댜길레프는 "유럽화된 러시아 예술을 긍정적으로 받아들이고 이를 세련되고 코스모폴리탄적인 고급 취향으로 바꾸는데 적극적이었다." 즉, <불새>의 러시아성은 러시아의 토속성 자체가 아니라 "세련되게 수정된 민족성"이었다. '러시아적'인 발레 <불새>의 성공은 유럽적 형식을 발레뤼스가 완벽히 구사했기 때문에 가능했다.

물론 '가공되고' 만들어진 러시아성의 허점은 있었다. 고전적인 시적 낭만성과 모던한 그로테스크의 어색한 조합은 가공된 '러시아적인 것'이 가지는 한계를 불가피하게 노출했다. 베인스에 따르면, "초연 직전 파리에 도착한 스트라빈스키마저도 '러시아 수출품을 위해'라는 단어들이 무대와 음악 모두에서 곳곳에 도장 찍힌 듯해서 들뜬 마음이 식어 버렸다". 그럼에도 불구하고, '가공'을 통해, 즉 동시대 현실 속에서의 구성과 재창조를 통해 발견된 <불새>의 '진정으로 러시아적인 것'은 러시아가 당대에 어떤 러시아성을 요구하고 필요로 했는지를 비추어준다.

역사의 중요한 기점마다 동(東)과 서(西), 혹은 슬라브적인 것과 서유럽적인 것의 두 대립적 근원 사이에서 진동해왔던 러시아의 민족적 정체성은, 베인스에 따르면, <불새>를 통해 새로운 제3의 '긍정적이고' 독창적인 종합으로 구성되었다. <불새>를 통해 구성된 새로운 러시아성 개념의 핵심은 그것이 '긍정적인' 것이라는 사실에 있다. 과거 동과 서, 슬라브와 유럽 등의 대립적인 두 개념은 서로가 서로를 배제하는 '부정적'인 것이었지만, <불새>는 두 개의 대립적 '타자(他者)'를 모두 끌어들여 구성되는 긍정적 '혼종'(混種)으로서의 러시아성을 보여주었던 것이다.

"서구로부터 수입된 이상에 기반하여 발전된 19세기 러시아 발레의 영화(靈化)된 우아하고 균형 잡힌 유럽적 몸은 매순간 분열되고 토착화되며 발끝을 안으로 모으는 방식으로 추며 땅으로 향하는 움직임을 가진 세련되지 못한, 거친 러시아의 민중적 춤에 의해 지상으로 이끌려 내려온다."

-샐리 베인즈, 『불새와 러시아성의 이념』 중에서

이러한 긍정적 종합, 긍정적인 독창적 혼종의 러시아성은 <불새>에서 포킨이 고전발레의 서구적 미(美) 규범에 대항하는 새로운 안무 규범 속에서 보여준 '새로운 춤'에서 구체적으로 실현된다. 그것은 아시아적 몸짓이었다.

이러한 동양성은 러시아 민중의 몸에서 발견된 것이다. 서구적 발레의 우아하고 균형 잡힌 안무가 러시아 민중으로부터 발견된 '동양적' 춤이라는 새로운 '타자'와 만나면서 과거 발레가 알지 못했던 발레뤼스의 강렬하고 생명력 넘치는 본능적 춤이 새로이 태어난 것이다.

불새 의상을 입은 타마라 카르사비나

　이처럼 긍정적 혼종으로서의 러시아성에 의해 태어난 '새로운 춤'은 <불새>에 이어 발레뤼스가 스트라빈스키와 함께 만든 이후 작품인 <페트루시카>와 <봄의 제전>에서 보다 본격적으로 실현되었다.

　발레사에서 발레뤼스의 역사적 전환과 더불어 이야기되는 포킨의 발레 개혁이란 바로 이러한 제3의 혼종적 러시아성을 새로운 영감으로 삼아 창조된 '새로운 춤'을 의미한다. 베인스는 포킨이 "추상적인 춤과 마임의 기호적 언어를 거절하고 고전발레의 스텝을 몸 전체, 특히 팔과 상반신의 표현적인 움직임과 뒤섞었다"고 말했다.

　러시아 민담 속에서 타오르는 강렬한 '불'의 이미지와 결부되어 강렬한 힘과 에너지, 생명력의 현신으로 나타나는 불새의 형상은 거칠고 본능적인 동방적 몸을 암시하는 '진정으로 러시아적인 것'의 핵심이다. 포킨은 주로 도약을 주조로 안무된 불새의 춤이 "고도의 테크닉을 요하지만, 앙트레샤,

바트망, 롱드장브 등이 없이, 또한 물론 턴아웃과 프레파라시옹(준비동작) 역시 없이" 추도록 안무했다. 팔은 날개처럼 열어, 상반신과 머리를 안는다. 이러한 동작은 완전히 고전발레의 동작에는 모순되는 것이다.

베인즈는 이와 같은 '러시아적' 주인공 불새가 <백조의 호수>나 <지젤>과 같은 고전적 발레에 등장하는 여성 주인공과는 완전히 다른 여성 형상을 보여준다고 지적한다. 그녀는 오데트나 지젤처럼 남성 파트너의 연인, 신부, 혹은 동등한 조력자가 아니다. 그녀는 남성 주인공보다 능력의 우위에 있으며 이야기의 가장 높은 차원에 있는 특별한 주인공으로 초현실적이고 추상적인 힘의 현신이다. 이 다른, 새로운 여성 형상은 그 자체로 선하거나 악한 힘이 아니며 선악의 피안에 있는 존재, 차라리 자연 그 자체에 가까운 도덕적 판단 너머에 있는 생명력 그 자체의 것이다. 불새의 여성 형상은 바로 이러한 측면에서 또한 고전발레 규범에 대해 새로운 '타자'적 대안을 제시한다. 그러므로 차레비치와 불새의 파드되는 고전발레에 등장하는 통상적인

불새와 차레비치의 파드되

연인들의 파드되가 아니다. 이들의 파드되는 인간의 자연력에 대한 투쟁, 수용 및 인식이라는 힘겨운 과정을 암시하며 세상의 새로운 통치자가 될 차레비치가 동양성을, 즉

"지금까지 제정 러시아 발레는 프랑스와 서구에서 우선적으로 영감받았지만, <불새>는 그 흐름을 극적으로 되돌렸다. 이제부터 러시아 발레는 자신의 슬라브적 과거에서 실마리를 얻게 될 것이었다."

- 제니퍼 호먼스, 『아폴로의 천사들』 중에서

강한 생명력과 활기를 지닌 '타자'적 힘을 만나고 인식함을 형상화한다. 불새 형상의 문명적 함의는 여기서 또한 되풀이된다. 차레비치의 이름이 가장 평범한 러시아인의 이름 '이반'인 것은 이러한 깨달음을 인간 보편의 것으로 이해할 수 있는 단서이기도 하다. 차레비치는 어둠과 악의 세상에서 차레브나와 세상을 구하는 주인공이지만, 이때 기적은 불새의 힘을 통해 실현된다.

<불새>의 춤은 동양성(오리엔탈리즘)이 품은 생명력 및 활기(活氣)를 통해 고갈되어가던 유럽 문명에 새로운 문명적 대안을 암시해주었다. 유럽적 러시아는 거칠지만 생명력 있는 동양적 러시아를 통해서만이 완전한 세계로 탈바꿈할 수 있었다. 고전발레의 유럽적인 우아한 몸으로부터 더 이상 나아갈 곳이 없었던 발레는 거칠고 다듬어지지 않았지만 타오르는 불

"미개 예술의 꾸밈없는 형식들은 유럽 예술이 앞으로 나아갈 새로운 길이었다."

- 레온 박스트

과 같은 강렬한 생명의 역동을 가진 동양적인 몸을 받아들임으로써 되살아났다. 호먼스에 따르면, "표트르 1세의 '서구를 향한 창'이 이제 갑자기 동쪽을 향한 것이다". '불새'의 형상에 담긴 러시아성은 현대 문명이 나아갈 길을 암시하고 있었다.

5. <불새> 이후의 '불새', 그리고 오마주

러시아를 휩쓴 전쟁과 혁명으로 발레뤼스의 구성원들은 유럽과 신대륙의 각국으로 퍼져 나아가 그곳에서 러시아 발레의 유산을 전했다. 비록 발레뤼스는 해체되었지만, 발레뤼스의 레파토리는 세계 각지의 무대에서 여전히 무대에 올려졌다.

<불새> 또한 1910년 초연 이후 한 세기를 넘어 동안 지금까지 사랑을 받고 있다. 레오니드 먀신은 1945년 뉴욕에서 <불새>를 무대에 올렸는데, 이때 의상과 무대미술을 맡은 사람은 화가 마르크 샤갈이었다. 1949년 11월에는 역시 발레뤼스의 일원이었던 조지 발란친이 뉴욕시티발레에서 <불새>를 공연했다. 발란친의 <불새>는 1965년까지 뉴욕시티발레의 공연 레파토리에 포함되어 있었다. 1970년에 발란친은 샤갈의 무대 스케치를 가지고 다시 이 작품을 복원했다. 1972년 공연에서는 몇 부분이 수정되었고, 1980년에는 1949년의 처음 버전에 가깝게 다시 복원해서 무대에 올렸다.

<불새>를 각별히 사랑한 또 하나의 발레단은 모리스 베자르 발레단이다. 모리스 베자르는 1950년 스톡홀름 오페라극장에서 <불새>를 공연한 이후 다시 1970년에 파리에서 이 작품을 무대에 올리면서 자신만의 특별한 재해석을 부여했다. 18명의 무용수로 구성된 발레는 1960년대 말의 학생 혁명의 분위기를 형상화하고자 했다. 베자르는 <불새>의 환상적인 음악 속에서 혁명적이고 저항적인 혼의 소리를 들었다. 베자르의 공연에서 주요 메타포가 된 것은 자유를 위한 인간의 영원한 투쟁, 그의 몰락, 그리고 회생이었다. 베자르는 『4인의 혁명 시인, 블로크, 예세닌, 마야콥스키, 파스테르나크』라는 책에서 받은 깊은 인상에 영감을 받아 자신의 남성적인 <불새>를 만들었다고 말했다. 그는 자신의 공연에 다음과 같은 에피그라프를 붙였다. "불새는 재로부터 일어나는 불사조이다. 시인과 혁명가는 곧 불새다."

1945년 <불새>의 미술작업을 담당했던 마르크 샤갈에게 이 작품은 각별했던 것 같다. 박스트의 제자였던 샤갈은 이 작품을 기리기 위해 파리 그랑오페라극장의 관객석 천장화(天障畵)(1960-1964)에 '불새'를 그려 넣었다. 팔레트를 든 화가와 녹색의 새(붉은색 부분), 그리고 불길 속에서 타오르는 흰 새와 마술 사과 사이에(노란색 부분) 첼로를 안은 음악가 천사가 날고 있다. 그 아래에는 마법에서 풀려난 도시의 성당 쿠폴들과 지붕들이 있고, 전나무들 사이로 불새가 있다. 붉은 천개(天蓋) 아래에서 차레비치와 차레브나가 결혼식을 올리고, 그들의 오른편에는 마법에서 풀려난 아가씨들과 과일 바구니를 든 여인, 그리고 또 한 쌍의 젊은 연인들이 있다. 이 천

마르크 샤갈이 그린 파리 그랑오페라극장의 천장화

장화는 아마도 원하지 않게 러시아를 떠나야 했던 샤갈에게 영원한 예술 혼이자 러시아적 창조성의 상징인 불새를 잊지 않는 길이었을 것이다.

페트루시카

«Петрушка»

차지원

음악: 이고리 스트라빈스키
안무: 미하일 포킨
대본: 알렉산드르 베누아
무대: 알렉산드르 베누아
초연: 1911년 6월 13일, 파리 샤틀레극장

1. 세기말 예술가의 비극적 초상, <페트루시카>

<페트루시카>는 이고리 스트라빈스키가 댜길레프의 청에 의해 4장의 단막 발레로 작곡한 작품으로 1911년 6월 13일 파리 샤틀레극장에서 피에르 몽퇴의 지휘로 발레뤼스의 러시아 시즌에서 초연되었다. 미하일 포킨이 안무했고 알렉산드르 베누아가 시나리오를 쓰고 무대를 제작했다. 주역 페트루시카 역은 바츨라프 니진스키가 맡았다. 이 작품은 스트라빈스키가 발레뤼스를 위해 작곡한 발레 음악 3부작 중 <불새>(1910) 다음의 두 번째 작품이다. 세 번째 작품이 <봄의 제전>(1913)이다. <페트루시카>는 1909년 처음 파리에서 공연을 시작한 발레뤼스의 러시아 시즌의 초기 공연작들 중 하나로 <불새>와 더불어 가장 '러시아적인' 발레로 일컬어진다. <페트루시카>는 1948년에 두 번째 개작이 이루어졌다.

광대극 인형들을 통해 무력한 인간의 사랑과 좌절, 고통을 극화한 발레 <페트루시카>는 댜길레프, 스트라빈스키, 그리고 발레뤼스에게 이전 작품 <불새>보다도 더 큰 명성을 가져다주었다. 파리 전체가 이 작품을 본 것과

발레 <페트루시카>의 주인공들

다름없이 떠들썩한 칭송이 들려왔다. <페트루시카>는 <불새>와 마찬가지로 스트라빈스키에게도 엄청난 성공을 가져다주었다. 스트라빈스키의 음악은 난해했지만, 연구자 리벤에 따르면, 음악과 춤이 결합되자 그의 음악이 가진 묘사성과 극성에 의해 놀랍게도 강력하고 직접적인 인상을 창출했다고 한다. 음악은 춤을 통해 전개되는 극에 이상적으로 부합했다.

발레를 열렬히 사랑했던 클로드 드뷔시는 1912년 스트라빈스키에 대해 이렇게 말했다. "당신은 <페트루시카>에서 보다 더 멀리 나아갔습니다. 그건 틀림없습니다. 이제 당신은 스스로 성취한 것에 자부심을 느껴도 될 것입니다." 장 콕토는 다음과 같이 썼다. "처음에는 일부 전문가들만이 스트라빈스키를 인정했지만, 조금씩

> "사랑에 빠진, 고통받는, 언제나 불행한 페트루시카의 형상을 내 앞에 그려놓는 그 음률, 음률과 박자의 그 조합 등을 작곡가가 발견하였다는 것이 기쁘고 마음에 든다."
>
> - 포킨, 『흐름을 거슬러』 중에서

대중이 <페트루시카>의 권위를 인정했다." 스트라빈스키 스스로도 <페트루시카>의 성공이 자신의 음악에 큰 역할을 했다고 생각했다. 그는 "이 작품은 내가 나의 음악에 절대적인 확신을 가질 수 있게 도와주었다. 마침 나는 그때 <봄의 제전>에 착수할 생각이었던 것"이라 말한 바 있다. <페트루시카>의 기교와 미학은 동시대 연주가들에게도 많은 영감을 주었다.

사실 무엇보다 관객들을 놀라게 한 것은 <페트루시카>의 극적 성격이었다. 발레사에서 이 작품은 춤 자체보다 극적 행위의 비극성에 집중하도록 구성된 작품으로 평가된다. <페트루시카>는 극적 주제를 가진 발레라기보다는 춤으로 표현된 비극이라고 하는 것이 적절할 것이다.

매우 사실적으로 연출된 민속적 장면들 역시 <페트루시카>의 성공에 기여했다. 1830년대 상트페테르부르크의 떠들썩한 장터 및 그곳에서 벌어지던 꼭두각시 인형극 발라간에 대한 성공적인 표현은 파리 관객에게 그들이 발레뤼스에 기대했던 러시아적인 이국성을 회화적으로 보여줌으로써 이 작품을 발레뤼스의 '가장 러시아적인' 발레로 평가하게 만들었다.

<페트루시카>는 전통적 발레와는 전혀 다른 무용 언어를 선보였다는 점에서 대단히 파격적이자 혁신적인 작품이었다. 관습적인 발레의 가볍고 날개치는 듯한 움직임이 아니라 부자연스럽고 인형과 같은 춤, 지극히 '현실적인' 춤, 리듬의 악센트로 가득한 춤, 다양한 민속춤 등이 무대에서 펼쳐졌다. 살아나 춤추는 인형이라는 안무의 주제는 새로운 현상이었다. 인형의 주제란 이전에도 있었지만, 이전에 인형은 극적 행위의 주제가 아니라 극적 행위를 처리하는 방식의 문제였기 때문이다. 예를 들어, <코펠리아>의 경우 인형들이 춤추는 도입부는 사실상 전제(前提)에 지나지 않고 주역 발레리나는 변함없이 고전발레의 독무를 춘다. 그러나 <페트루시카>에서는 놀랍게도 인형의 움직임이 지속된다. 춤의 전체적인 인형적 성격, 인물들의 인형적 자세, 부자연스럽고 딱딱한 움직임과 몸짓, 얼굴 표정의 인형 같은

<페트루시카>의 공연 장면

부동성, 위치를 바꿀 때 인형 같은 것에서 보이는 이상한 갑작스러운 움직임 등은 일반적 발레의 것이 아니었고 과거에는 결코 볼 수 없었던 것이었다. 이처럼 <페트루시카>는 춤에 있어서 인형다우면서도 인간적인 양면성을 지녀야 하기 때문에 여느 발레와 달리 고도의 기교와 연기력을 요구했다. 또한, 인형 주인공들이 펼치는 사랑의 비극적 결말. 현실을 은유하는 듯한 리얼리티는 대단히 충격적인 것으로 받아들여졌다고 한다. 이러한 의미에서 <페트루시카>는 낭만주의 발레와 결별하고 19세기 발레 전통에 종지부를 찍은 작품이라 할 수 있다.

<페트루시카>의 성공은 발레리노 니진스키의 이름과 결코 따로 이야기될 수 없다. 그는 손발의 관절이 끊어져 있는 듯한 인형과 같은 동작, 마임을 이용한 비통한 표정 등으로 영혼을 가진 인형이라는 페트루시카의 양면성을 훌륭하게 연기하여, 앞선 작품 <셰헤라자데>, <장미의 정령> 등과는 다른 새로운 모습으로의 변신을 보여주어 극찬을 받았다.

니진스키의 놀라운 테크닉과 탁월한 감정표현은 파리의 관객을 단번에

사로잡았다. 그는 딱딱한 인형 같은 움직임을 어떻게 추어내야 하는지 천부적으로 알고 있는 것처럼 보였다. 그의 몸짓들이 보여주는 얼어붙은 듯한, 가면과 같은 부동

이 발레의 진정한 의미를 보여준 것은 버려진 꼭두각시에 대한 니진스키의 인상적이며 사무치는 묘사였다.

- 제니퍼 호먼스, 『아폴로의 천사들』 중에서

성은 지극히 비극적이었으며 반(半)인간인 인형의 극적인 공포를 강조해주었다. 페트루시카의 완벽한 극적 이미지는 마치 심오한 사고를 통해 만들어진 것으로 보였다. 그것은 지성적인 것이라기보다는 니진스키의 본능을 의미했다. 그는 이성적 분석이 아니라 직관적 천재성으로 배역을 이해했다. 니진스키가 페트루시카를 가장 사랑했으며 그의 가장 최고의 배역으로 간주했던 것도 무리는 아니다. 니진스키가 무대에 등장한 순간 관객들은 그

페트루시카 역의 니진스키

를 사람도 인형도 아닌, 사람과 인형의 기묘하고 공포스러운 조합이라 느꼈으며 마술에 사로잡힌 무력한 그의 고통에 압도당했다. 니진스키의 빠르고 근육질적인 움직임이 주는 활력과 생동감은 굳어진 가면 속에 숨겨진 그의 괴로운 영혼의 가련한 호소와 숨막히는 대조를 이루어냈다.

발레리나 역의 카르사비나와 검은 무어인 역의 오를로프 역시 니진스키의 훌륭한 파트너였다. 카르사비나는 아름답지만 어리석은 여자의 역할을 말 없고 생각하지 못하는 인형의 이미지를 통해 완벽하게 소화해냈다. 베누아에 따르면, "그녀는 내가 말 그대로 가드너 도자기의 입상으로부터 베껴낸 우스꽝스러운 의상이 너무나도 잘 어울렸다. 오를로프 역시 베누아가 의도한 무언가 동물 비슷한 것이 섞인 '기계적인 무의미성'의 인상을 훌륭히 실현했다." 무어인의 단순하고 무지하며 육체적인 이미지 역시 쉽게 만들어질 수 있는 것은 아니었다. 초연에서는 또한 유명한 발레 교사이자 마임 교사인 엔리코 체케티가 흥행사로 출연해서 탁월한 표정 연기와 마임을 보여주었다고 한다.

리벤은 <페트루시카>가 발레뤼스의 종합예술창작의 정수를 보여주는 작품이라고 평가한다. 이 발레의 무대는 모든 것이 마치 하나의 놀라운 천재성에 의해 구성된 것처럼 분리불가능한 하나의 전체 속으로 녹아들어 그야말로 세기말 리하르트 바그너가 꿈꾸었던 '종합예술작품'의 이상적 모습을 보여준다. 스트라빈스키의 음악적 영감으로부터 시작된 페트루시카의 이미지는 베누아의 시나리오 작업을 거쳐 동시대 인간의 비극을 담아낸 문학적 형상으로 발전하였고 포킨의 독창적이고 혁신적인 안무를 통해 니진스키의 춤으로 구현됨으로써 이 발레를 가장 완전한, 모든 장르를 초월한 예술적 스펙터클로 만들었다.

<페트루시카>는 발레사에서 또 하나의 전설로 남았다. <아폴로의 천사들>의 저자 제니퍼 호먼스는 이 작품을 "구세계적인 러시아 전통의 매

발레리나 역의 타마라 카르사비나

력적 초상"이라 평가하고 있지만, 이 작품은 나아가 러시아 민속인형극 발라간의 꼭두각시 인형 페트루시카를 주제로 하여 다가오는 거대한 파국에 위협받던 세기말 인간의 무력함, 그리고 아름다움이 소멸해가던 벨 에포크 시대 예술에 삶을 바친 예술가의 비극적 삶을 극적으로 형상화해냄으로써 전통적 발레의 서정성을 넘어 20세기 현대예술의 새로운 장을 열었기 때문이다.

• <페트루시카>의 리브레토

1장

부활절이 며칠 남지 않은 상트페테르부르크 광장의 사육제 시장은 인파로 붐빈다. 가설무대와 가판대가 늘어서고 온갖 사람들이 모여든다. 가설무대의 주인 인형극 흥행사가 등장해 피리를 불며 사람들을 모은다. 인형극이 시작된다. 막이 열리면 세 개로 나누어진 방에는 인형들이 있다. 발레리나가 가운데, 오른쪽에는 페트루시카, 왼쪽에는 무어인이 있다. 페트루시카는 발레리나를 사랑하지만, 발레리나는 오히려 무어인에게 관심을 보인다.

2장

방에 갇혀 있는 페트루시카가 고독과 고뇌, 발레리나에 대한 사랑 그리고 연적(戀敵) 무어인에 대한 증오심을 호소한다. 이때 발레리나가 나팔을 불며 들어오고 페트루시카는 너무 기뻐서 자신의 사랑을 전하려 하지만 그의 서투름으로 인해 발레리나는 도망쳐 버린다.

3장

무어인은 코코넛으로 장난을 치다가 신월도(新月刀)로 코코넛을 깨려 한다. 그러나 뜻대로 되지 않자 코코넛에 신(神)이 들어있다고 생각하고서 바닥에 놓고 엄숙히 회교도식으로 절을 한다. 이때 무어인의 당당한 풍채와 힘에 반한 발레리나가 들어와 아름다운 파드되가 시작된다. 페트루시카는 사랑하는 발레리나를 지키려 하지만 무어인은 신월도로 그를 쫓아버린다. 페트루시카가 나가자 무어인은 발레리나에게 구애를 시작한다.

4장

다시 눈 내리는 황혼의 사육제. 축제 분위기가 한층 무르익으면서 군중도 많아진다. 곰 사육사들이 재주를 부리는 가운데, 우아하면서도 경쾌한 러시아 농민의 춤과 마부들의 힘찬 춤이 시작된다. 이때 갑자기 무어인에게

쫓기던 페트루시카가 뛰어들어온다. 발레리나의 저지에도 불구하고 무어인은 칼로 페트루시카를 쓰러뜨리고 만다. 삽시간에 군중이 쓰러진 페트루시카를 에워싸고 급히 달려온 경관은 쓰러진 페트루시카가 인형임을 알고 안도한다.

피날레
군중들이 흩어지고 흥행사가 페트루시카를 옮기려 할 때 가설무대 지붕 위로 페트루시카의 영혼이 나타난다. 놀란 흥행사는 급히 달아나 버린다.

2. 발레 <페트루시카>의 창작사와 '페트루시카'의 형상
• <페트루시카>의 창작사

주인공 페트루시카의 이미지를 처음 떠올린 것은 스트라빈스키였다. "내 눈앞에 인형 무용수의 이미지가 떠올랐다. 그는 갑자기 사슬에서 풀려나 악마적인 아르페지오를 분출하며 오케스트라로부터 뛰쳐나와 위협적인 팡파르로 오케스트라에 대항한다. 접전이 이루어지고, 지쳐 기진맥진해진 무용수의 한탄이 늘어지며 끝난다. 이 이상한 곡을 끝내고, 나는 몇 시간이고 레만 호숫가를 걸으며 내 음악과 내 주인공의 특징을 한 단어로 표현할 제목을 찾으려 애썼다. 그러다 어느 날 나는 문득 든 생각에 기뻐서 펄쩍 뛰었다. 그것은 '페트루시카'였다. 어떤 장터에도, 어떤 나라에도 있는 영원한 불행의 주인공!"

1910년 스위스에서 스트라빈스키는 <페트루시카>의 음악을 댜길레프에게 들려주게 된다. 이때 들려준 부분은 이후 발레의 2번째 장이 된다. 스트라빈스키는 애초에 이 작품을 피아노와 관현악을 위한 협주곡으로 만들려고 했지만, 이 곡을 들은 댜길레프는 음악에 홀딱 반해버렸고 당장 이 작품을 발레 음악으로 손질해달라고 요청하게 된다.

1910년 여름 스트라빈스키는 1장의 러시아 춤과 2장 대부분을 완성하였다. 이어 그는 댜길레프의 요청대로 피아노를 등장시켜 2장에서 피아노 음악이 큰 역할을 하게 구성했다. 10월 프랑스로 옮겨간 스트라빈스키는 1장의 나머지와 3장 전체, 4장 대부분을 작곡하였고 1911년 3월경 작품의 관현악 편성을 거의 마무리하고 5월에 완성하였다. 이후 1921년에 스트라빈스키는 '<페트루시카>의 3개의 장면'이라는 제목으로 개작한 피아노곡을 썼고, 1945년에는 <페트루시카>를 새롭게 다듬은 악보를 만들었다. 그는 이 수정본을 훨씬 성공적이라고 생각했다고 한다.

<페트루시카>의 음악에는 러시아 노래, 민중적 정서를 담아낸 도시의 노래 민담과 멜로디 등으로부터 가져온 모티브들이 녹아있었다. 동시에 이러한 민속적이고 일상적인 음률이 역설과 불협화음, 다급한 리듬 등 현대적 감성을 풀어낸 음악 속에 흡수되어 있다. 이 음악은 강렬한 리듬과 예리

알렉산드르 베누아 (레온 박스트, 1898)

하고 대담한 하모니를 통해 러시아 민요의 선율이 연주되면서 현대 음악의 불협화음과 절묘하게 어우러진다는 평가를 받고 있다.

<페트루시카>는 처음 영감을 떠올린 작곡가 스트라빈스키의 작품으로 알려져 있지만, 이 작품의 성공은 리브레토를 만든 알렉산드르 베누아에게 빚진 바 크다. 페트루시카의 형상은 주로 베누아에 의해 창조되었기 때문이다. 스트라빈스키의 음악을 들은 댜길레프는 베누아에게 발레의 리브레토를 부탁하였다. 어린 시절부터 인형극에 관심을 가지고 희곡을 쓰기도 했던 베누아는 항상 특별한 사랑의 대상이었던 페트루시카의 형상에 관한 댜길레프의 제안에 열렬히 호응했다.

시나리오 작가로서 베누아는 장터에 등장하는 부활절 행렬의 장면에 다양한 인물들을 등장시켰고, 무대 미술가로서 그는 이들에게 연극적으로 멋진 의상을 입히고, 오르간, 어린이들을 위한 회전목마, 흔들리는 그네, 김이 나는 사모바르 등을 무대에 등장시킴으로써 무대에 옛 장터의 세세한 부분들을 살려냈다. 베누아의 구상에 의해 장터와 발라간 무대는 매우 사실적으로 형상화되었다.

주인공들의 형상 역시 주로 베누아의 구상으로 만들어졌다. 검은 무어인의 배역은 우선 리브레토를 통해 만들어지고 이후 음악이 작곡되었다. 베누아는 원래의 발라간에 등장하는 검은 무어인의 형상을 줄거리에 상관없는 막간극을 수행하는 단순한 역할에서 삼각관계에 참여하는 거칠고 본능적인 인물로 변화시켰다. 발레리나의 등장과 세 인형들 간의 드라마의 전개는 이때 만들어진다. 베누아는 스트라빈스키에게 극의 이러한 전개를 모두 편지로 알렸고 스트라빈스키는 기꺼이 이를 위한 음악 작곡에 착수하겠다고 답한다.

1910년 겨울 베누아는 장면과 의상을 위한 디자인에 몰두하였다. 회전목마와 상점들로 가득찬 장터, 검고 별이 점점이 박힌 페트루시카의 방, 야

알렉산드르 베누아가 디자인한 <페트루시카>의 무대

자수와 호랑이, 여러 이국적인 모티브로 채워진 무어인의 붉은 방 등이 만들어졌다. 또한 베누아는 구름에 둘러싸인 채 한 손에 플루트를 든 인형극 흥행사가 그려진 무대막을 디자인했는데, 이후 악마들이 날고 있는 밤하늘이 그려진 것으로 바꾸었다. 무대 및 의상 작업을 위해 베누아는 임시로 숙소를 마련하여 머물렀다. 그의 숙소 아래층은 어떤 귀족의 마부들을 위한 숙소였는데, 이들이 여자들과 함께 아코디언과 발랄라이카 등을 연주하고 춤을 추며 한바탕 여흥을 즐기는 것을 본 베누아는 여기서 장터의 떠들썩하고 흥겨운 장면의 연출과 등장인물의 의상 디자인을 위한 아이디어를 얻었다고 이야기하고 있다.

1911년 봄 즈음 베누아와 스트라빈스키는 로마에서 다시 만났다. 공연을 위해 발레뤼스가 초청을 받았기 때문이었다. 이때 파리에서 예정된 <페트루시카>의 초연까지는 6주밖에 남아있지 않았지만, 아직 많은 부분이 미완성이었다. 이들은 작품에 관해 다시 의논했고 베누아는 스트라빈스키가 작업한 음악을 들을 수 있었다. 페트루시카의 방 장면은 로마에서 완성되었다. 이 장면은 페트루시카의 비명을 주제로 하여 이미 스트라빈스키가 작곡해놓은 음악에 맞추어 구성되었다. 베누아는 사실상 이미 완성된 음악에 극의 행위를 맞추었던 것이다. 베누아와 스트라빈스키는 마침내 페트루시카의 고뇌와 죽음, 그리고 인형들을 옆에 끼고 사라지는 인형극 흥행사, 그리고 가림막 위

페트루시카의 방

무어인의 방

베누아의 의상 디자인

로 나타나는 페트루시카의 영혼 등의 장면을 완성했다.

베누아는 자신이 공들여 만든 장터 장면에 대한 포킨의 안무에 관해 상당히 많은 의견을 표명했다. 그는 떠들썩하고 혼잡스러운 장터 군중을 평범한 발레 안무로 처리하고 싶지 않았다. 그는 이 장면의 극적이고 사실적인 처리와 발레적 요소의 혼합을 목표로 했다. 그래서 <페트루시카>는 아마도 무대 미술가의 영향이 안무에 가장 강하게 드러난 작품일 것이라고 말해지기도 한다.

포킨은 음악과 시나리오가 대부분 준비된 시점에 작업에 착수했다. 그는 처음에 <페트루시카>의 음악을 다 좋아하지는 않았다. 페트루시카 주제의 기묘한 날카로운 소리와 같은 선율은 현대 음악의 불협화음에 익숙해진 현재의 우리에게는 상당히 익숙한 것이지만, 당시에는 상당히 충격적인 기이하고 낯선 음악이었던 것이다. 포킨만이 스트라빈스키의 음악을 낯설게 느낀 것은 아니었다. 초연 직전 파리의 샤틀레극장에서 열린 리허설에서 오케스트라 단원들은 연습 중 웃음을 터뜨렸다. 스트라빈스키의 음악을 깊이 이해하고 있었던 지휘자 몽퇴는 단원들을 자제시키느라 애를 먹기도 했다. 파리 공연 이후 베누아의 초대로 이 발레 음악을 피아노 연주로 듣게 된 상트페테르부르크의 음악 애호가들 역시 이 음악을 이해하지 못했다고 한다.

그럼에도 불구하고 포킨은 베누아와 마찬가지로 이미 주어진 스트라빈스키의 음악과 페트루시카의 비극적 운명에 관한 이야기에 절묘하게 결합되는 환상적인 안무를 만들어냈다.

> "내게는 작업 초기부터 세운 원칙이 있었다. 그것은 작곡가에게 완전한 자유를 주는 것이었다. 그가 느끼는 것을 자유롭게 표현하도록 하고 싶었다. … 내가 작곡가에게 기대하는 것은 장면, 형상, 그리고 인물이다. '작곡가의 해방'이라는 생각으로부터 새로운 발레가, 특히 새로운 음악이 태어났다. 자유로워지면서 음악은 더 풍요로워지고, 춤 역시 풍부해졌다."
>
> - 포킨, 『흐름을 거슬러』 중에서

<페트루시카>의 완성 이후 베누아와 스트라빈스키는 이 작품의 창작자를 누구로 정할 것이냐의 문제를 가지고 오래 실랑이를 벌였다. 베누아와 스트라빈스키는 서로에게 공을 돌리다가 결국 두 사람 모두의 이름을 올리기로 결정했고 알파벳 순서와는 달리 스트라빈스키의 이름이 먼저 쓰여졌다. 그렇지만 스트라빈스키는 자신의 악보에 "알렉산드르 베누아에게 헌정"이라고 써넣음으로써 이들의 공동작업을 확인하기도 했다.

리허설 직전 벌어진 해프닝은 서로 창작의 공을 돌렸음에도 불구하고 예술가들이 내면에 간직한 강한 자부심을 증명해준다. 드레스 리허설 직전 베누아는 오른팔을 다친 상황이었다. 그런데 사건이 발생했다. 베누아가 디자인한 배경그림은 상트페테르부르크에서 아니스펠트에 의해 그려졌고 이것이 파리에 도착했다. 문제는 페트루시카의 방 장면에 그려진 인형극 흥행사의 초상이었다. 초상은 오는 도중에 약간 손상되었고 박스트는 이것을

손보아 베누아에게 약간의 수정을 가했음을 통보했다. 박스트는 아마도 이 그림을 좋아하지 않았던 댜길레프의 사주를 받아 상당히 다른 그림으로 바꾸어버린 것이다. 베누아는 박스트가 바꾸어버린 배경을 보고 격분했다. 여러 사람들이 베누아를 달래려 애썼지만 베누아의 분노는 가라앉지 않았다. 그는 배경의 변경이 친절을 가장한 비열한 속임수라고 생각했다. 세로프는 베누아를 진정시키는 일에는 실패했지만 배경을 다시 원래대로 복구해주기로 약속했고 흥행사의 초상을 다시 훌륭하게 되돌려놓았다. 그러나 베누아의 마음은 가라앉지 않았다. 그는 댜길레프에게 발레뤼스의 예술감독을 그만두겠다는 편지를 썼고, 런던의 코벤트가든 공연을 위한 작업을 끝낸 후 스위스로 떠나버렸다.

발레뤼스가 남긴 작품들 중에서도 가장 완벽한 종합예술작품으로 평가받는 <페트루시카>는 이처럼 강렬한 독창성을 가진 예술가들의 창작적 열정의 결합 속에서 가능할 수 있었다. 비평가 투겐홀트는 1911년 『아폴론』지(誌)에서 "<페트루시카>는 무엇보다 그림, 음악, 조형예술"이며 이 발레가 예술적 종합의 장에서 새로운 성취점을 보여주었다고 칭송했다.

• 슬픈 광대 '페트루시카'의 형상

발레 <페트루시카>는 처음에 스트라빈스키의 영감에 의해 시작되었지만, 그것을 형상과 이미지로 풀어내고 춤을 위한 무대를 만들어낸 작가는 알렉산드르 베누아였다. 비명을 지르는 발라간의 인형 페트루시카에 관한 짧막한 스트라빈스키의 영감은 베누아의 구상 속에서 하나의 비극적 운명에 관한 이야기로 자라나게 되었고 그 중심에 주인공 페트루시카의 형상이 있다.

페트루시카는 원래 러시아 전통 인형극인 발라간에 등장하는 꼭두각시 인형이다. 발라간은 전통적으로 목조 가설극장으로 주로 러시아의 축일 기간에 겨울궁전의 광장에서 벌어지는 떠들썩한 축제나 장터에 세워졌다. 스트라빈스키와 댜길레프, 베누아 등은 이러한 축제와 장터에 대한 애정어린 향수를 공유하고 있었다. 베누아는 자신의 무대배경과 디자인 역시 이런 장터들과 "내 어린 시절의 기쁨이자 그전에는 아버지의 기쁨이기도 했던 그리운 발라간"에 다니던 기억에 뿌리를 두고 있다고 회고한다. 그러나 베누아는 친숙한 민속극 발라간의 배경 속에서 전통적인 페트루시카와는 사뭇 다른 형상의 페트루시카를 창조해냈다.

원래 발라간의 페트루시카는 언제나 모험에 뛰어드는 쾌활하고 씩씩한 난봉꾼 인물이다. 그러나 그 역시 불운을 만난다. 통통하게 살찐 털이 많은 양이 무대에 나타나고 페트루시카는 매우 기뻐하며 양을 쓰다듬으며 의기양양하게 걸어다닌다. 그런데 갑자기 양이 두 발로 서더니 악마로 변하고 무서운 모습으로 페트루시카를 지하세계로 끌어당긴다. 극의 중간에 페트루시카와 오르간 연주자 간의 대화가 있다. 오르간 연주자는 페트루시카에게 경고한다. "조심해, 넌 뜨거운 물을 뒤집어쓸 거야." 그러나 페트루시카는 웃기만 하며 "헤, 헤, 헤"라고 날카로운 소리를 지른다. 이러한 페트루시카의 목소리를 위해 인형 조작자는 입에 콧소리를 내기 위한 도구를 물고 대사를 말했다고 한다. 이같은 페트루시카의 괴상한 외침은 스트라빈스키의 <페트루시카> 악보에서 등장하는 날카로운 불협화음에 영감을 주었다. 페트루시카의 광대극에는 주된 이야기와 상관없는 막간극이 삽입된다. 여기에는 머리에 깃털장식을 달고 화려한 옷을 입은 두 명의 검은 무어인들이 등장한다. 이들은 번쩍거리는 금장식을 단 검고 나무로 된 거친 모양의 머리를 하고 있다. 검은 무어인들은 장난을 치며 서로에게 막대기를 던진다. 베누아는 어린 시절 자주 보았던 발라간에서 이 무어인들에게 무서움을 느끼면서도 애착을 가졌다고 한다.

발라간 극은 가림막 뒤에서 나오는 인형들에 의해 상연된다. 꼭두각시 인형들은 보이지 않는 조작자에 의해 움직였고 생명 없이 매달려 흔들거리는 다리를 달고도 움직이고 말하며 연기를 펼쳤다. 댜길레프와 스트라빈스키가 처음에 생각했던 것은 이러한 발라간 극이었을 것이다. 구상에 대한 댜길레프의 물음에 대해 베누아는 이렇게 말한다. "페트루시카는 물론 당연히 소리를 지르지요. 확실히요. 그러나 비명은 아닙니다. 그것은 다른 방식이어야 해요. 페트루시카는 물론 가림막 뒤에서 무대로 나옵니다. 하지만 그들의 다리는 움직여야 합니다. 춤을 출 수 있게 말입니다. 인형들은 광대극 인물에서 인형으로, 반쯤 인간인 존재들로 바꾸어질 것입니다." 베누아는 이미 세 명의 등장인물들을 염두에 두고 있었다. 그것은 페트루시카, 발레리나, 그리고 검은 무어인이었다.

　베누아가 고심한 문제는 극의 배경이었다. 인형극 흥행사가 발라간을 보여주던 장터 역시 그의 어린 시절 추억 속에 남아있었다. 베누아는 세기말 쇠락해가던 장터를 배경으로 결정하고 이곳에 자신이 좋아하던 호프만적 분위기를 불어넣고자 했다. 이를 가능하게 한 것은 흥행사의 악마적인 형상이었다. 사악한 인형극 흥행사는 인형들을 그가 조종하는 반(半)인간적 존재로 변신시켜 인간을 조롱하는 희화극(트라베스티)을 만들어낸다. 이렇게 하여 고통받는 페트루시카의 형상이 출현한다. 스트라빈스키의 악보에 쓰여진 비명은 페트루시카의 외침일 뿐 아니라 나아가 그의 영혼의 고통을 표현한 것이 되었다. 여기서 페트루시카의 형상은 변화를 겪는다. 러시아의 짓궂은 말썽꾼이자 모험가 페트루시카는 단순하고 순진한 피에로와 같은 유형의 상처받고 고통받는 주인공으로 다시 태어났다.

　페트루시카의 새로운 형상은 베누아가 의도한 대로 인형과 인간의 결합을 통해 이루어졌다. 포킨은 이후 회고록에서 인형의 움직임이 관객에게 감정과 공감을 불러일으키도록 안무했음을 자세히 이야기했다. "주역들에 관련하여 나는, 인형과 같은 부자연스러운 움직임을 만들어냄과 더불어 그

속에서 완전히 다른 세 형상을 표현하고 인형과 같은 제스처에도 불구하고 드라마의 플롯으로 하여금 관객이 느끼고 공감하게 만들도록 전달하기 위해 노력했다". 이처럼 포킨에 따르면 "심리적 기반 위에서의 인형적 움직임", 즉 인형의 심리화에 의해 발레의 드라마는 발라간 인형들이 벌이는 단순한 광대극에서 심리적 깊이를 가진 비극으로 발전한다.

페트루시카 역의 니진스키(프란츠 클라인, 1948년)

러시아 발레사 연구자 크라솝스카야에 따르면, 페트루시카는 또한 러시아 문학 전통과도 깊숙이 연관되어 있다. 그는 불행하고 학대받았으며 억눌린 인물, 어쩌다 기만적인 기쁨이 끼어들지만 대부분 순종적인 슬픔으로 가득 찬 인물이다. 이러한 페트루시카는 푸시킨, 고골, 도스토옙스키, 나아가 블로크의 작품 속에 구현된 '작은 인간'이며, 공포와 슬픔에 억눌린 현대의 주인공 형상의 맥을 잇는다.

러시아적 '작은 인간' 페트루시카의 운명은 현대인의 고통과 불안, 속물근성의 폭력과 과시, 권력에서 벗어나지 못하는 소시민의 삶, 소외되고 버림받은 개인의 삶의 비극적 결말 등 보다 보편적인 주제들을 실현함으로써 20세기에 들어 예술 관념이 극적으로 변화되고 있음을 증명해주었다. 이제 예술가들의 시야에는 20세기 현대 예술의 새로운 주인공, 대중의 얼굴이 들어오고 있었다. 꼭두각시 인형은 살아 움직이는 듯하지만 실상 흥행사에의 조종에 의해서만 움직일 수밖에 없는 부자유스러운 존재이다. 이러한 인형과 인간이라는 모순성을 통해 페트루시카의 형상은 자유의지를 가지고 있지만 알 수 없는 운명에 얽매여 있는 소외된 인간에 대한 암시를 담아낸다. 영혼을 가진 인형의 비극이라는 주제는 인간의 실존 및 세계의 이중성을 암시했다. 발레 <페트루시카>를 가장 '러시아적인' 발레로 만든 것은 옛 러시아의 전통적 초상 속에 당대의 비극성을 담아낸 페트루시카의 형상이었다.

베누아는 <페트루시카>의 숨겨진 의미에 관해 종종 질문을 받았지만, 그때마다 그는 대답을 거절했다고 한다. 아마도 그는 이 작품이 말하는 것을 몇 가지 표현으로 단순화하기를 원하

포킨은 페트루시카의 자세를 이렇게 지시한다. "무릎은 모으고, 발꿈치는 안으로, 등은 굽고, 머리는 떨구고, 팔은 꼬아서…".

- 포킨, 『흐름을 거슬러』 중에서

지 않았을 것이다. 발라간 인형극이라는 러시아 전통 속에 '사랑의 죽음'이라는 벨 에포크의 시적 주제를 담아낸 페트루시카의 형상은 러시아 당대의 시대적 상징으로 각인되어 있다.

3. 영원한 페트루시카, 니진스키

발레 <페트루시카>를 이야기하기 위해서는 주역 페트루시카를 추었던 바츨라프 니진스키에 관해 따로 언급할 필요가 있다. 페트루시카의 형상은 천재적인 재능에 비해 너무도 짧은 순간만 빛났던 불행하고, 고독했던 예술가 니진스키의 운명에 대한 예언이 되고 말았기 때문이다.

니진스키는 1889년 키예프 출생으로 원래 폴란드 출신의 순회무용수들이었던 부모에게서 태어났다. 아버지가 가정을 버리자 니진스키의 어

바츨라프 니진스키

머니는 상트페테르부르크에 정착했고 니진스키와 그의 여동생은 1898년 황실 발레학교에 입학했다. 어린 시절 이미 놀라운 재능을 보였던 니진스키는 1907년 졸업과 동시에 마린스키극장의 솔리스트가 된다. 예술애호가였던 르보프 왕자의 후원을 받던 니진스키는 그의 소개로 댜길레프를 만나게 되고 이 만남은 니진스키의 운명의 전환점이 되었다.

니진스키에 대한 댜길레프의 각별한 애정, 그리고 이들의 동성애적 관계는 이미 널리 알려진 이야기이다. 동성애는 20세기 초 유럽의 문화예술계에 상당히 널리 퍼져있었고, 시대적 맥락에서 볼 때 그것을 단순한 성적 취향으로만 이해하기 힘들다. 당시 많은 예술가들이 19세기적인 부르주아적 구습과 빅토리아조의 완고한 도덕성에 맞서 자유롭고 자발적이며 인습에 구속되지 않는 인간관계를 표명

니진스키와 댜길레프

하는 정신적 태도로서 동성애를 선택했다. 특히 20세기 초 러시아에서는 동성애와 삼각관계 등 다양한 남녀관계의 실험과 실현을 통해 예술창작에서의 자유와 혁신의 동력을 얻어내고자 하는 경향이 널리 나타났다.

니진스키는 단숨에 발레뤼스의 가장 중요한 무용수이자 포킨의 발레 개혁을 실현하는 대표적 무용수가 되었다. 발레뤼스의 러시아 시즌 공연에서 니진스키는 대부분의 작품에서 주역을 맡았다. 니진스키의 춤은 파리를 충격에 빠트렸다. 파리의 관객은 니진스키의 거칠지만 강렬한 자연스러운 춤에 압도당하게 된다. 힘이 넘치며 마치 공중에 머물러 있는 것 같은 착각을 불러일으키는 도약, 거칠지만 표현력 넘치는 몸동작, 그리고 동물적이고 근육질적인 남성적 매력과 인상적인 표정을 가진 니진스키는 단연 발레뤼

<장미의 정령>에서 장미의 정령 역으로 분한 니진스키

스의 원시적이고 본능적인 이국적 춤을 주도하는 무용수였다.

니진스키는 결코 우아한 몸을 가지고 있다고 말할 수 없었다고 한다. 비교적 단신이었던 니진스키의 목과 팔다리는 길지 못했고 뭉툭하다고까지 볼 수 있다. 그러나 그의 몸은 엄청난 에너지를 감추고 있었다. 그는 힘을 압축하여 예상치 못하게 갑자기 폭발할 수 있는 움직임을 추구하였고 언제나 아무런 준비 없이 순식간에 다음 동작으로 옮겨갈 수 있었다고 한다. 그는 긴장과 힘의 폭발, 이완 간의 전환을 놀라울 정도로 쉽게 실행했다. 이를 위해 니진스키는 여동생 브로니슬라바의 표현에 따르면 '근육 질주'라는 엄청난 강도의 훈련을 혼자서 수행했다. 그의 춤은 강인하고 역동적인 동시에 절제되었고 힘이 응축된 것이었다.

니진스키의 관능적이고 원시적인 춤과 완벽한 테크닉은 <셰헤라자데>의 황금노예 역에서, 그리고 <장미의 정령>의 정령 역에서 유감없이 발휘되었다. 특히 <장미의 정령>에서 보여준 도약은 지금까지도 발레사의 전설로 남아있다. 당시 공연을 지켜본 사람들은 그가 무대에서 공중으로 뛰어오르면 마치 다시 땅으로 내려오지 않을 것 같았다고 말했다.

이어 1911년 공연된 <페트루시카>는 니진스키에게 운명과 같은 작품이 되었다. <발레 이야기>의 저자 이은경에 따르면, 인형이면서 인간의 영혼을 가진 페트루시카의 기묘하고도 광적인 동작과 공허한 얼굴표정에 드러나는 고통스러운 내면의 파토스는 예술가 니진스키의 영혼 자체에서 우러나온 것이었다.

니진스키는 당시 발레뤼스와 함께 무용수로서 전성기를 누리고 있었지만, 그의 내면에는 얽매인 자신의 운명에 대한 고뇌가 도사리고 있었던 것일까.

이처럼 배역 속에서 스스로의 운명을 본 니진스키에

로댕의 조각 <니진스키라고 불리는 무용수>

의해 페트루시카의 형상이 구현되면서 그것은 베누아와 포킨이 구상했던 것 이상을 암시하게 되었다. 발레적 표현에서 서정성과 회화성을 중시했던 포킨에게 스트라빈스키 음악의 역설과 불협화음은 상당히 버거운 것이었다. 그러나 니진스키는 스트라빈스키 음악의 현대성을 이해했고 페트루시카의 춤을 통해 그것을 소화해낼 수 있었다.

<페트루시카> 이후 니진스키는 안무를 시도하게 된다. <목신의 오후>와 <봄의 제전>은 춤에 대한 니진스키의 생각을 실현한 작품들이다. 안무가로서 니진스키는 포킨보다 더 급진적인 개혁에 몰두했다. 몸을 통해 관념을 표현하는 새로운 춤 언어를 찾으려는 니진스키는 원시적이고 고전적인 예술로부터 영감을 받으며 과거 무용수로서 자신에게 명성을 가져다준 화려하고 관능적이며 시적인 춤을 버리고 표현수단으로서의 몸과 움직임을

고의적으로 의식하게 만드는 현대적인 무용언어를 찾아갔다.

1912년 말라르메의 시와 드뷔시의 음악으로 만들어진 발레 <목신의 오후>로 인해 니진스키는 다시 파리 관객들의 주목을 받았지만, 이 작품이 야기한 센세이션은 이전 작품들 <세헤라자데>나 <페트루시카>와는 완전히 다른 의미를 가졌다.

물가의 님프를 보고 성적 욕망에 사로잡힌 목신을 묘사한

"페트루시카는 마치 니진스키의 분신 같은 배역이었다. 실제로 안무가 포킨은 페트루시카의 이미지를 창조하면서 니진스키의 특이한 평소 행태를 가져온 것으로 전해지고 있다. 무감동한 표정, 기계 같은 제스처, 어색한 매너 등이 그것이다. … 발레리나를 사랑하다 죽임을 당하는 페트루시카 역을 맡은 니진스키의 운명은 페트루시카의 비극적 운명 그 자체였다. 그리고 그의 비극적인 눈은 본래부터 그 꼭두각시 인형의 슬픈 감정을 담고 있었다."

- 이은경, 『발레 이야기』 중에서

이 발레는 욕망이라는 추상적인 관념, 즉 호먼스에 따르면, "욕망에 대한 임상적이고 객관적인 묘사"였다. 과거 <장미의 정령>에서 자신에게 인기를 가져다준 관능성을 거부하고 육체적 욕망을 추상적이고 차갑게 묘사한 니진스키의 의도와는 달리 <목신의 오후>는 선정성이 문제시되면서 니진스키의 발레에 대한 격렬한 찬반논쟁을 불러왔다. 그러나 이유가 무엇이든 <목신의 오후>가 대중적으로 관심을 끌자 흥행사 댜길레프는 이를 적극적으로 이용했다. 그러나 이 작품으로 인해 결국 포킨은 댜길레프에게 완전히 화가 나서 발레뤼스를 떠나게 되고 니진스키는 발레뤼스의 안무가로서의 자리에 서게 된다.

1913년의 <봄의 제전>은 니진스키의 급진적이며 현대적인 안무가 절정에 이른 작품이다. 특히 무대를 맡은 니콜라이 레리흐는 19세기 말 러시아 민중주의의 강한 영향으로 러시아의 민속과 고대 러시아로부터 예술적 주제를 발굴해내고자 했다. 레리흐와 스트라빈스키의 예술적 구상을 깊이

존경했던 니진스키는 이들의 민속 및 원시성의 주제에 호응하여 완전히 새로운 춤언어를 통해 <봄의 제전>을 안무했다. 태곳적 인간이 가진 집단적 의식과 원시 문명의 제의를 묘사한 이 작품은 당대의 세계관과 예술관이 반영되어 있었다. 여기에는 19세기 말부터 유럽에 팽배했던 문명의 종말에 대한 생각과 세기 초 러시아 예술을 지배하던 원시주의의 영감이 복합적으로 형상화되었다. 원시의 희생제의와 문명의 새벽을 묘사한 <봄의 제전>은 우연히 제1차 세계대전의 전야에 등장함으로써 파괴적인 전쟁을 예언했다는 평가를 받기도 했다.

<봄의 제전>은 <목신의 오후>와는 비교할 수 없을 만큼 엄청난 논란을 야기했다. 초연에서 벌어진 소란은 댜길레프를 충격에 빠트렸을 정도였다. 전통적 의미의 발레와는 완전히 다른 이 작품에 대해 관객들은 폭동에 가까운 반응을 보였다. 니진스키 자신의 표현에 따르면, 그는 "우아함에 맞섰다는 죄목으로 고발당했다." 기대했던 활기차고 역동적인 춤이 아니라 2차원적 회화를 재현하는 듯한 양식화된 난해한 동작들을 마주한 관객들은 <봄의 제전>을 우롱으로 생각했다. 다른 한편, 집단제의의 묘사에서 인간성의 몰락과 불길한 전쟁의 예감을 읽은 이들은 이 작품을 '봄의 대학살'이라고 불렀다. 스트라빈스키는 "대중이 우리의 언어에 익숙해지기까지는 오랜 시간 기다려야 할 것이다"라고 편지에 쓴다. 너무나 시대를 앞서간 천재 니진스키의 안무는 다만 극소수에게만 이해될 수 있었던 것이다.

<봄의 제전>을 통해 전통과 완전히 결별하고 현대발레의 장을 열어놓은 니진스키의 꿈은 불행히도 오래 가지 못했다. 스캔들을 십분 이용하고 니진스키의 명성에 기대어 흥행을 꾀했던 댜길레프도 결국 혹평을 견디지 못했고 다시 포킨을 불러오게 된다. 포킨은 안무가로서의 니진스키를 용납하지 못했고 그가 발레뤼스를 떠나야 한다는 조건을 제시한다. 흥행과 재정상황을 염려했던 댜길레프는 어쩔 수 없이 이에 응했고 니진스키는 격분

한다.

<봄의 제전>은 니진스키가 예술가로서 보낸 짧디짧은 십 년의 마지막이 되고 말았다. 댜길레프에 대한 화가 가라앉지 않은 상태로 남미로 순회공연을 떠났던 니진스키는 남미로 향하는 선상에서 헝가리 출신의 한 여자와 충동적으로 결혼을 하고

"십 년은 성장했고, 십 년은 공부했고, 십 년은 춤을 추었고, 그리고 남은 삼십 년은 어둠과 침묵 속에 가려졌던 육십 년의 삶."

- 니진스키 전기 작가 리처드 버클

만다. 댜길레프는 엄청난 분노에 휩싸여 니진스키에게 해고 통지를 보냈고 이로써 이들의 관계는 어긋나게 되었다. 흥행사 댜길레프와 결별하면서 니진스키의 예술적 삶은 파괴되기 시작했다. 비록 이후 댜길레프와 다시 일하게 되었지만 이미 니진스키의 영혼은 붕괴일로에 있었다. 니진스키는 이제 춤을 출 수 없었다. 흥행사의 조종 없이는 연기할 수 없는 꼭두각시 인형처럼.

1919년에 이미 광기의 전조를 보이기 시작했던 니진스키의 마지막 춤은 전쟁의 독무였다. 그것은 마치 페트루시카의 마지막 외침 같은 것이었다. 무대 위의 삶만을 살았던 그는 인간으로서의 삶을 알지 못했던 것일까. 1950년 사망할 때까지 그는 자신의 내면으로 깊이 숨어버린 채 정신병원에서 나오지 못했다. 자신의 사랑을 찾지 못하고

정신병 증세를 보였던 말년의 니진스키가 그린 자화상

영혼을 잃고 죽어간 페트루시카처럼 그는 자신의 예술을 잃자 파멸하고 만 것이다. 그렇게 페트루시카는 예술가 니진스키를 상징하는 배역이 되었다.

4. <페트루시카>의 공연사

<페트루시카>는 1911년 파리에서의 초연 이후 1919년 뉴욕에서 공연된 바 있으며, 1920년에 페트로그라드 오페라발레극장(현재 상트페테르부르크 마린스키극장)에서, 1921년에는 모스크바의 볼쇼이극장에서 포킨의 안무에 따라 무대에 올려졌다.

또한 이 작품은 몬테카를로발레단(1942), 파리오페라발레(1948), 영국 로열발레(1957) 등에서 재연되었고, 모리스 베자르, 존 노이마이어 등의 안무가들이 페트루시카 형상에 대한 독자적인 해석을 선보였다. 그 중 베자르의 <페트루시카>는 암울한 구소련 체제에 대한 비판의식을 담아내었다는 점에서 주목된다.

1920년대 이후~1950년대에 <페트루시카>는 코펜하겐, 부에노스아이레스, 로마, 런던, 몬테카를로, 파리, 케이프타운 등 해외 각지에서 공연되었으나 소비에트 러시아에서는 무대에 올려지지 못했다. 1960년대 제정 말기의 문화예술이 복권되기 시작하면서 비로소 포킨의 안무를 복원한 <페트루시카>가 레닌그라드 말르이극장(1961), 볼쇼이극장(1964)에서 공연되었다. 1982년에 역시 포킨의 안무와 베누아의 무대를 복원한 작품이 볼쇼이극장에서 공연되었다. 1990년에 키로프극장에 이루어진 공연에서는 발레리 게르기예프가 지휘를, 안드리스 리예파가 페트루시카 역을 맡았다. <페트루시카>는 2010년 2월 마린스키극장에서 다시 무대에 올려졌다.

봄의 제전

«*Весна священная*»

박선영

이 글은 『러시아연구』 제30권 제2호(2020년 11월)에 발표된 논문 「니진스키 안무의 전위성에 관한 소고」를 수정 및 보완한 것이다.

음악: 이고리 스트라빈스키

안무: 바츨라프 니진스키

대본: 니콜라이 레리흐, 이고리 스트라빈스키

무대: 니콜라이 레리흐

초연: 1913년 5월 29일, 파리 샹젤리제극장

1. <봄의 제전>, 1913년과 2013년

<봄의 제전> 100주년 기념 공연 포스터

1913년 5월 29일, 파리 샹젤리제 극장. 같은 해 4월 2일에 개관한 샹젤리제극장은 이날 발레 <봄의 제전>을 초연하였고, 이 초연과 동시에 발레사에서 길이 회자될 주요 공간으로 등극하였다. <봄의 제전>은 댜길레프가 창단한 발레단 발레뤼스가 1913년 시즌에 파리 관객에게 선보인 바츨라프 니진스키의 안무작이었다. 발레뤼스는 1909년 시즌부터 정기적으로 파리를 방문하여 식상한 안무와 레퍼토리에 지쳐있던 파리 관객들을 사로잡고 있었다. 하지만 전통과 모던을 적절히 조합한 미하일 포킨의

안무작들이 거부감 없는 신선함을 전해주며 호평을 얻었던 것과는 달리, 니진스키의 작품들은 매번 악평에 시달려야 했다. 니진스키의 안무작들은 발레에 대한 상식을 통째로 깨뜨린 지나치게 전위적인 작품이었기 때문이다. 그 중에서도 <봄의 제전>은 '20세기 최고의 발레 화제작'이라는 타이틀에 걸맞게 초연 당시 엄청난 객석 소동을 불러일으켰던 가장 센세이셔널한 작품이었다.

그리고 2013년 5월 29일, 샹젤리제극장. 이곳에서는 발레 <봄의 제전> 탄생 100주년을 기념하는 의미 있는 공연이 무대에 올랐다. 초연 당시 떠들썩했던 객석의 야유와 조롱은 100년이 흐른 뒤 뜨거운 환호와 박수갈채로 바뀌어 있었다. 1913년 러시아에서 온 댜길레프 발레단이 프랑스 관객들에게 니진스키 안무의 <봄의 제전>을 선보였다면, 2013년에는 러시아에서 온 마린스키발레단이 프랑스 관객들에게 니진스키 안무의 <봄의 제전>과 사샤 발츠 안무의 <봄의 제전>을 1부와 2부로 나누어 동시에 선보였다. 발레리 게르기예프의 지휘 아래 마린스키 오케스트라가 연주하는 이고리 스트라빈스키의 음악에 맞춰 마린스키발레단은 1부에서는 (밀리센트 호드손이 1987년 복원한) 1913년 니진스키 버전을, 2부에서는 (발레 탄생 100주년을 기념하기 위해 마린스키극장의 위촉으로 창작된) 2013년 사샤 발츠 버전을 각각 선보였던 것이다. 이 역사적인 공연은 러시아의 국영 문화 전문 채널 <로시야 K>가 실황 생중계하여 러시아 관객들도 함께할 수 있었는데, 총 2부로 구성된 이 공연을 통해 현대의 관객들은 100년의 시차를 고스란히 느끼며 <봄의 제전>을 만끽할 수 있었다.

2. <봄의 제전>의 창작사 및 내용

<봄의 제전>은 스트라빈스키가 댜길레프 발레단을 위해 <불새>와 <페

댜길레프, 니진스키, 스트라빈스키(1912년)

<트루시카>에 이어 세 번째로 작곡한 작품이자 니콜라이 레리흐가 <폴로베츠족의 댄스>에 이어 두 번째로 무대 및 의상을 맡은 작품이었으며 댜길레프 발레단의 스타 무용수였던 니진스키가 <목신의 오후>와 <유희>에 이어 세 번째로 안무를 맡은 작품이었다. 무엇보다 스트라빈스키와 레리흐, 니진스키가 처음이자 마지막으로 함께한 작품이란 점에서 눈길을 끈다.

스트라빈스키의 회상록 『내 생애의 기록』에 따르면, <봄의 제전>에 대한 아이디어는 러시아적 색채가 가득한 작곡가의 첫 발레곡 <불새>의 마지막 부분을 쓰고 있던 1910년 초, 갑작스럽게 찾아왔다고 한다. 그는 '봄맞이 제의'에 관한 아이디어를 우연히 떠올린 뒤 레리흐와 함께 이 아이디어를 발레로 발전시키기로 합의하게 된다. 이후 발레단을 이끌고 있는 댜길레프에게 이 새 발레에 대한 의견을 전달하면서 구체적인 창작 계획이 세워지게 되었고, 1910년 7월 15일 자 『루스코예 슬로보』지에는 이미 새 발레 홍보가 실리기도 했지만, 최초의 제목이었던 '위대한 희생'은 '봄의 제전'으로 변경되었고(러시아어 제목은 '성스러운 봄'이다), 더욱이 안무가의 경우, 포킨에서 니진스키로 교체되는 큰 변화를 겪게 된다.

발레의 리브레토는 젊은 처녀가 노인들에 둘러싸여 봄을 깨우기 위해 지칠 때까지 춤을 추다가 죽어가는 고대의 의식에 관한 스트라빈스키의 환영에 기반한 것으로, 스트라빈스키와 레리흐의 공동 작업으로 이루어졌다. 스트라빈스키는 초연에 맞춰 발표한 글에서 "<봄의 제전>에서 나는 새로운 삶이 깨어나게 하는 자연의 밝은 부활, 즉 충만한 자연의 부활, 온 세계적 잉태의 부활을 표현하고 싶었다."라고 밝힌 바 있다. 미술 작업을 진행한 레리흐는 자신의 원시주의적 경향을 그대로 이어갔다. 그는 환희에 찬 태양, 꽃이 피어나는 들판과 고대 러시아의 화려한 축제 의상들이 어우러진 이교적 봄의 생생한 장면을 표현했다. 하지만 니진스키가 맡은 안무 작업은 안무가 자신의 아이디어와 실제 안무 사이의 괴리 때문에 다소 힘겹게 진행되었다.

이 발레는 전통적 의미의 스토리는 상실한 채 고대 러시아의 이교적 봄맞이 의식들을 나열하는 방식으로 전개된다. 즉, 봄맞이 점치기, 처녀들의 원무, 처녀 보쌈 및 봄맞이 놀이, 대지에 경배하기, 봄의 신에게 바치는 장엄하고도 음울한 희생 제의가 무대 위에서 펼쳐지게 되는 것이다. 간략히 말해, 이 발레는 혹독한 겨울을 보낸 고대 러시아의 한 이교도 부족이 봄이 다시 찾아오자 봄의 신이자 태양의 신인 야릴로에게 풍요를 기원하기 위해 젊은 처녀를 간택해 제물로 바치는 잔혹한 의식을 표현하고 있다. 총 1막 2부로 구성된 작품은, 1부 서주와 일곱 장면, 2부 서주와 다섯 장면으로 이루어진다. 각 장면은 짧게는 1분에서, 길게는 5분 정도 이어지며 총 35분 정도로 구성되어 있다.

1막

1막 '대지에 입맞춤'은 낮을 시간적 배경으로 한다. 초목으로 뒤덮인 대지에서 사람들은 성스러운 봄맞이 축제를 위해 모여 유흥과 춤을 이어간다. 즉, 다가온 봄을 축하하러 모인 젊은 남녀들은 군무를 통해 처녀 보쌈 놀이와 두 부락 간 싸움 놀이 등을 표현하다가 원무로 바꾸기도 하고 힘과 용맹함을 보여주는 청년들의 놀이로 바꾸기도 한다. 그리고 뒤이어 현자 노인을 선두로 노인들이 등장하여 현자 노인에 의해 대지 입맞춤과 대지 찬양 의식이 거행되는데 이 의식은 현란한 '대지의 춤'으로 마무리된다.

2막

2막 '위대한 희생'은 밤을 시간적 배경으로 한다. 처녀들은 희생 제물을 선택하기 위해 비밀스러운 놀이를 하는데, 원무를 추는 과정에서 제물로 간택된 처녀는 정신을 잃을 때까지 춤을 추다가 결국 봄의 신 앞에 바쳐지고 이로써 작품은 끝이 난다.

▶ 주요 장면: 이 발레는 대지와 긴밀히 연결된 고대 이교적 러시아인들의 봄맞이 의식을 표현하고 있기 때문에 개인이 아닌 집단의 중요성이 강조되고 있고, 그로 인해 안무 역시 고전발레에서 중시되던 독무보다는 대부분 군무, 그것도 공동체성이 강조되는 원무로 구성된다는 특징을 지닌다. 뿐만 아니라 이 발레의 예술사적 의의는, 19세기 후반부터 유럽 문화계에서 유행하던 신원시주의가 발레 분야에서 최초이면서 가장 완벽한 형태로 구현되었다는 데서 찾을 수 있기 때문에 스트라빈스키의 음악과 레리흐의 무대 및 의상, 니진스키의 안무가 어떤 방식으로 고전발레의 문법을 파괴하며 원시주의를 구현하고 있는지를 살펴보는 것이 주요 감상 포인트가 된다.

3. 니진스키, 이해받지 못한 전위적 안무가

니진스키가 무용수로서 엄청난 명성과 성공을 거둔 데 반해 안무가로서는 완전히 실패했다는 것이 당대의 일반적인 평이었다. 무용가 부모 밑에서 다섯 살에 이미 무대에 서기 시작한 니진스키는 상트페테르부르크 발레학교에서 정통 발레 교육을 받은 뒤 황실극장(현 마린스키극장) 무대에서 주역 무용수로 활약하였고 이후 댜길레프 발레단에 들어가서도 주역 무용수로 맹활약하며 큰 인기를 누렸다. 정통 클래식 발레를 배우고 정통 무대에 섰던 니진스키는, 놀랍게도 고전발레 전통에서 완벽히 벗어나는 것을 자신의 안무 기본 원칙으로 삼았다. 물론, 전통에서 벗어나 새로운 비전의 안무를 선보인 것이 니진스키가 최초였던 것은 아니다. 러시아 황실발레단 안무가 출신으로 발레뤼스의 첫 안무가가 되었던 포킨은 '새로운 발레'를 추구하며 이 '새로운 발레'를 위한 다섯 가지 원칙을 제시하기도 했다. 그가 내세운 새로운 발레의 제1원칙은 "발레의 동작이 주제와 시대, 사회에 맞는 새로운 형태로 창작되어야 한다."는 것이었는데, 이것은 당대의 문화적 변화를 그대로 반영하는 것이었다. 새 시대가 요구하는 예술적 기호와 감각을 제대로 읽어냈던 포킨은 발레뤼스의 성공적인 안착을 견인한 안무가가 되었다.

하지만 '개혁가' 포킨에 대한 니진스키의 평가는 양가적이었다. 니진스키는 무용수로서는 포킨의 안무작에서 기량을 뽐냈고 그로 인해 큰 인기를 구가하였기에 그를 높이 평가했지만, 안무가로서는 수년째 유사한 주제와 안무 패턴을 반복하고 있었던 포킨의 안무에 대해 비판적인 입장을 취하고 있었던 것이다. 포킨 역시 개혁가로서 고전발레에 특징적이었던, 무의미한 수많은 정형화된 동작들을 보다 사실주의적으로 구현해냈던 안무가였지만, 니진스키가 안무 작업을 본격적으로 시작하려던 1911년 무렵, 니진스키의 안무관은 더욱 급진적이었기에 포킨의 절충주의적 안무 형식에 만족할 수가 없었던 것이다. '누구나 받아들일 수 있는 고전발레의 포즈뿐 아니라 인간의 모든 움직임이 발레에서 사용될 수 있다'고 생각한 니진스키는, 온건한 개혁가 포킨의 작품을 훌쩍 뛰어넘는 보다 새로운 것을 창작해 내고자 했다. 그리고 니진스키의 개혁 정신의 기반에는 기득권 및 기존

정형적인 틀에 대한 저항감이 자리잡고 있었다.

다음에서는 <봄의 제전>을 다루기에 앞서, 댜길레프와 포킨으로 대변되는 전통과 모던이 결합된 절충주의적 모더니즘에 대항하여 니진스키가 실험성 강한 개성과 독창성을 담아 발표한 네 편의 안무작들, 즉 <목신의 오후>(1912), <유희>(1913), <봄의 제전>(1913), <틸 오일렌슈피겔>(1916)을 일별하며 이 작품들의 전위성의 본질에 대해 살펴보기로 한다.

"나는 역사와 박물관들을 좋아하지 않는다. 왜냐하면 그것들은 묘지 냄새를 풍기기 때문이다. 댜길레프는 묘지이다."

"나는 박물관을 묘지라고 생각한다. … 나는 죽은 예술가들의 그림은 보존할 필요가 없다고 생각한다. 왜냐하면 그것들이 젊은 예술가들의 삶을 파괴하기 때문이다. 젊은 예술가는 박물관의 예술가들과 비교된다. 그의 그림들이 박물관의 그림들과 닮지 않았다는 이유만으로 예술아카데미를 졸업하지 못한 한 예술가를 난 알고 있다."

- 니진스키의 『일기』

<목신의 오후>(1912)

니진스키의 첫 안무작 <목신의 오후>는 클로드 드뷔시의 교향시 <목신의 오후 전주곡>(1894)에 안무를 구성한 10분 가량의 소품으로, 의상 및 무대는 레온 박스트가 담당했다. 대대적인 홍보를 펼쳤던 <목신의 오후>는 발레뤼스 1912년 시즌의 대표작으로 기획되었다. 프랑스 상징주의 시인 말라르메(1842~1898)의 동명의 시에 영감을 받아 창작된 이 발레는 고대 그리스 신화 속 '목신(牧神, 숲·사냥·목축을 맡아보는 신)'의 나른하고도 관능적인 오후 한때를 그린다. 프랑스 시인이자 훗날 영화감독으로도 활약했던 장 콕토(1889~1963)의 도움으로 리브레토의 기본 윤곽을 잡은 니진스키는 발레뤼스에서 주역 무용수로 활동하고 있었던 자신의 여동생 브로니슬라바 니진스카야(1891~1972)와 함께 파리와 상트페테르부르크에서 안무 작업을 이어갔다.

발레의 내용은 목가적인 제목과는 달리 아주 관능적이다. 한가롭게 여름날 오후를 보내던 목신은 님프들이 목욕하는 장면을 훔쳐보게 된다. 목신의 피리 소리에 놀라 황급히 떠나던 한 님프가 남기고 간 베일을 손에 넣은 목신은 그것을 자신의 몸에 감싼 채 오르가슴에 이르는 장면을 연출한다.

니진스키는 댜길레프의 영향으로 자신의 첫 안무작에 고대 그리스 테마를 들여왔는데, 박스트와 함께 루브르 박물관을 방문했을 때 관심 있게 보았던 고대 그리스 도자기와 이집트 및 아시리아 프레스코의 형상을 안무에 직접 반영하는 실험을 감행하였던 것이다.

니진스키의 목표는 도자기나 프레스코에 새겨진 평면적 형상을 무대에서 그대로 재현하는 것이었기에 모든 동작을 고도로 양식화시켰다. 즉, 무용수들은 객석을 향해 몸의 정면을 보여주는 것이 아니라 측면을 보여주게 되는데, 이를 위해 머리, 다리, 발 등을 옆으로 뒤틀어 의도적으로 부자연스러운 포즈를 취하게 된다. 무용수를 돋보이게 하던 기존 클래식 발레의 정형적인 포즈와 테크닉에서 벗어나고자 한 니진스키의 노력은 안무뿐 아니라 의상에서도 발견된다. 포인트 슈즈 대신 목신과 주인공 님프는 황금색 샌들을 신었고 나머지 님프들은 맨발로 무대에 섰다. 특히 목신이 입은 몸에 밀착되

루브르박물관 소장 고대 그리스 자기

<목신의 오후>(1912년) (목신: 니진스키, 님프: 니진스카야)

는 얼룩무늬 타이즈는 남성 무용수의 관능미를 극대화시켰다. 정통 발레에 익숙했던 무용수들에게 니진스키의 비전통적이며 비관습적인 안무는 쉽게 익히기 힘든 것이어서 10분짜리 소품을 완성하기까지 90여 차례의 리허설을 거쳤다고 한다. 작업 당시 무용수들과 안무가는 서로에 대해 강한 불만을 가지고 있었다. 무용수들은 아무리 연습해도 니진스키가 요구하는 '불가능한 것'을 구현해낼 수도, '그렇게 이상한 포즈들'을 취할 수도 없다고 토로하였고, 니진스키는 '그들이 내 안무를 망치고 있다'라고 성토했던 것이다. 발레리나 이다 루빈시테인은 <목신>의 주인공 님프 역으로 내정되었다가 리허설에 한 번 참석한 후 이 배역을 고사하기도 했다.

1912년 5월 29일, 파리 샤틀레극장에서 초연된 이 작품은 니

"대부분의 무용수들은 니진스키의 안무를 이해하지 못했다. 그의 안무가 그들에게 전혀 마음에 들지 않았던 것이다. 그들은 자신이 붙박혀 있는 것처럼 느꼈고, 예를 들어, '이게 정말 발레라고? … 파(pas) 하나도 없고, 자유 동작 하나도 없고 독무 하나도 없으니 절대 어떤 춤도 아닌 거지. 우린 돌을 깎아 만들어진 것 같아.'라고 말하며 시종 불평해댔다."

- 브로니슬라바 니진스카야, 『회상록』

> "내 배역에는 자연스런 움직임도 편한 스텝도 전혀 없었다. 모든 게 거꾸로였다. 머리와 다리가 오른쪽을 향하면 몸통은 왼쪽을 향해야 했다. 니진스키는 불가능한 것을 원했다."
>
> - 이다 루빈시테인

진스키의 다른 안무작 전체의 운명을 예고하듯 엄청난 논쟁을 불러일으켰다. 목신이 님프의 베일을 가지고 노는 마지막 장면은 최종 리허설에서 이미 큰 스캔들을 불러일으킬 것으로 예상되었지만 소위 노이즈마케팅을 노렸던 흥행사 댜길레프는 수정 없이 그대로 무대에 올려 버렸다. 역시나 초연에서는 이 마지막 장면의 관능성이 문제가 되어 객석에서 야유와 박수가 동시에 터져 나오게 되었다. 객석에서 나타난 극명한 대립은 이후 평단에도 그대로 반영되어 여러 신문 매체에 극단적으로 대립적인 평이 실리게 된다. 『르 피가로』지 1면에 "추잡하고 짐승 같은" "호색적인 목신"의 "가짜 스텝"을 비난하는 기사가 실리자, 댜길레프는 니진스키를 옹호한 조각가 오귀스트 로댕의 편지를 곧바로 인쇄하여 배포하는 것으로 맞섰다. 발레에 혹평을 가했던 『르 피가로』지가 프러동맹 정책 위반 소지로 고소 당하

레온 박스트, <목신의 오후> 의상 스케치 (1912년 발레뤼스 프로그램)

기도 했다. 2회차 공연에서는 외설적이라는 이유로 경찰이 공연장에 투입되기도 했는데, 이에 관객의 관심은 더욱 높아져 갔고 매 공연 매진 행렬을 이어갔다.

'안티발레'라고도 일컬어지는 첫 안무작인 <목신의 오후>에서 남성 무용수 중심의 새로운 발레를 선보인 니진스키는 차기 안무작들을 통해 비전통적인 모더니즘적 색채를 더욱 강하게 표현했다.

<유희>(1913)

1913년 5월 15일 샹젤리제극장에서 초연된 니진스키의 두 번째 안무작 <유희>는 <목신의 오후>와 마찬가지로 드뷔시가 음악을, 박스트가 무대를 맡았지만, 현대를 시공간적 배경으로 설정하여 테니스 경기를 하는 세 인물을 등장시킴으로써 주제 및 내용 차원에서의 전위성을 전면에 부각시킨다. 발레의 내용은 단순하다. 일몰 무렵, 정원에서 한 청년과 두 처녀가 잃어버린 테니스공을 찾아다니다가 서로 다투기도 하고 화해하기도 한다. 그러다 갑자기 날아든 테니스공에 놀란 채 세 명이 밤 정원의 어둠 속으로 사라져버리는 것으로 마무리된다.

니진스키는 자신의 작품 속에 스며든 현대성을 다음과 같이 설명한다. "제가 우선 무대 위에서 보는 인간은 현대의 인간입니다. 전 우리 시대에 특징적인 의상, 동작, 움직임에 대해 꿈꿉니다. 인간의 몸에도 물론 시대를 보여주는 요소들이 있습니다. … 유용한 오락일 뿐 아니라 율동의 미의 창조자들인 폴로, 골프, 테니스를 집중적으로 연구하고 있답니다. … 모든 것이 점프와 피루엣으로 정해지는 것이 아니라 각각의 손가락들의 구부림과, 인체에게 열려 있는 무한한 가능성이 발현될 수 있는 곳인 모든 근육의 변화로 정해지는 움직임들의 악보를 전 쓰고 싶습니다." 끊임없는 빛의 흐름을 형상화한 드뷔시의 인상주의 음악에 안무를 구성한 <유희>는 '발레'가 아니라 '무용 서사시'로 정의되기도 한다. 이 작품에는 인상주의적인 요소는 물론, 미래주의적인 요소나 구성주의적 요소 등 20세기 초의 여러 예술 사조가 뒤엉켜 있는데, 운동복 차림으로 무대에 올라 테니스 라켓을 흔드는 포즈는 상당히 낯선 것이어서 초연 당시 관객들은 어떤 반응을 보여야 할지조차 제대로 판단이 서지 않은 상태였다. 하지만 발레가 끝나자 심지어 발레의 창작자로 참여했던 드뷔시마저 극장 박스석에서 일부러 소리를 내며 의자에서 벌떡 일어나 어깨를 으쓱하고는 자리를 박차고 나갔고, 드뷔시를 따라 다른 관객들도 소란스럽게 자리를 떠버림으로써 자신들의 불쾌감을 노골적으로 드러냈다.

니진스키는 <유희> 초연 이후 불과 10여 일 뒤에 있을 <봄의 제전> 초연에 온 힘을 쏟고 있었기 때문에 <유희>에는 제대로 신경 쓸 여유가 없었다. 초연 무대에 섰던 카르사비나는 니진스키의 생각을 제대로 파악하지 못한 채 안무가가 시키는 동작을 그대로 반복할 수밖에 없었다고 밝히기도 했다. 한편, 니진스키는 일기에서 "<목신>은 나이고, <유희>는 댜길레프가 꿈꾸었던 삶이다."라고 쓰면서 <유희> 속에는 댜길레프와 자신의 동성애 관계가 투영되어 있는 것이라고 고백하기도 했다. 하지만 동성애적 관계가 남녀의 삼각 관계로 위장하고 있기 때문에 발레의 심층 의미를 파악할 수 없었던 관객들에게는 현대의 테니스 경기를 모티프로 삼고 있는 표면적인 내용과 운동의 여러 자세를 왜곡시켜 표현하고 있는 양식화된 동작과 포즈로 구현된 안무 형식에 놀라지 않을 수 없었다. 니진스카야는 "클래식 무용 법칙에서 자유로운 몸의 동작과 특징이 특히 새로웠다."고 언급하며 "<유희>는 신고전주의 발레의 탄생을 앞당겼다."고 주장하였다.

<봄의 제전>(1913)

니진스키의 세 번째 안무작 <봄의 제전>은 스트라빈스키가 음악을, 레

리흐가 무대와 의상을 담당했다. 두 편의 전작이 각각 10분, 20분대의 비교적 짧은 작품이었던 데 비해 이 세 번째 안무작은 공연 시간이 30분 이상인 상대적 대작이었다. 아울러, 두 편의 전작은 주제나 안무 형식에 있어서 전통적인 면과 혁신적인 면이 혼융된 작품이기도 했다. <목신>이 그리스 로마 신화를 차용함으로써 내용은 다소 익숙할 수 있지만 평면적 동작과 포즈를 통해 새로운 안무를 선보였다면, <유희>는 테니스 경기라는 파격적인 소재를 선택함으로써 내용은 다소 생경하지만 이미 전작 <목신>에서 선보였던 평면적 동작이나 포즈와 함께 고전발레의 정형적인 동작과 포즈까지도 포함하고 있기에 안무 차원에서 전작을 감상한 관객에게는 조금은 익숙한 것일 수도 있었다. 하지만 세 번째 안무작인 <봄의 제전>은 이교적인 고대 러시아의 봄맞이 제의라는 아주 낯선 내용에, 안무 역시 전작에서 찾아볼 수 없었던 완벽히 새롭고 파격적인 형식으로 제시됨으로써 그야말로 발레의 신기원을 창작했다고 볼 수 있다. 그로 인해 전작을 통해 니진스키의 파격적인 안무에 대해 익히 알고 있었던 관객마저도 전혀 새로운 형태의 <봄의 제전> 앞에서는 경악을 금치 못하게 된다. 결국, <봄의 제전>은 <목신> 초연일에 있었던 소동을 훌쩍 뛰어넘어 발레사에서 끊임없이 회자되고 있는 최고의 문제작이 되었다.

아이러니하게도 자신의 최고 유명작이 되어버린 이 작품으로 인해 니진스키는 안무가로서뿐 아니라 무용수로서도 활동을 지속할 수 없는 처지에 놓이게 되었다. 야심 차게 준비했던 공연의 실패 책임이 자신에게 돌려지자 니진스키는 무척 괴로워했다. 1913년 9월, 남미로 공연을 떠났던 니진스키는 댜길레프가 동행하지 않은 기회를 틈타, 리우데자네이루에서 로몰라 풀스키와 충동적으로 결혼식을 올림으로써 댜길레프에게서 벗어나고자 했다. 이 소식을 전해 듣고 격노한 댜길레프는 곧장 니진스키를 해고해 버렸고, 니진스키는 하루아침에 생계수단을 잃게 되었다.

<봄의 제전>: 레리흐 디자인의 의상을 입은 무용수들

　　니진스키를 해고한 댜길레프는 곧바로 베테랑 안무가 포킨에게 돌아올 것을 요청한다. 이때 포킨이 내세운 조건은 단순했지만 니진스키에게는 치명적인 것이었다. 안무가로서도 무용수로서도 니진스키를 발레단에 두지 않는다는 것이 포킨이 내세운 조건이었던 것이다. 결국 니진스키가 발레단을 떠나고 포킨이 되돌아온 1914년에 발레단의 레퍼토리는 정상화되었다. 하지만 제1차 세계대전 발발 직전의 어수선한 분위기 속에서 전성기의 인기를 회복하지는 못했다. 1916년 북미순회공연을 계획하던 중, 미국의 후원자 오토 칸이 니진스키의 동행을 강력히 요구하였기에 댜길레프는 어쩔 수 없이 니진스키를 다시 발레단으로 불러 들여 네 번째 안무작을 의뢰하게 된다.

<틸 오일렌슈피겔>(1916)

니진스키의 네 번째이자 마지막 안무작 <틸 오일렌슈피겔>은 리하르트 슈트라우스의 교향시 <틸 오일렌슈피겔의 유쾌한 장난>(1895)에 안무를 구성한 것으로, 리브레토는 니진스키가, 무대와 의상은 로버트 존스(1887~1954)가 담당했다. 초연은 니진스키가 발레단 전체를 이끌고 떠났던 북미순회공연 중인 1916년 10월 23일, 뉴욕 맨해튼오페라극장에서 이루어졌다. 이 작품은 발레뤼스가 올린 발레 작품 가운데 미국에서 초연을 가진 최초의 발레이자 댜길레프가 보지 못한 발레뤼스의 유일한 발레이기도 했다. 니진스키의 마지막 안무작은 장난꾸러기 어릿광대 틸 오일렌슈피겔에 관한 독일 전설에 바탕을 둔 코믹한 내용의 발레로, 어릿광대의 여러 모습 속에 니진스키 자신의 모습이 투영되어 있다는 평가를 받는다.

댜길레프에게서 북미순회공연과 관련된 제안이 왔을 때 니진스키가 내

<틸 오일렌슈피겔> 1916년 초연 무대

세운 조건은 댜길레프나 발레단의 상임 감독이자 행정담당이었던 세르게이 그리고리예프 없이 단독으로 발레단을 이끌고 순회공연을 떠나는 것이었다. 하지만 정작 순회공연을 단독으로 이끌어 본 경험이 없었던 니진스키는 공연 전체를 감독·관리하는 동시에 새로운 발레의 안무를 완성해야 하는 부담감에 내내 시달려야 했다. 발레뤼스 오케스트라의 지휘를 맡고 있었던 피에르 몽테는 니진스키가 초연에 맞춰 작품을 완성하지 못할 것으로 판단하여 지휘를 거부하기까지 했다. 설상가상으로 초연 예정일 불과 며칠 전에 니진스키가 다리 부상까지 입게 되어 초연은 2주일 미뤄졌다. 시간에 쫓겨 만든 니진스키의 마지막 안무작은 곳곳을 즉흥으로 대체한 정교하지 못한 상태로 무대에 올리게 되었고 결국 실패작이라는 평을 얻게 되었다. 니진스키 스스로도 고백했듯이 "페치카에서 너무 일찍 꺼낸 날것" 상태의 이 작품이 니진스키의 마음에 들지 않았던 것은 분명하다. 하지만 결과적으로 '신의 광대'였던 니진스키의 안무가로서의 공식적인 활동이 장난꾸러기 어릿광대 틸로 마무리되었다는 것은 무척이나 상징적이라 할 수 있다. 당시 순회공연을 함께 떠났던 단원들은 순회공연의 실패와 <틸 오일렌슈피겔> 안무 작업의 스트레스가 니진스키 정신병 발발의 원인이 되었을 것으로 추측하기도 했다.

4. <봄의 제전> 초연, 전설이 된 떠들썩한 실패의 이야기

발레뤼스 1913년 시즌의 최고 문제작이자 20세기 발레사의 신기원적인 작품인 <봄의 제전>은, 이미 언급했듯이, 1913년 5월 29일 파리 샹젤리제극장에서 초연되었다. 그날로부터 꼭 1년 전인 1912년 5월 29일, 샤틀레극장에서 초연됐던 첫 안무작 <목신의 오후>가 외설성 논란 등으로 파리 문화계를 강타하면서 니진스키는 파리 관객에게 전위적인 안무가로 깊이 각인되어 있었다. 더욱이 <봄의 제전> 초연이 있기 불과 2주 전에 샹젤리제극장에서 초연된 두 번째 안무작 <유희> 역시 운동복 차림으로 테니스 라켓을 들고 나타난 무용수들을 보며 관객들은 니진스키의 비관습적 안무에 다시금 놀란 터였다. 니진스키의 안무 스타일에 대한 평가가 극명하게 갈린 상황에서, 티켓값이 두 배로 뛰어오른 <봄의 제전>의 초연이 펼쳐졌다.

니진스키의 성향을 이미 파악한 상태로 극장을 찾았던 관객들조차도 시각적 충격에 청각적 충격까지 더해진 <봄의 제전>을 받아들이기는 쉽지가 않았다. 관객들은 두 편의 전작과는 비교할 수 없을 만큼 비전통적이고도 난해한 안무를 이해하지 못한 채 이 작품을 예술 자체에 대한 모독으로 받아들여 극장을 떠나기도 했고 야유와 조롱의 뜻으로 발을 구르거나 휘파람을 불어대고 욕설을 해대며 공연을 방해하기도 했다. 니진스키의 안티팬들은 심지어 자동차 클랙슨까지 동원하여 무대를 향해 조롱을 퍼부어댔다. 물론, 야유에 맞서 니진스키를 옹호하는 소리도 있었지만 이 역시 무용수들에게는 소음일 뿐이었다. 객석에서 쏟아져 나오는 엄청난 소음에 오케스트라 소리가 묻혀 버리자 무용수들은 당황하지 않을 수가 없었다. 1층 객석에 앉아 있던 스트라빈스키는 아수라장이 된 객석에서 일어나 공연 상황을 체크하러 무대 뒤로 가야만 했다.

스트라빈스키가 무대 뒤로 가서 목격한 것은 음악 소리를 들을 수 없는 무용수들이 공연을 이어갈 수 있도록 의자 위에 올라가 박자를 세고 있는 패닉 상태의 니진스키였다. 공연 자체가 진행되기 힘들 정도에 이르자 댜길레프는 흥분한 관객들의 소동을 잠재우기 위해 객석의 조명을 켰다 끄기를 반복했다. 하지만 소동은 잠잠해지지 않았다. 이날 공연에 대한 평가는 아주 복잡한 것이었는데, 작품을 무대에 올렸던 당사자들마저도 시기에 따라 상반된 평가를 내놓았을 정도이다. 초연 전까지 니진스키의 안무에 만족하며 호평을 아끼지 않던 스트라빈스키는 초연이 실패로 돌아가자 이를 니진스키의 탓으로 돌렸던 것이다. 스트라빈스키는 니진스키가 음악에 대한 기본 이해조차 부족했고 무용가들이 수행하기에 지나치게 어려운 동작들로 안무를 구성했다는 이유로 강하게 비판했다.

하지만 흥행사 댜길레프에게 이런 소동은 오히려 홍보를 위한 호재로 여겨졌다. 소동을 잠재우기 위해 경찰까지 동원된 이 날의 카오스적 상황은 얀 쿠넹 감독의 영화 <샤넬과 스트라빈스키>(2009)에서 생생하게 그려지고 있다.

그렇다면 과연 구체적으로 <봄의 제전>의 어떤 면이 관객들을 격노케 하여 발레사에 길이 남을 센세이셔널한 공연이 되었던 것일까? <봄의 제전>은 예술, 특히 '발레는 아름다워야 한다'는 고정관념으로부터 시각적인 측면(안무와 무대 및 의상)뿐 아니라 청각적인 측면(음악)에서도 완전히 벗어난 작품이다. 니진스키가 안무했던 전작 두 편이 기존의 격을 파하는 새로운 안무 콘셉트를 지향하여 관객들을 당황하게 만들기는 했지만 음악적인 측면에서는 비교적 큰 어려움 없이 받아들일 수 있었던 반면, <봄의 제전>은 음악마저도 지나치게 파격적이었던 것이다. 불규칙적인 리듬과 강세, 예측 불가능한 잦

"관객들은 휘파람을 불고 무용수들과 작곡가에게 욕을 해댔으며 소리 지르고 웃어댔다. … 이 끔찍한 소음에 난 완전히 아연실색해져서는 최대한 빨리 무대 뒤로 몸을 숨겼다. 무대 뒤도 객석과 마찬가지로 끔찍했다. 무용수들은 떨면서 눈물을 참고 있었다. … 오랜 작업과 끝없이 이어졌던 리허설이 결국 난장판으로 끝났던 것이다."

- 니진스키의 아내 로몰라 풀스키

"이건 진짜 성공한 겁니다! 소리 지르고 난리 치게 둬요. 속으로는 관객들도 이미 이 발레의 가치를 느끼고 있을 겁니다. 그저 관습적인 마스크가 소리를 치는 거지요. 결과를 두고 보시죠."

- 세르게이 댜길레프

은 변박, 폭발적인 역동성을 지니는 불협화음 등으로 구성된 스트라빈스키의 음악은 관객들에게 청각적인 충격을 주기에 충분했다. 서주를 목관 가운데서 가장 낮은 음역을 지닌 바순으로 시작하는 것도 의외인 데다 관악기가 선율을, 현악기가 리듬을 맡는 아주 특이한 구성을 보인다. 스트라빈스키는 <봄의 제전>을 통해 선율에 밀려나 있던 리듬의 시대를 열었다고 볼 수 있다.

　봄, 더 나아가 온 우주가 깨어나는 역동적인 맥박을 표현함으로써 가히 리듬의 혁명을 보여준다고 말할 수 있는 불규칙하고도 강렬한 원시적 음악에 걸맞게 니진스키의 안무 역시 기존의 고전발레에서 절대 찾아볼 수 없는 낯설고도 파격적인 동작으로만 이루어져 있다. 발레의 기본적인 자세는 신체를 확장시키기 위해 끌어올리고(pull-up) 바깥을 향하게 만드는 것이었다(turn-out). 즉 팔은 자연스럽게 곡선을 유지하고, 발은 양발을 바깥쪽으

1913년 니진스키의 <봄의 제전> 복원 버전(마린스키극장, 2013)

1913년 니진스키의 <봄의 제전> 복원 버전 (마린스키극장, 2013)

로 90도씩 회전시켜 두 발이 180도를 이루게 하는 '턴아웃(turn-out)'을 유지하여 다리의 선을 더욱 길고 아름답게 만들었다. 하지만 <봄의 제전>에서 니진스키는 고전발레가 지향하는 신체의 가벼움을 의도적으로 묵직한 둔중함으로 대체해 버렸다. 봄맞이 제의를 표현하고자 한 안무가는 포인트 슈즈 대신 고대 러시아의 짚신을 무용수들에게 신긴 채 봄이 찾아온 대지 위에서 걷거나 뛰거나 격렬하고도 묵직하게 도약하도록 만들었다. 주역 무용수의 테크닉을 돋보이게 만드는 독무보다는 제의에 걸맞게 군무에 집중되어 있었다는 점도 고전발레와의 큰 차별점이라고 할 수 있다.

뿐만 아니라 무용수들은 발을 '턴아웃'이 아닌 '턴인(turn-in)' 자세를 취해 안짱다리를 유지하는 동시에 무릎을 구부리고 펴는 동작을 하지 못한 채 벋정다리를 유지해야 했고, 팔은 우아한 곡선이 아니라 부자연스럽게 꺾은 직선 상태를 유지해야 했다. 또한 우아한 선율에 맞춰 발롱이나 엘레바시옹 등 중력에 반하는 신체의 가벼움을 과시하는 정통 발레의 테크닉을 지닌 도약 포즈가 아니라 거칠고 역동적인 리듬에 맞춰 묵직하고도 발작적으로 뛰어오르는 도약 포즈를 취함으로써 '발레는 아름다워야 한다'는 고정관념을 산산이 깨뜨리고자 했다. 고전발레 문법에 익숙했던 무용수들도 연습 당시에 끊임없이 이어지는 발작적인 도약과 점프 때문에 두통을 호소했다. 기존의 발레 음악이 무용수들의 동작에 최적화된 선율 위주로 구성되어 있었다면, 스트라빈스키의 음악은 선율이 아닌 리듬 위주로 구성되었던 탓에 무용수들은 동작을 수행하기 위해 끊임없이 박자를 세야 했다. 매번 박자를 일일이 세어야 했던 무용수들은 리허설 시간을 '산수 시간'이라고 불렀다고도 한다. 설상가상으로 니진스키의 안무 의도를 가장 정확하게 파악하며 간택된 희생자 역을 맡아 리허설을 해오던 여동생 니진스카야가 임신을 하게 되어 공연에 참여할 수 없는 상황이 발생했다. 동생의 임신 소식에 불같이 화를 내던 니진스키는 무용단에 입단한 지 얼마 되지 않은 신참 무용수 마리야 필츠에게 니진스카야가 준비해오던 역을 맡기게 되었다. 결국 <봄의 제전> 초연은 무용수들조차 작품 파악이 제대로 되지 못한 상황에서 무대에 오른 작품이 되어버렸다.

　상황이 이러했기에 관객들이 <봄의 제전>에 보인 반응은 지극히 자연스러운 것이었다고 하겠다. 발레 예술의 아름다움을 만끽하기 위해 공연장을 찾았던 관객들은 니진스키가 내어놓은 완전히 새로운 형식의 아름답지 못한 작품으로 인해 충격에 싸였고 격렬한 반발을 표출하게 되었다. 니진스키의 실험성이 극에 달한 '안티-발레적인' 이 작품은, 전통주의자들에게는 막다른 길에 달한 예술의 상황을 극명하게 보여주는 것으로 간주되었지만, 실제적으로는 예술에 무한한 자유를 부여함으로써 20세기 무용의 발전에 지대한 영향력을 행사하게 되었다. 특히 신원시주의가 발레 분야에 최초이면서도 가장 완벽한 형태로 구현되었다는 점에서 예술적 의의를 찾을 수 있다.

종합예술인 발레에서 고대 러시아의 이교적 봄맞이 제의를 표현하기 위해 스트라빈스키는 불규칙하고도 강렬한 리듬을 기반으로 원시적 음악을 창작했고, 러시아 신원시주의 예술의 주요 탄생지 중 하나인 탈라시키노(스몰렌스크주에 위치한 마리야 테니셰바 공작부인의 영지)에서 스트라빈스키와 함께 리브레토 작업을 진행했던 레리흐는 봄의 신 야릴로를 찬양하는 이교적이고도 목가적인 고대 러시아의 정경을 묘사했으며, 니진스키는 기존의 고전발레의 문법을 송두리째 뒤흔드는 파격적인 동작으로 고대의 봄맞이 제의를 표현하고자 했던 것이다. 그리고 당대에는 인정받지 못했지만, 1913년 작 <봄의 제전>은 오늘날 살펴보아도 그 전위성이 퇴색됨 없이 그대로 전해지는, 말 그대로 시대를 한참 앞서간 작품이다.

5. 성공한 실패작 <봄의 제전>, 니진스키 이후

스캔들로 비화되었던 니진스키의 <봄의 제전>은 노이즈마케팅을 기꺼이 활용하고자 한 댜길레프의 애초 계획에도 불구하고 겨우 여섯 차례 무대에 오르는 데 그치면서 결국 실패작으로 남게 되었다. 불과 1년 만에 스트라빈스키의 <봄의 제전>이 단독으로 연주되어 큰 성공을 거두었다는 점이나 1920년에 발레뤼스에서 안무가만 레오니드 먀신으로 바꾼 뒤 새 버전의 <봄의 제전>을 무대에 다시 올렸다는 점을 상기한다면, 발레의 실패 원인은 확실히 음악의 전위성보다는 안무의 전위성에 있었다고 보는 것이 합리적인 추정일 것이다.

하지만 니진스키 이후 오늘날까지 약 300여 버전의 안무가 존재한다는 사실은 니진스키의 <봄의 제전>이 (당대에는) 실패했지만 (이후의 상황을 고려할 때) 결코 실패하지 않은 실험작이었음을 보여주는 것이라고도 할 수 있겠다. 물론, 여러 안무가들이 제각각 자신의 버전을 만들어내는 이유는 일차적으로 역동적 리듬감이 응축된 스트라빈스키의 음악에 매혹된 것이라고 볼 수 있겠으나 역설적이게도 니진스키의 안무 정보가 거의 남겨져 있지 않다는 것에서도 그 원인을 찾을 수 있을 것이다. 즉 1913년 버전의 <봄의 제전>의 경우, 악보와 무대 장치 및 의상 스케치가 고스란히 보존되어 있는 반면, 안무의 경우 추측만이 존재할 뿐이다. 전설로 남은 발레 작품의 안무 원안이 존재하지 않는다는 사실은 안무가들을 유혹하기에 충분했다. 1987년 호드손과 아처 부부의 복원 작업이 있기 전에 이미 당대 유명 안무가들이 자신의 <봄의 제전>을 만들어냈고 복원 작업 이후에도 여전히 수많은 안무가들은 다소 강박적으로 자신만의 독특한 해석을 선보이며 <봄의 제전>의 역사를 계속 이어나가고 있다.

여러 안무작들 가운데 니진스키 원작을 해피엔딩으로 각색한 모리스 베자르(1928~2007)의 1959년 안무작, 희생양으로 간택된 여인의 절규를 두려움과 슬픔, 광기가 뒤섞인 격렬한 몸짓으로 표현하고 있는 피나 바우쉬(1940~2009)의 1975년 안무작, 전라의 여성 무용수를 등장시켜 외설 논란에 휩싸였던 앙줄랭 프렐조카주(1957~)의 2001년 안무작, 특별한 조명이나 장치가 없는 무대에 일상복 차림을 한 채 단독으로 등장하여 스트라빈스키의 음악을 지휘하는 퍼포먼스를 펼쳐 보이며 무용이 아닌 퍼포먼스, 즉 '농 당스(non danse)'의 정수를 보여준 자비에 르 르와(1963~)의 2007년 안무작 등이 주목을 받았다.

한편, 발레 탄생 100주년이었던 2013년에는 의미 있는 해였던 만큼 러시아에서만 세 개의 버전이 새롭게 무대에 올랐는데, 마린스키극장에서는 사샤 발츠(1963~)의 안무작이, 볼쇼이극장에서는 타티야나 바가노바(1968~)의 안무작이, 노보시비르스크극장에서는 패트릭 드 바나의 안무작이 공개되었다.

발츠는 니진스키 버전과 바우쉬 버전을 절충하여 새로운 감각의 <봄의 제전>을 만들어냈는데, 인간의 움직임이라기보다는 좀비의 움직임으로 이해될 수 있을 정도로 무질서하고도 기괴한 군무가 행해지기도 하고, 때때로 스트라빈스키의 음악이 완전히 소거된 채 무용이 아닌 연극적 행위만으로 무대를 채우기도 하면서 새로운 감각을 보여주고자 했다. 발츠 버전의 <봄의 제전>은 이 발레 초연 100주년 기념일에 샹젤리제극장에서 공개되기에 앞서, 2013년에 개관한 마린스키극장 신관의 첫 초연작으로 선정되어 5월 13~15일에 상트페테르부르크 관객들에게 선공개되기도 했다.

볼쇼이극장 역시 <봄의 제전> 100주년을 기념하여 새로운 버전을 준비하고 있었는데, 2013년 1월에 볼쇼이극장의 황산 테러사건이 벌어진 뒤 영

사샤 발츠 버전의 <봄의 제전>(마린스키극장, 2013)

국의 안무가 웨인 맥그리거가 모스크바행을 거부하면서 시급하게 대체 안무가를 찾아야 했다. 새롭게 선정된 타티야나 바가노바는 니진스키의 원작을 완전히 새롭게 해석하여 물 부족 사태를 겪고 있는 디스토피아적 상황에서 사람들이 물을 갈구하는 스토리로 변형했다.

노보시비르스크극장이 올린 패트릭 드 바나의 <봄의 제전>은 아프리카 피가 흐르는 안무가의 독창적 해석을 선보였다. 드 바나는 나이지리아 요루바 부족의 남녀 쌍둥이('이베지')에 대한 숭배 의식을 스트라빈스키의 음악에 접목시켜 니진스키 원작에 나타난 태초의 원시적 자연력과 제의성을 고스란히 재현하는 한편, 쌍둥이를 통해 이중의 희생에 대해 이야기하고 있다.

이렇게 <봄의 제전>은 계속해서 역사를 이어가고 있다. 물론, 앞으로도 여전히 새로운 버전의 <봄의 제전>은 탄생할 터이지만, 그 어떤 안무가가 작업을 맡게 되더라도 한 세기 이전에 이미 관객들을 경악으로 몰아넣었던 전위적 안무가 니진스키의 아우라에서 벗어나기는 어려울 것 같다. 단 네 편의 '실패한' 안무작으로 20세기 이후의 무용 전체에 무한한 자유와 가능성을 부여했던 니진스키는 '춤의 신', '신의 광대'로서만이 아니라 안무가로서도 발레사에서 형형히 빛나게 될 것이다.

아폴론
«Аполлон»

황기은

음악: 이고리 스트라빈스키

안무: 조지 발란친

대본: 이고리 스트라빈스키

무대: 앙드레 보샹

초연: 1928년 6월 2일, 파리 사라 베른하르트 극장

 (아돌프 뵘 안무 초연: 1928년 4월 7일, 미국 의회도서관)

1. <아폴론>의 리브레토

1장

아폴론의 테마가 흘러나온다. 에게 해에 위치한 델로스 섬의 깊은 밤. 티탄족 여신 레토가 제우스 신의 아들 아폴론을 낳는다. 아기 신의 탄생이 선포되면서 음악이 멈춘다. 산기슭에 빛이 비추고 강보에 싸인 아폴론이 어색한 걸음으로 무대 앞쪽으로 나온다. 두 여신이 긴 강보를 풀어주려 하지만, 신은 스스로 아기 강보에서 빠져나온다. 머리에 포도넝쿨 화관을 쓰고 아폴론은 류트를 가져와 서투르게 음조를 타면서 신이 되는 법을 배워 나간다. 날이 밝아온다.

2장

아폴론이 류트를 연주하고 있다. 그의 지휘에 따라 오케스트라에서 바이올린의 반주가 붙는다. 영감을 얻은 아폴론은 류트를 내려두고 춤을 추기 시작한다. 자신의 우아함에 만족한 그는 다시 악기를 들고 첫 번째 독무를 마친다.

각기 다른 방향에서 무대 위로 세 뮤즈, 테르프시코레, 폴리힘니아, 칼리오페가 천천히 아폴론에게 다가오고 신은 위풍당당하게 그들을 맞이한다. 아폴론과 세 뮤즈의 파다시옹 이후 아폴론은 각 뮤즈에게 뮤즈가 관장할 영역의 상징물을 나누어 준다. 뮤즈들은 환희에 차 선물을 받아들

"아폴론은 야성적이고, 길들여지지 않은 젊은이다. 이 젊은이는 예술을 통해 고결함을 배운다."

"첫 바리아시옹에서 그는 음악에 맞춰 무엇을 해야 할지 전혀 모른다. 하지만 두 번째 바리아시옹에서는 완벽한 통제력을 보여 준다."

- 발레리노 자크 당부아즈

고 자신의 예술을 펼친다. 첫 번째로 서정시의 뮤즈인 칼리오페가 등장하여, 글을 쓰는 명판을 바닥에 내려놓고 춤을 추기 시작한다. 음악 리듬은 약강6보격의 율격으로 이루어진 12음절의 알렉산드르 리듬 시를 상기시킨다. 춤이 끝난 이후 칼리오페는 무언가를 손바닥에 써서 아폴론에게 보여주는데, 신은 이에 만족하지 못한 모습이다. 다음 차례로 폴리힘니아는 침묵과 팬터마임을 상징하는 가면을 내려놓고 무대 위로 날아오른다. 안무 중 그는 자주 손가락을 입술에 갖다 대면서 무언극을 상징하는 몸짓을 보여주지만 마지막 순간 결국 참지 못하고 단어를 입 밖으로 내뱉는다. 깜짝 놀라서 손으로 입을 막지만, 아폴론은 뮤즈를 비난한다. 마지막으로 춤의 뮤즈인 테르프시코레가 춤을 추기 시작한다. 관객 쪽으로 옆모습을 보이면서 머리 위로 류트를 들고 몸으로는 악기의 굴곡을, 다리로는 악기를 연주하는 모습을 재현한다. 아폴론은 세련되고 정확하고 우아한 움직임을 칭찬하고 직접 무대로 걸어 나온다.

아폴론은 올림포스 쪽으로 손을 뻗고, 가볍게 도약했다가 무릎으로 떨어지며 흠잡을 곳 없이 완벽한 동작을 보여준다. 위풍당당한 자세를 취하

고, 부동과 평정 속에서 움직임이 탄생하는 것을 보여준다. 테르프시코레가 다가오고 신은 그에게 손을 내미는데 이때 두 사람이 손가락을 마주친 장면은 미켈란젤로의 <천지창조>에서 묘사한 아담과 신을 연상시킨다. 이어서 둘은 멜로디에 맞춰 파드되를 춘다. 피루엣을 돈 이후 아폴론은 테르프시코레의 손에 기대어 잠깐 쉰다. 이후 테르프시코레가 고개를 숙인 아폴론의 등 위에서 유영하는 포즈를 취하는데 이를 수영 수업이라고 부른다.

이후 두 뮤즈도 합류해서 네 무용수가 함께 춤을 추기 시작한다. 아폴론은 세 명의 손을 잡고 밀고 당기면서 마차를 모는 움직임을 재현한다. 마침내 아폴론이 움직임을 멈추자 뮤즈들이 그에게 다가와 손을 내밀고 신은 그 손 위에 고개를 기대어 휴식을 취한다.

올림포스 정상에서 아들을 부르는 제우스의 목소리가 들린다. 아폴론은 이 부름에 응답하고 뮤즈들은 음악에 맞춰 바닥에 앉는다. 뮤즈들이 아폴론의 손에 발을 올려놓고 아폴론은 그들을 축복한다. 그리고 뮤즈들은 아폴론의 팔에 각자 고리를 만들어 움직이면서 연속적이고 합일된 동작을 보여준다. 뮤즈는 아폴론 옆에서 아라베스크 포즈를 취하며 태양의 빛을 형상화한 포즈를 취하고 아폴론과 뮤즈가 하나가 되었음을 표현한다. 그는 뮤즈들을 인도하여 파르나소스 산으로 올라가기 시작한다. 하늘로 손을 뻗은 네 무용수의 실루엣을 비추며 극은 막을 내린다.

2. 유럽에서 신대륙까지의 공연사

이 작품의 원래 제목은 <아폴론 무사게트>로 "아폴론, 뮤즈의 지휘자"라는 의미를 지니며, 신고전주의의 포문을 여는 작품이다. 작곡가 이고리 스트라빈스키와 안무가 조지 발란친의 합작품 중 가장 자주 공연되는 발레극으로, <오르페우스>(1948)와 조지 발란친(1904~1983), <아곤>(1957)

"고전무용의 아름다움을 찬양할 때마다, 나는 백색 발레라고 하는 이 발레를 항상 꿈꿔왔다. 예술의 본질은 이 발레에서 가장 순수한 모습으로 나타난다. 나는 과장되거나 다채로운 효과가 없어도 매우 새로울 수 있다는 사실을 깨달았고 여기에서 영감을 받아 이 음악을 만들었다"

- 이고리 스트라빈스키

과 함께 그리스 3부작 중 첫 작품으로 간주된다. 20세기 초 발레 뤼스에서 시작된 두 거장의 만남은 무용사의 흐름을 바꿔놓았다고 할 수 있으며, 발란친 또한 이 작품이 자신의 작품 활동에 있어서 가장 중요한 전환점이 되었다고 종종 밝혀왔다.

<아폴론 무사게트>는 1막 2장으로 이루어진 짧은 발레극으로 원래 엘리자베트 쿨리지가 미국 워싱턴의 의회도서관에서 열리는 현대 음악 페스티벌을 위해서 1925년 스트라빈스키에게 의뢰한 작품이다. 쿨리지는 의회도서관 무대 규모를 고려하여 소규모의 무용극을 요청했고, 이에 따라 서른여섯 개의 현악기와 총 일곱 명의 등장인물로 이루어진 발레 단막극이 탄생했다.

<아폴론 무사게트>의 첫 공연은 1928년 4월 27일 의회도서관에서 아돌프 봄의 안무로 올려졌으나 큰 환영을 받지 못했다. 이후 페스티벌 동안 오케스트라를 위한 현악곡으로만 연주되었을 뿐, 공연은 1회에 그쳤다. 막상 스트라빈스키는 당시 미국 초연의 성공 여부에 큰 관심을 가지지 않았다. 그는

1928년 발레뤼스의 <아폴론 무사게트>:
알렉산드라 다닐로바와 세르기 리파르

미국으로 악보를 보내기도 전부터 이미 댜길레프와 함께 파리 초연을 준비하고 있었다. 이때 발레뤼스의 안무가였던 당시 24살의 발란친이 파리 공연 안무를 맡았고, 미국 초연 두 달 후인 6월 2일 파리 사라 베른하르트 극장에서 첫 공연을 무대에 올랐다. 스트라빈스키는 파리 초연을 성공적이라고 여겼지만, 평론가들의 평가는 후하지 않았다.

<아폴론 무사게트>는 신대륙에 와서 끊임없이 변화해 나갔다. 1951년 뉴욕시티발레단 창단 이후 공연을 올렸을 때만 해도 <아폴론, 뮤즈의 지휘자>라는 원래 제목을 그대로 사용했으나, 이후 발란친은 제목을 "아폴론"으로 축약했고 이때부터 이 공연은 <아폴론>이라고 불린다.

1957년부터 무대 배경은 극도의 미니멀리즘을 추구하는 방향으로 발

2012년 뉴욕시티발레단의 <아폴론>: 로버트 페어차일드, 스털링 힐튼, 틸러 펙, 아나 소피아 셸러

2018년 마린스키의 <아폴론>: 잰더 패리쉬, 마리아 호레바, 다리야 이오노바, 아나스타시야 누이키나

전한다. 초연 당시 아폴론 역 세르기 리파르의 의상은 루이 14세의 무대 의상을 연상시켰지만, 1957년 자크 당부아즈는 단순한 무채색 타이즈와 레오타드만을 입고 무대에 올랐다. 1979년에는 무대 세트가 전부 사라진 다. 또한 공연 구성 자체에도 변화가 생겼다. 1978년 공연에서는 제1막이 사라졌고, 1979년 미하일 바리시니코프가 아폴론 역을 맡은 첫 공연에서는 아폴론의 첫 바리아시옹이 사라졌다. 따라서 극은 아폴론이 완벽한 신의 모습으로 류트를 타는 장면부터 시작하게 된다. 마지막 장면은 네 무용수가 파르나소스를 상징하는 계단을 올라가는 장면 대신 아폴론 옆에서 뮤즈가 아라베스크 포즈를 취하며 태양과 빛을 형상화하는 장면으로 바뀌었다.

발란친이 이렇게 극을 수정한 데에는 화려한 무대와 극의 내러티브 요소가 안무 자체를 감상하는 데 방해가 되기 때문이었다. 그는 몸의 움직임 자체를 감상하는 데 방해가 되는 모든 요소를 제거하여 더 순수한 고전주의를 추구하고자 하였다. 물론 원작을 너무 많이 훼손한 수정본은 논란을 불러일으켰는데, 무엇보다 작곡가의 작품을 안무가가 자기 멋대로 수정할 자격이 있는가에 대해 의견이 분분했다. 이때 발란친은 스트라빈스키가 더 높은 로열티를 받기 위해 일부러 작품을 길게 만든 것이라고 주장하며 자신의 수정본을 옹호했다. 러시아 무용학자 팀 숄은 프롤로그의 무언극과 뒤에 이어지는 무용극이 조화롭게 이어지지 못하므로 수정본을 옹호하지만, 음악학자인 찰스 조셉은 프롤로그가 없어짐으로써 프롤로그와 아포테오즈의 상관 구조를 제거하여 작품의 균형을 깨뜨렸다고 비판했다.

하지만 점차 <아폴론>은 원전의 모습을 되찾는다. 아폴론의 첫 바리아시옹은 1980년 뉴욕시티발레단에서, 그리고 프롤로그는 1990년 발란친의 뒤를 이어 뉴욕시티발레단의 발레마스터가 된 피터 마틴스가 다시 되살린다. 한 때 발란친의 뮤즈였던 수잔 패럴이 이끄는 발레단이 2010년 케네디 센터에서 <아폴론>를 상연하면서 아폴론 신의 어머니 레토의 출산 장면을 복원했다.

한국에서는 1985년 7월 26일 유니버설발레단에서 <아폴론>를 올린 것이 초연이자 마지막이었고, 러시아에서는 1992년 1월 26일 키로프발레단에서 초연을 올린 이후로 가끔 상연되고 있다.

3. 발란친, 미국에 발레를 선물하다

발란친은 1904년 1월 22일 러시아 제국의 수도 상트페테르부르크에서 조지아 현대 음악가이자 오페라 가수인 아버지와 러시아인 어머니 사이에서 태어났다. 1917년 러시아 혁명이 일어났을 때 발란친은 황실발레학교에서 공부를 하고 있었다. 이후 페트로그라드 음악학교를 다니면서 이론과 피아노를 공부했고 1923년 음악학교 졸업 이후에는 청년 발레단을 꾸려 서유럽으로 순회공연을 다녔다. 이때부터 발란친은 안무를 직접 짜기 시작했고 당시 최고 흥행 가도를 달리던 발레뤼스의 예술 감독 댜길레프가 그를 발레뤼스로 초청했다. 이렇게 발란친은 발레뤼스의 마지막 안무가가 된다. 댜길레프는 본래 조지아 성인 발란치바제 대신 서유럽 사람들이 쉽게 발음할 수 있는 발란친으로 개명하자고 제안했고, 이로써 그는 발란친이라는 이름으로 무용사에 한 획을 긋게 되었다.

비록 발레뤼스에 있는 동안 그는 부상으로 발레리노로서의 활동에는 종지부를 찍게 되지만, 아홉 편의 발레 안무를 맡으면서 안무가로서의 역량을 키웠다. 그리고 바로 이 시기 발란친은 그의 작품 세계에 빠질 수 없는 협업자들, 작곡가 이고리 스트라빈스키, 세르게이 프로코피예프나 화가 파블로 피카소 등과 인연을 맺게 된다. 특히 발란친은 스무살 연상인 스트라빈스키를 오랫동안 멘토이자 아버지로 생각했으며, 둘은 미국으로 이주한 뒤에도 긴밀한 공동 작업을 통해 많은 위대한 작품을 탄생시킨다.

댜길레프의 사망 이후 발레뤼스는 뿔뿔이 흩어진다. 발란친은 덴마크, 모나코 등을 전전하다가 미국인 예술 후원가 링컨 커스타인(1907~1996)의 초청으로 미국으로 건너와 그와 함께 아메리카 발레학교와 뉴욕시티 발레단을 창단한다. 그들의 발레단이 1964년 뉴욕 맨하탄 중심부에 건축된 링컨 센터에 자리 잡기까지 우여곡절이 없었던 것은 아니었다. 커스타인은 유산을 모두 발레단에 쏟아부었고 발란친은 봉급을 받지 않고 대부분 브로드웨이 뮤지컬 작업으로 생계를 유지했다. 커스타인은 춤에 대한 수십 편의 기고문과 책을 출간하고 발란친은 수많은 강연과 인터뷰를 통해 홍보에 적극적으로 뛰어들었다. 두 사람의 열정과 노력은 미국에서 발레가 대중화되는데 많은 영향을 끼쳤을 뿐 아니라, 미국을 명실상부한 발레 강국으로 끌어올린 구심점이 되었다. 또한 발란친은 미국 음악과 발레를 혼합해 <서부교향곡>(1954), <성조기>(1958)와 같은 미국 발레 작품을 선보이기도 했다. 발란친은 1983년 사망할 때까지 무려 465편의 작품을 남길 정도로 왕성한 창작 활동을 했다. 그중에서 <아폴론>(1928), <세레나데>(1935), <아곤>(1957), <바이올린 협주곡>(1972) 등은 발레사에서 혁신적인 작품으로 손꼽히는데, 작품의 연도에서도 알 수 있듯이 그는 반세기 동안 끊임없이 새로운 시도를 해왔고 누구보다 열정적인 삶을 살았다.

발란친은 사적인 삶에서도 열정이 넘쳤다. 발란친의 여성 찬양과 여성 편력은 유명하다. 그의 작품 중 많은 수가 여성 신체의 아름다움을 극대화하고자 한 작품이었고, 길고 가녀린 여성 신체를 노골적으로 이상화했다. 그는 1976년 『뉴욕타임스』와의 인터뷰에서 발레에서 여성의 위상에 대해서 이렇게 대답했다. "고전발레의 원칙은 여성이다. … 아마도 여자들은 남자가 춤추는 것을 보러 올지는 모르겠으나, 나는 남자다. … 왜 비너스가 사랑의 여신이겠는가, 남자가 아니라? 그렇게 태어났기 때문이다. 그들(여성)은 전쟁터에 나가 싸울 필요가 없다. 남자는 원하면 장군이든 의사든 무엇이든 될 수 있다. 하지만 여자의 역할은 남자의 마음을 사로잡는 데 있다." 그의 작품에서 유난히 여성이 돋보이는 것은 우연이 아니었다. 그리고 발란친은 자기 작품 속 발레리나들 모두와 사랑에 빠졌다. 그는 첫 아내 타마라 게바를 포함해 자신 작품의 주연 무용수들과 결혼과 이혼을 반복한다. 베라 조리나와 두 번째, 마리아 톨치프와 세 번째, 타나퀼 레클레어와 네 번째 결혼을 했는데 이들 모두 <아폴론>에서 테르프시코레 역을 맡은 적이 있었다.

이후 수잔 패럴이 등장한다. 큰 키와 긴 팔다리를 가졌던 패럴은 발란친이 추구했던 이상적인 여성 신체에 가장 알맞은 조건을 갖춘데다가 음악성과 표현력 또한 뛰어나 발란친 음악에 가장 적합한 발레리나로 칭송받아 왔다. 발란친은 자신보다 마흔 살 어린 패럴에게도 사적인 감정을 품었고 이후 패럴에게 정식으로 청혼한다. 이를 위해 발란친은 병으로 불구가 된 옛 뮤즈 레클레어와 이혼 도장을 찍었다. 하지만 패럴은 그의 청혼을 거절했고 발란친이 해외에 나가있는 사이 동료 무용수 폴 메지아와 시청에서 결혼식을 올렸다. 이를 안 발란친은 두 사람을 뉴욕시티발레단에서 쫓아낸다. 약 6년 뒤 패럴은 발레단으로 돌아오는 것을 허락받지만 메지아는 끝까지 돌아올 수 없었다.

이 스캔들은 발란친의 열정적인 삶과 여성 편력사를 보여주는 하나의 에피소드 정도로 회자되지만, 발란친이 발레단에서 얼마나 무소불위의 권력을 갖고 있었는지를 잘 보여주는 사례이기도 하다. 발레단은 철저히 능력 위주 사회였지만 동시에 매우 위계적인 기관이었다. 제니퍼 호먼스는 발란친이 발레단과 학교를 러시아식으로 운영했다고 지적한다. 하지만 이러한 해석은 발레단의 폐쇄적이고 위계적인 분위기를 전부 러시아적 특성으로 떠넘기는 듯한 인상을 지울 수 없다. 또한 발란친의 절대 권력 하에서 완성도 높은 작품이 탄생한 것도 사실이다. 그러나 이 스캔들로 인해 상처를 받을 수밖에 없었던 전 부인이 있었고 커리어에 큰 타격을 받았던 이십대 초반의 두 젊은 무용수가 있었다. 그리고 2018년 발레단의 폐쇄성과 발레감독의 제왕적 권위는 발란친의 후계자였던 뉴욕시티발레단 감독 마틴스가 폭행과 성추행 추문으로 직위에서 사퇴하면서 그 어두운 면모를 드러냈다.

4. 니진스키와 발란친, 목신과 아폴론

숄은 <아폴론>을 바츨라프 니진스키의 <목신의 오후>와의 대화이자 비판으로 해석한다. 아폴론은 첫 바리아시옹에서 오른팔을 쭉 뻗어 커다란 원 모양을 그리며 류트를 타는데, 이 장면은 니진스키가 <목신의 오후>에서 보여준 마지막 제스처를 상기시킨다. 디오니소스적 행위로 끝맺는 니진스키 작품이 바로 발란친의 출발점이 되는 것이다. 이러한 해석을 이해하기 위해서는 20세기 초 러시아 문화에 대한 전반적인 이해가 필요하다.

> "내가 고전발레를 매우 높게 평가한다면, 이는 단순히 내 취향이라서가 아니라, 고전발레가 아폴론의 원칙을 완벽하게 구현해내고 있기 때문이다."
>
> - 이고리 스트라빈스키

1909년 러시아 제국의 수도 상트페테르부르크에서 잡지『아폴론』이 탄생한다. 이 잡지는 당시 뛰어난 예술가 및 이론가들이 참여한 예술 잡지로 제목에서 알 수 있듯 디오니소스적 성향을 띠어왔던 데카당스와 상징주의의 시대가 끝나고 아폴론적 성향을 띤 새로운 예술이 탄생하고 있음을 알리는 신호탄이었다.

그렇다면 디오니소스적 성향과 아폴론적 성향이란 무엇인가. 두 그리스 신이 경쟁 구도에 놓이게 된 것은 독일 철학자 프리드리히 니체의 1872년 책『비극의 탄생』에서부터이다. 니체는 그리스 예술의 발전이 아폴론적인 것과 디오니소스적인 것의 이중성과 결부되어 있다고 보았다. 아폴론은 태양, 예술, 치료와 역병의 신으로 완벽함의 상징이며, 아폴론적인 것은 조각, 건축, 서사시와 같은 예술의 근본 원리이다. 이에 반해 디오니소스는 술의 신으로 만물과 하나가 되고자 하는 충동, 즉 디오니소스적 도취와 연결되며 음악, 서정시와 같은 비조형적 예술의 근본 원리이다.

19세기 말에서 20세기 초에 걸쳐 문학사조의 주류로 자리잡았던 데카당스와 상징주의자들은 시창작의 원리에 있어서 음악과 리듬 즉, 디오니소스적인 것을 중시했다. 이에 비해 1910년대『아폴론』을 주 무대로 삼던 아크메이스트들은 시를 조각, 건축에 비유하며 균형과 절도 즉, 아폴론적인 것을 중요한 근본 원리로 삼았다. 상징주의자들이 삶과 예술의 경계를 허물어 일치화를 꾀했다면, 아크메이스트들은 스스로를 시인 조합이라고 부르는 데서도 알 수 있듯, 시를 건축 또는 조각에 비유하고 시인을 건축 또는 조각을 하는 장인들로 여겼다.

아폴론적 성향의 예술을 대변한 이 잡지에는 아크메이스트들 말고도 20세기 초 러시아에 신고전주의의 바람을 일으킨 다른 예술가들도 대거 포진해 있었다. 특히 화가이자 예술평론가였던 알렉산드르 베누아는 잡지 『아폴론』에 18세기 상트페테르부르크 문화와 신고전주의 건축 양식을 재평가하는 논문을 여러 편 기고한다. 이렇듯 고전주의로 회귀하는 분위기 속에서 발란친은 유년 시절을 보냈다. 소련 무용학자 유리 슬로님스키는 발란친과 황실 극장학교에서 같이 수업을 들었던 어린 시절을 회상하면서, 발란친이 건축가 카를 로시(1775~1849)의 질서정연한 신고전주의 건축의 앙상블

상트페테르부르크의 건축가 로시 거리: 오른쪽 건물에 옛 황실발레학교가 위치해 있다.

에서 영향을 받지 않았을 리가 없다고 말한다.

그렇다면 발란친의 <아폴론>과 신고전주의는 어떻게 연결될 수 있을까. 등장인물은 그리스 신화에서 빌려 왔지만, 무용극의 줄거리는 그리스 신화나 비극과 거의 관련이 없다. 오히려 이 작품은 태양왕이라고 불렸던 루이 14세, 스스로 무대에서 태양의 신 아폴론 역을 맡았던 루이 14세의 무용 전통과 맞닿아 있다. 발란친의 <아폴론>에서는 무용극의 내러티브가 아니라 무용가들의 움직임 자체에 초점을 맞추어야 한다. 특히 아폴론의 움직임과 <목신의 오후> 속 목신의 움직임을 비교해보면 신고전주의와의 연결

성이 명확히 보인다.

　니진스키 안무의 <목신의 오후>는 그리스 신화 속 목신 판의 나른하고도 관능적인 오후의 한때를 그린 작품이다. 니진스키는 도자기나 프레스코에 새겨진 평면적 형상을 무대에서 그대로 재현하고자 했다. 그래서 무용수들은 2차원적인 몸짓을 3차원 공간에서 창조하기 위해, 의도적으로 부자연스러운 포즈를 취할 수밖에 없었다. 이 작품은 전통 발레의 정형화된 포즈와 테크닉에서 벗어나고자 했으며, 그래서 반-아카데미 작품 또는 안티-발레라고 불렸다. 특히 목신의 마지막 장면은 관능성을 노골적으로 표현했다는 면에서 엄청난 스캔들을 일으켰다.

　발레뤼스의 <목신의 오후>와 <아폴론>은 전혀 다른 작품인 동시에, 남성 무용수가 주인공이며 최소한의 이야기만 담은 무용극이라는 점에서 유사하다. 특히 1장에서 아폴론의 첫 바리아시옹은 젊은 신이 자신의 능력을 발견해가는 과정으로 분절된 움직임을 보여주는데, 이러한 움직임은 상당 부분 목신의 움직임과 유사하다.

　하지만 디오니소스적인 관능성과 혼란스러운 강렬함을 바탕으로 한 <목신의 오후>에 반해서, 약 15년 후 무대에 올려진 <아폴론>은 균형과 절도에 초점을 맞춘 작품이었다. 특히 무언극의 뮤즈인 폴리힘니아가 춤을 추면서 흥분과 감정을 절제하지 못하고 소리를 냈다가 서둘러 자신의 입을 감싸는 장면, 그리고 아폴론이 여기에 분노하는 장면은 이 작품에서 드러내고자 하는 중요한 가치를 보여준다. 또한 아폴론의 바리아시옹이나 뮤즈와의 파드되와 파닥시옹이 이어지지만 목신과 같은 관능성은 보여주지 않는다.

　1장에서 두 신화적 인물의 움직임이 유사해 보였다면, 2장으로 넘어가면서부터는 확연한 차이를 보여준다. <아폴론>은 <목신의 오후>와 달리 무대 공간뿐만 아니라 무용수의 신체를 건축학적으로 이용하고자 했다. 특히 뮤즈들과 함께 하는 파닥시옹에서는 인체 형상의 3차원적인 움직임을 구현하고자 하는 노력, 인체로 건축학적 형상을 표현하고자 하는 노력이 엿보인다. 뮤즈들은 무대의 각기 다른 세 모퉁이에서 등장해서 무대 공간의 3차원성을 강조한다. 게다가 세 뮤즈들이 아폴론에게 다가와 오른손을 그의 머리 뒤로 들어 올리는 포즈, 그리고 세 뮤즈가 아폴론의 팔에 고리를 만들어 서로 연결된 채 회전하는 장면 등은 신체의 3차원적, 건축학적 가능성을 보여준다. 또한 파드되에서 테르프시코레가 아폴론의 등 위에서 수영을 하는 듯한 자세는 신고전주의 건축 양식을 보여주는 상트페테르부르크 에르미타주 미술관의 아틀란티스 기둥을 상기시킨다. 이러한 움직임은 평면적이고 단조로웠던 전 바리아시옹과 대비를 이룬다. 게다가

상트페테르부르크 에르미타주 박물관 신관 입구의 아틀란티스 기둥

뮤즈들의 아라베스크 자세로 구현한 태양과 빛의 형상은 여러 번 변주되어 되풀이되면서 평면적인 실루엣을 창조하지만, 이때 뮤즈들과 아폴론이 앞뒤로 몸을 겹쳐 배치되어 있기 때문에 평면적 실루엣 속에서 입체감을 구현한다고 볼 수 있다. 마지막으로 아폴론과 뮤즈들이 파르나소스 계단을 오르는 장면은 다시 평면적인 구도를 연출한다.

<아폴론>은 아폴론 신의 탄생과 성숙, 그리고 아버지의 부름을 받아 올림포스 산으로 올라가는 여정을 그린 작품이다. 갓 태어난 아폴론이 디오니소스적 목신의 모습을 보여줬다면, 발레가 진행되고 아폴론은 완벽한 신의 형상을 갖추어나가면서 절도와 균형을 중시하고 무대 공간과 신체를 입체적으로 사용하는 모습을 보여준다. 이렇듯 <아폴론>은 니진스키 작품과

2009년 수잔 패럴 발레단의 <아폴론>: 새라 이반과 마이클 쿡

의 대화이자 비평으로서, 발란친은 디오니소스적인 관능성을 아폴론적 조화와 절제미로 대치시켰다. <아폴론>에서 발란친은 2차원적 구도로 구성하고자 했던 니진스키의 전위적 안무를 잘못된 실험으로 보고, 아폴론적인 것의 원리에 중점을 두고 수정본을 만든 것이라고도 해석할 수 있다. 현대 발레는 발레뤼스의 니진스키가 기존 발레 공식을 파괴하는 데에서 이루어진 것이 아니라, 오히려 고전발레의 어휘를 수용하고 확장하면서 이루어졌으며, 발란친의 <아폴론>은 이 부활의 신호탄이었다.

5. 발란친, 발레의 역사를 새로 쓰다

발란친은 신고전주의 발레의 창시자이자 현대발레의 선구자, 그리고 20세기 가장 영향력 있는 안무가 중 한 명이라고 칭송받는다. 마틴스는 인터뷰에서 발란친을 낭만주의자이자 순수 고전주의자, 그리고 모더니스트라고 칭했다. 이렇듯 발란친은 다양한 양식의 발레 작품을 탄생시켰는데, 이는 모두 고전주의 형식에 뿌리내리고 있었다.

"고전무용이란 스펙터클을 구성하는 부차적 요소가 아니라 … 꾸밈없는 음악을 바탕으로 한, 시각적이고 조형적인 즐거움을 위한 독립적 언어라는 것을 <아폴론> 덕분에 깨달았다. … 그리고 무용수를 감싸고 있는 것은 의상이 아니라 안무이며, 춤에서 가장 중요한 본질은 스텝을 연결하는 결합과 배열이었다."

- 뉴욕시티발레단 창립자 링컨 커스타인

물론 아폴론이 류트를 연주할 때 팔을 힘차게 흔드는 것, 춤을 추면서 발바닥을 땅에 붙이고 있는 것, 테르프시코레가 고개를 숙인 아폴론 등 위에 타서 수영하는 듯한 자세를 취하는 것 등은 모두 고전발레에 존재하지 않는 어휘였다. 그는 일상생활 속에서 안무 영감을 받기도 했다. 예를 들어 아폴론의 두 번째 바리아시옹에서 신은 자신의 신성을 의식하는 듯 등 뒤에서 왼손은 주먹을 쥐고 오른손은 손가락을 빛줄기처럼 폈다가, 다시 오른손이 주먹을 쥐면 왼손을 펴는 이 동작을 반복한다. 발란친은 피카델리 서커스 전광판을 보고 이 안무를 떠올렸다고 한다. 그러나 모두에게 익숙하지만 예상치 못한 움직임과 생경한 포즈였다는 점에서 고전발레 어휘를 파괴했다기보다는 그 어휘를 확장 시켰다고 볼 수 있다. 발레리노 에드워드 빌렐라는 1960년대 발란친으로부터 직접 <아폴론>의 안무를 배웠다. 이때 그는 발란친의 움직임에서 고전발레에서 벗어난 듯 보였던 모든 생경한 움직임이 전부 고전발레의 기본 자세에서 나왔음을 확인해볼 수 있었다고 한다.

　발란친에게 <아폴론>은 인생의 전환점이었다. 그는 스트라빈스키 음악의 절제와 규칙성에 매료되었고, 안무를 창작하는 데 있어서 모든 요소를 전부 사용할 필요는 없다는 사실을 깨달았다. 발란친은 안무를 구성하는 데 있어서 음악을 최우선으로 두었다. 춤이 이야기나 정서를 표출해야 한다는 관념을 깨뜨리고 음악 자체를 시각화하는데 중점을 두었다. 그가 지휘한 <아폴론> 공연에서 무용수들의 의상과 무대 배경이 점점 단순해지고 내러티브를 설명해주는 역할을 하던 1장을 삭제한 것은 모두 무대 위에서 음악와 무용수들의 몸동작 자체만을 강조하기 위함이었다. 그의 발레를 추상 발레, 모든 비본질적인 것을 덜어내고 음악과 동작만을 남긴 발레라고 칭하는 것도 이 때문이다.

　이렇듯 발란친 작품 세계의 핵심은 단순화에 있었다. 오로지 음악과 무용수들의 움직임으로 관객의 시선을 끌어야 했기에 안무는 음악과 긴밀한 연관성을 갖춰야 했고 오케스트라와의 완벽한 조화가 강조되었다. 고전발레의 어휘를 새롭게 확장한 신고전주의 작품 <아폴론>은 발란친이 미국에서 꽃피운 현대발레의 시발점이었으며, <아폴론>의 연이은 수정본은 평단의 호불호와 상관없이 음악과 동작의 완벽한 조화를 추구하고자 했던 발란친의 열정의 산물이었다.

황금시대
볼트

«Золотой век» и «Болт»

서선정

황금시대

음악: 드미트리 쇼스타코비치

안무: 바실리 바이노넨, 레오니드 야콥슨 외

대본: 알렉산드르 이바놉스키

초연: 1930년 10월 26일, 레닌그라드국립오페라·발레극장

볼트

음악: 드미트리 쇼스타코비치

안무: 표도르 로푸호프

대본: 빅토르 스미르노프

초연: 1931년 4월 8일, 레닌그라드국립오페라·발레극장

1. 쇼스타코비치와 혁명, 그리고 발레 음악

발레 <황금시대>와 <볼트>는 20세기 초 러시아 혁명이 발레에 어떠한 변화를 야기하였는가를 선명하게 보여주는 작품이다. 특히 이 두 작품의 운명은 혁명 이후 역사의 격랑을 따라 일렁였던 쇼스타코비치의 삶과 밀접한 관계를 맺고 있다.

1906년에 태어난 쇼스타코비치는 피아니스트였던 어머니에게 기

드미트리 쇼스타코비치

초를 배우다가 11세 때 음악학교에 입학하여 정식으로 작곡공부를 시작한다. 러시아 혁명 직후인 1919년에는 페트로그라드(상트페테르부르크의 옛 명칭)음악원에 입학하는데, 1925년 음악원 졸업작품으로 제출한 <제1번

교향곡>이 소련을 비롯한 전 세계적 명성을 얻게 되면서 때 이른 성공을 거둔다. 뒤이어 그는 러시아 혁명이 일어난 달을 뜻하는 '10월'이라는 부제가 붙은 <제2번 교향곡>(1927), 노동절인 '5월 1일'을 부제로 하는 <제3번 교향곡>(1929)을 발표하는데, 초기 교향곡들이 혁명과 프롤레타리아 정신에 부합하는 작품으로 평가되면서 당시 소련 내에서 큰 호응을 얻는다. 초기 대작들 덕분에 흔히 쇼스타코비치를 대편성악에 몰두한 작곡가로만 생각하곤 하지만, 사실 작곡가로서 그가 추구한 음악 세계를 더 잘 드러내 주는 것은 오히려 소품들이었다. 1929~1930년에 작곡한 그의 소품들에는 20세기 초 음악계에 나타난 전위적이고 실험적 경향들이 가득했다.

"쇼스타코비치는 극예술을 위한 인간이다. 그는 극예술을 이해했고 좋아했다."

- 음악연구가 레프 다닐레비치

쇼스타코비치가 발레곡 <황금시대>(1930)와 <볼트>(1931)를 창작한 것은 이즈음으로 이러한 실험적 경향성과 무관치 않았다. 그는 음악과 극 무대를 결합시키는 것에 유독 관심이 많았고, 이 작품들에 자신의 내적 예술관과 동시대의 다양한 음악 경향들을 결합시켰다. 그 결과 1920년~1930년대에 그는 많은 수의 오페라와 발레곡을 쏟아내었다.

그러던 중 그의 삶에 위기가 찾아온다. 1920년대 말부터 프롤레타리아 예술 담론을 강화하던 소련 당국은 1930년대에 접어들면서는 당시의 예술 경향들과 대대적인 이념 투쟁을 단행하였는데, 1932년에는 사회주의 체제 하의 이상적 예술 형태를 지시하는 용어로 사회주의 리얼리즘이 처음 거론되었고, 1934년에는 이것이 소비에트의 공식적 예술관으로 공고화되었다. 사회주의 리얼리즘은 혁명 이후 사회주의 건설 이상을 구현하는 예술적 방법을 뜻하는 것으로서 인민의 삶과 그 계급투쟁을 반영하고 당의 정책을 지지할 것을 기본 원칙으로 삼았다. 당시 쇼스타코비치는 오페라 <므첸스크 현의 맥베스 부인>(1934년)과 세 번째 발레 작품인 <맑은 시냇물>(1935년)을 발표한 상태였는데, 특히 민속적 모티브를 차용한 <맑은 시냇물>은 경쾌하고 이해하기 쉬운 주제 덕분에 대중적 인기를 누리고 있었다.

그런데 쇼스타코비치의 작품들에 대한 비판이 등장하기 시작했다. 오페라 <므첸스크 현의 맥베스 부인>은 지나치게 현학적이며, <맑은 시냇물>은 삶을 마치 인형극처럼 표현하고 있을 뿐 아니라 민속을 형식주의적인 태도로 대하고 있다는 것이었다. 결국 그에게는 형식주의자라는 낙인이 찍혔고 그의 작품들은 일시에 공연 금지되었다. 이때 사용된 형식주의자라는 비난은 파시즘이나 공산주의 등 전체주의 체제에서 교육받지 않은 일반 대중이 이해하기 어려운, 형이상학적인 예술적 성취를 추구하던 예술가들을 향해 사용하던 전형적인 굴레였다. 즉, 전위 음악적 실험과 함께 음악의 미학적 문제에 대한 고민을 놓지 못했던 쇼스타코비치의 예술 세계는 사회주의 리얼리즘을 추구하던 소련 당국의 지향과는 맞지 않았던 것이다. 그리고 이 사건을 계기로 쇼스타코비치는 더 이상 오페라나 발레곡을 작곡하지 않게 된다.

이후 그는 국가의 요구와 예술가로서의 자의식 사이에서 평탄치 않은 행보를 거듭하게 된다. 무엇보다 살아남아야 했던 쇼스타코비치는 당국의 의향대로 작풍을 바꾸었고, 1937년 <제5번 교향곡>을 발표하여 호평 받는다. 또한 1940년에 발표한 <피아노 5중주곡>, 레닌그라드 봉쇄의 영웅적 투쟁을 그린 1942년의 <제7번 교향곡 '레닌그라드'>로 2회에 걸쳐 스탈린상을 수상하며 소련 당국의 신뢰를 회복하는 듯했다.

그러나 1940년 문화영역에서 스탈린 정책을 이끈 즈다노프가 등장하면서 쇼스타코비치는 또다시 위기를 맞게 된다. 1945년에 발표한 <제9번

교향곡>은 또다시 소비에트의 이념을 충분히 드러내지 못했다는 비판을 받으며 공연 금지된다. 이후 1949년 칸타타 <숲의 노래>와 1951년 합창모음곡 <10의 시(詩)>로 스탈린상을 수상하면서 다시 명예를 회복한다.

예술적 소신을 유지했던 숱한 예술가들이 소련 당국에 의해 숙청되거나 고난의 삶을 살아야 했던 것과 달리, 쇼스타코비치는 비록 수차례 소비에트 당국과의 마찰로 위기를 겪었으나 그 순간마다 당국의 요구를 수용하여 결과적으로는 현실에서 명예로운 삶을 유지하였다. 그로 인해 쇼스타코비치는 정치적 요구에 영합하여 예술의 순수성을 버린 작가로 비난받기도 하지만, 그러한 맥락을 감안하더라도, 웅장한 지평과 서사적 사건을 표현해낸 음악적 에너지, 그리고 인간의 영혼 속을 파고드는 해학적 감흥을 담은 그의 음악 세계는 그를 20세기의 가장 위대한 작곡가의 한 사람으로서 평가하는데 주저함이 없게 한다. 요약하면, 쇼스타코비치의 삶은 평생토록 예술성과 정치성 사이의 경계를 넘나들었다고 할 수 있겠다.

2. 1920년대 말~1930년대 소련의 혁명적 발레

발레 <황금시대>와 <볼트>에 대해 이야기하기 위해서는 우선 혁명 이후 러시아 발레에 일어난 변화에 대해 이해할 필요가 있다.

1917년 러시아 혁명 이후, 오랜 세월 러시아 제국 황실의 비호 아래 발전해온 발레, 오페라 등의 극예술은 프롤레타리아 계급에게 적대적인 예술로 간주되었다. 이러한 예술 양식들은 혁명 이후의 새로운 전망과 시대정신을 담을 수 있는 예술 형식으로의 혁신을 꾀해야 했는데, 이 시기 러시아 발레에는 낡은 부르주아적 정체성을 버리고 현대적 발레로 변화해야 한다는 과제가 주어졌다. 그리하여 새로운 발레를 실험하는 시기가 도래했고, 그 결과 낡은 고전발레에서 사용되던 익숙한 동작을 가급적 배제하고 낯설고 현대적인 동작들, 예컨대 곡예에 가까운 동작, 보드빌적이거나 일상 행위를 닮은 동작, 연극적 팬터마임 등을 가미한 발레 작품들이 탄생하였다. 그러나 이렇게 발레 속으로 끌어들여진 비전통적인 낯선 요소들은 발레와 어울리지 않았다.

이러한 상황에서 발레가 프롤레타리아를 계몽하고 교육하는 수단으로 기능할 가능성을 발견한 소련의 위정자들은 새로운 과제를 부과하였다. 익숙한 발레 전통을 보존하고, 발레뤼스의 참여자들이 유럽으로 이탈하여 생긴 공백을 채워 무대

1928년, 격문이 가득한 볼쇼이극장 내부

를 재건하는 것 외에도, 새로운 시대정신, 새로운 관객에 맞는 발레를 창작해야 한다는 것이었다. 즉, 내용적으로는 혁명을 비롯한 동시대의 거대 사건들을 발레 무대 위에서 직접 표현하되, 형식적으로는 교양의 바탕이 부족한 프롤레타리아 계층이 쉽게 이해할 수 있는 익숙한 것이어야 했다. 당국이 설정한 이러한 목표 덕분에 소비에트의 안무가들은 난해한 모더니즘 발레 대신, 배척당했던 고전발레의 전통으로 다시 시선을 돌리게 된다. 그렇게 형성된 1920년대 후반기 발레는 고전발레에서 전형적으로 사용되던 무용과 상징 등 형식적 전통을 유지하면서도, 내용적으로는 변화한 동시대의 현실을 표현하는데 초점을 두었다. 옛 고전발레의 레퍼토리를 새로운 연출법으로 재해석하여 무대에 올리는가 하면, 선과 악, 현실과 환상의 대조

와 같은 고전발레의 주제들을 원용하거나, 고전발레에서 전형적으로 사용되던 무용에다 팬터마임, 디베르티스망을 결합하여 대중적 인기를 얻으려 시도하였다.

이와 같이 소련 성립 이후 혁명을 직접적으로 그리거나 혁명 이후 프롤레타리아 관객들의 시대 의식을 고취시키려는 목적을 띠었던, 혁명의 이념적 토대에서 창작된 정치-참여적 발레 작품들을 우리는 통칭하여 혁명적 발레, 혹은 혁명 발레로 지칭할 수 있다. 혁명 발레의 흐름 중에서 고전발레 전통을 배격하고 모더니즘을 추구하던 초기 발레로부터 새로운 요소와 고전발레의 요소를 결합시킨 발레로의 이행은 각 시기의 대표 작품들에서 뚜렷이 관찰된다. 예를 들어, 혁명의 추상적인 형상을 그 자체로서 무대 위에서 구현하려 한 1924년의 발레 <붉은 회오리>가 그 난해함으로 인해 관객들에게 제대로 수용되지 못했던 것과 달리, 1927년 발레 <붉은 양귀비>는

<붉은 양귀비>의 한 장면

고전발레 요소와 새로운 실험적 안무를 성공적으로 결합하여 혁명 발레 중 최초로 대중의 폭넓은 인기를 얻었다. 1920년대 후반기 혁명 발레의 성공 이후 이러한 창작 방식은 1930년대의 혁명 발레에서도 유지되었다.

1930년대 혁명 발레는 고전발레와 새로운 요소들을 양극단으로 모두 수용하면서 발전하였으나, 소련의 예술 강령이 사회주의 리얼리즘으로 공고화되던 시기로 접어들면서 점차 이념적 내용적 측면에 집중하게 된다. 그러자 혁명적 발레는 전통 발레가 지녔던 무용적 특성에서는 점점 더 멀어지는 대신, 주제를 구현하기 위해 비전통적인 요소, 혹은 발레 외적 요소를 적극적으로 도입하여 오히려 연극에 가까워지게 된다. 점차 고전발레의 요소들은 혁명 발레의 형식적, 외적 요소를 만족시키는 차원에서만 피상적으로 다루어지게 되었고, 소비에트 러시아의 삶 속에서 흔히 볼 수 있던, 집단 체조를 형상화한 댄스나 생활 속에서 일상적으로 반복되는 동작들이 혁명 발레의 안무를 가득 채우게 되었다. 그로 인해 혁명 발레의 안무는 안무로서의 일체성, 그 서사적 완결성을 잃게 되어 예술적 위기에 처하게 된다. 1930~35년에 창작된 쇼스타코비치의 세 발레, <황금시대>, <볼트>, <맑은 시냇물>은 이 시기 혁명 발레의 이러한 특성을 고스란히 드러낸다. 특히 쇼스타코비치의 발레 <황금시대>와 <볼트>가 음악적 성취로 높이 평가받지만, 전체 주제와 안무에 대해서 그렇지 못한 것은 이와 무관하지 않다.

1930년대 발레는 사회주의 리얼리즘 계열의 문학작품과 같은 주제성, 이념성을 갖게 되었으나, 무용과 안무의 차원에서는 높이 평가되지 못한다. 이 시기 발레가 '발레극(드라마 발레)'으로 불리는 것은 이러한 맥락과 무관하지 않다. 이후 1940~1950년대에는 혁명 발레에 대한 환멸로 인한 위기가 찾아오고 해빙기인 1950년대 말부터는 발레 안무가들의 세대교체가 이뤄지면서 옛 고전발레의 형식이 다시 환기된다.

혁명 발레에 반영된 이념성은 오늘날 소비에트 발레가 예술적으로 평가

절하되는 주요한 이유가 되고 있다. 소비에트 사회의 건설과 그 밝은 미래를 담고 있어야 한다는 주제적 조건이 발레 창작의 핵심 원칙이 되면서 혁명 발레는 내용적, 형식적으로 획일화되었기 때문이다. 그러나 다른 한편으로 혁명 발레는 고전발레로부터 탈피하여 현대발레로 나아가는 과정을 촉진시켰다는 점에서 진보적이라는 평가를 받기도 한다.

3. 스포츠와 소비에트 건설: 발레 <황금시대>
1) <황금시대>는 어떻게 탄생하였나?

발레 <황금시대>의 창작과정에서 가장 먼저 만들어진 것은 리브레토였다. 1929년 국립극장위원회는 현대 소비에트 발레를 위한 리브레토 공모전을 개최한다고 공지하였다. 이는 <붉은 양귀비>의 성공에 고무된 당국이 시민들의 참여를 독려하고 혁명 발레의 양식을 확립하기 위해 시도한 것으로서 리브레토에는 몇 가지 필수 사항이 요구되었다. 작품의 주제가 현대적 삶, 사회주의 건설을 담아야 하고, 작품 안에는 반드시 시위행진, 전투, 거리운동과 같은 대중의 움직임이 포함되어 있어야 한다는 것이었다. 공모전의 수상작은 영화감독 이바놉스키가 스포츠 경기를 중심소재로 삼아 창작한 <디나미아다>로서, 황금만능의 서방 부르주아 계급 젊은이들과 충돌하게 된 소비에트 축구팀에 대한 이야기였다. 열렬한 축구팬이었던 쇼스타코비치는 특별한 애정을 갖고 작곡에 임했다. 그는 이야기에 맞게 스포츠와 곡예 댄스, 팬터마임, 패러디적 에피소드를 위한 37개의 악보를 작곡했고, 그것이 발레곡 <황금시대>로 탄생했다.

쇼스타코비치는 이 발레곡에서 현대 서유럽 부르주아 문화와 관련된 음악과 프롤레타리아 소비에트 문화를 위한 음악을 두 가지 기본 요소로 사용하였는데, 이는 상반된 두 문화를 대조하는 것이 발레 <황금시대>의

1930년 <황금시대> 초연 장면

주요 과제라고 판단했기 때문이라고 밝힌 바 있다. 특히 그는 부르주아 문화를 표현하기 위해서는 삶에 유해한 에로티시즘을 담고 있는 살롱 댄스 등을 위한 음악을, 소비에트 문화를 표현하기 위해서는 스포츠, 노동자의 일상적 삶 등 건전한 에너지를 표현하기 위한 음악을 작곡했다고 말했다.

> "(<황금시대>의) 음악은 매우 극적이다. … 왜냐하면 리브레토의 빈약함에도 불구하고 … 음악은 그 자체로 극적 행위와 플롯을 전개하고 있다."
>
> - 초연 <황금시대>의 지휘자
> 알렉산드르 가우크

1930년 쇼스타코비치가 완성된 악보를 넘겼고, 바실리 바이노넨, 레오니드 야콥슨 등 젊은 안무가들이 무대 전체 구성을, 엠마누일 카플란이 무대감독을, 알렉산드르 가우크가 지휘를 맡아 발레가 완성되었다.

<황금시대> 포스터

당시 이 발레는 무대와 연출의 관점에서, 프롤레타리아와 부르주아 세계의 투쟁을 선명하고 명확히 드러내어 무대를 정치화하되, 부르주아 세계를 그로테스크한 세계로 제시할 것과 무용 뿐 아니라 극적으로도 의미 있는 공연을 만들어야 하므로 전체 연출을 안무가가 아닌 무대감독에게 위임할 것을 요구받고 있었다. 당시 <황금시대>의 연출가들은 자신들의 안무가 고전발레 체계를 대체할 수도 없으며 소비에트 발레의 모범적 사례도 아니지만, 프롤레타리아와 부르주아 무용 간의 차이를 구현해 냈다고 자평했다. 특히 프롤레타리아를 표현하는 부분에서는 사전에 준비된 공식적 구조 대신 건강, 힘, 활력, 기쁨 등을 표현하는 가운데 그 내적 완결성이 자연스럽게 표출되도록 하였으나, 부르주아 세계는 1920년대 미국에서 유행하던 대표적 살롱 댄스를 통해서만 표현되도록 장치했다고 설명했다.

1930년 10월 26일, 드디어 레닌그라드국립오페라·발레극장(현재 마린스키극장)에서 3막 발레 <황금시대>의 초연이 이루어졌다. 발레는 대중적으로 성공을 거두었으나, 격렬한 토론을 촉발시켰다. 비평가들은 리브레토의 극적 구성이 명료하지 않다는 점을 지적하면서, 안무에 대해서는 민중에게 낯선 부르주아 스타일을 끌어들였다고 혹평하였으며, 음악에 대해서는 무용과 맞지 않다고 평가했다. 그 뒤 <황금시대>는 키예프와 오데사의 무대에도 올려졌으나, 공연은 그리 오래 지속되지 못했다.

2) 초연 <황금시대>의 줄거리

사건 발생의 시공간적 배경은 1920년대 말, 서구의 거대 자본주의 도시이다.

1막

산업전시회 <황금시대>의 축하 공연장. 화려한 카펫이 깔린 축하공연장에는 일단의 파시스트들이 떠들썩하게 등장하고, 뒤를 이어 노동자들이 초청한 소련의 축구팀이 등장한다. 소련 축구팀의 등장에 파시스트들은 매우 불편해 한다. 이어 흑인선수와 파시스트인 백인선수 간의 권투시합이 벌어지는데, 파시스트들이 심판을 매수한 결과, 크게 패배한 백인선수가 오히려 승리자로 선언된다. 그러자 분노한 노동자들이 링 위로 달려들고, 경찰이 그들을 몰아내면서 한바탕 소란이 벌어진다.

2막

파시스트들이 폭스트롯을 추고 있는 음악당의 홀. 모두가 기다리던 댄서 디바가 등장하자 사람들이 열광하고, 뒤이어 노동자들과 소련의 축구팀이 들어온다. 소련 축구팀의 주장이 마음에 든 디바는 함께 춤을 추자고 청하지만, 주장은 이를 거부한다. 한편, 이를 눈여겨본 산업전시회의 국장은 세계의 모든 계급들이 평화롭게 하나가 되었다는 것을 허위광고하기 위해 디바와 소련 축구팀 주장이 함께 춤을 추게 할 계략을 세우고, 곧이어 소비에트 축구 선수와 디바가 함께 춤을 출 것이라는 거짓을 담은 포스터를 내건다. 그러던 중 디바가 나치를 위해 건배를 권하자 소련 축구팀 주장은 이를 거부하고, 이에 분노한 파시스트들이 그를 덮친다. 주장이 자신을 방어하려 축구공을 집어들자, 이것을 폭탄으로 착각한 파시스트들은 바닥에 엎드리고, 그 틈을 타 그는 공을 내려놓고 동료들과 함께 그곳을 떠난다. 파시스트들은 자신들이 착각했다는 것을 깨닫고 계속 춤을 춘다.

초연 <황금시대>의 한 장면

3막

흑인, 소련 축구팀 주장, 그 지역의 콤소몰 여성 단원이 도시를 산책한다. 형사들이 주장의 주머니에 몰래 위조지폐를 감춘 뒤 그를 체포하려 뒤쫓지만, 노동자들이 그들을 보호하자 추격을 중단한다. 한편, 노동경기장에 모인 공산소년단원들과 노동자 운동선수들, 소련 축구팀의 모습과 음악당에서 카드게임에 몰두하여 열정을 불사르는 파시스트들의 모습이 대조를 이룬다.

전시회 공연장에서는 소련 축구팀 주장의 옷을 입은 파시스트가 디바와 춤을 추며 '평화로운 협력'을 공표하려 하지만, 그 지역의 콤소몰 여성

당원이 춤을 추고 있는 사람이 가짜 주장임을 폭로하자 관객은 공황상태에 빠진다. 그리고 노동자들과 소련 축구팀은 단결의 춤을 추며 하나가 된다.

3) 감상을 위하여

비록 동시대 소비에트 비평가들의 혹평을 받았으나, 초연 발레 <황금시대>는 혁명 발레의 전형적 특성을 갖고 있다. 황금만능주의, 퇴폐성, 불공정, 기만이 가득한 자본주의와 건전하고 명료하며 진실한 소비에트 사회가 대립하는 가운데, 소비에트의 젊은이들, 자본주의 사회에 존재하고 있던 콤소몰 당원들과 노동자들, 그리고 흑인 권투선수처럼 차별받던 세력들이 연대하여 승리하게 되는 흐름은 혁명 발레의 요건인 혁명적 사건을 구현하고 있기 때문이다.

특히 이 작품에서는 소비에트 젊은이들의 건전성을 표현하기 위해 스포츠 경기와 아크로바틱한 안무가 사용된다는 점을 눈여겨볼 필요가 있다. 권투와 축구 등의 운동 경기가 자본주의의 부정적 특성들을 노출시키는 동시에 이에 저항하는 건전한 군중의 힘을 발현시키는 무대로 기능하고 있는데, 특히 운동경기를 관람하는 군중의 모습이 사실적으로 그려진 것은 스포츠와 군중, 집단성을 연결시키는 소비에트 '신체문화'와 연관되어 있다.

'신체문화'는 혁명 전 제정시대의 신분에 종속되어 무기력한 삶을 살았을 대다수의 프롤레타리아 계층을 주체적이고 의욕적인 소비에트 인간으로 계도하기 위해 소련 당국이 추진했던 문화 정책 방향의 하나이다. 자신의 신체를 통제하는 가운데 생기는 강한 정신력과 의지, 조직에서 자신의 위치를 자각하고 그 규율에 따르는 금욕적 삶의 태도는 전체주의 국가이념을 주입하고 집단노동을 통한 생산증대로 경제를 부흥시켜야 했던 소련 정부가 개인에게 요구했던 윤리적 덕목이었다. 따라서 스포츠 교육은 건강한 체력, 건전한 정신력, 조직과 규칙을 대중에게 심어 줄 수 있는 효과적 방법이었다. 신체에 대한 강한 통제와 인내심을 필요로 하는 아크로바틱 무용과 규칙이 작동하는 스포츠, 특히 팀의 단일한 목표를 위해 모든 구성원들이 일사분란하게 움직여야 하는 단체 스포츠 축구가 <황금시대>에 등장하는 것은 그러한 맥락을 지닌다.

한편 소비에트 인간형에 대립하는 자본주의 인간형은 고전적인 무용 테크닉에 기초한 사교춤을 통해 표현되는데, 특히 동시대 미국에서 유행했던 댄스 음악들이 대거 사용된다. 탱고, 폭스트롯, 블랙 보텀, 투스텝, 재즈댄스의 일종인 찰스턴 등 부르주아 문화를 상징하는 이들 무용 역시 다채로운 볼거리를 제공하는데, 빈센트 유먼스가 작곡한 <Tea for two>의 선율에 맞춘 <타이티 트로트>처럼 이들 중 몇몇 작품들은 오늘날까지 따로 공연될 정도로 대중적 인기를 누리고 있다.

4) <황금시대>의 개정본들

초연 당시 형식주의적 발레라는 혹평과 함께 상연 금지된 <황금시대>는 이후 오랜 세월 동안 다시 무대에 오르지 못했다.

<황금시대>를 새롭게 올리려는 첫 시도는 1980년대에서야 이루어졌다. 1950년대 이후 러시아에서 가장 전도유망한 안무가

> "나는 이제 이 극을 고쳐 써야할 때라고 생각했다. 그러나 허락을 받지는 못했다. 쇼스타코비치는 자신의 발레들을 되살리고 싶어하지 않았다. … 그러나 그의 사망 후 미망인 이리나 안토노브나가 내게 전화했고, <황금시대>의 음악자료를 전부 내게 건넸다. 나는 당시 볼쇼이극장의 발레 예술 감독이었는데 쇼스타코비치의 친구인 이삭 글리크만과 함께 새로운 리브레토를 썼다."
>
> - 유리 그리고로비치의 인터뷰

였던 유리 그리고로비치는 리브레토, 음악, 안무에 이르기까지 모든 점에서 새로운 <황금시대>를 기획한다. 작고한 쇼스타코비치의 가장 친한 지인의

유리 그리고로비치의 <황금시대>

하나였던 음악가 이삭 글리크만과 함께 그는 초연 당시의 리브레토를 수정하였다. 배경과 등장인물, 중심사건을 모두 바꾸고 러브라인을 추가하여 만들어진 새 리브레토는 <황금시대>라는 제목만 동일할 뿐, 작품의 의도나 형식적인 면에서 원작과는 완전히 다른 작품이었다.

또한 초연 발레 <황금시대>에 사용된 음악 역시 편곡되었다. 형식주의적 특성이 강했던 원곡에 대해 초연 당시의 비평가들은 쇼스타코비치의 발레곡 <황금시대>는 의도적으로 불안정하게 고안된 혼란스러운 소리로 가득한데, 특히 이런 선율들은 마치 소리조각처럼 들리므로 따라가기도 어렵고 기억하기는 더더욱 불가능하다며 혹평한 바 있다. 물론 당시의 이러한 평가는 소련의 평론가들이 젊은 쇼스타코비치의 현대 음악적 실험을 이해하지 못한 탓으로 볼 수 있다. 쇼스타코비치 스스로도 편하게 춤을 추게 하려고 이 음악을 작곡한 것은 아니라고 고백한 바 있었다. 그리고로비치는 이러한 쇼스타코비치의 원곡에다 좀 더 익숙한 그의 교향곡과 피아노 협주곡의 선율을 결합시켰다.

이렇게 탄생한 <황금시대>는 1982년 10월 14일 모스크바의 볼쇼이극장에서 3막 10장의 발레로 부활하였다. 사건의 배경은 1920년대 중반 어느 신생 소비에트 공화국의 작은 연안도시로 바뀌었고 대립하는 두 세력은 프롤레타리아 어부인 보리스가 이끄는 젊은 어부들과 네프만의 레스토랑인 <황금시대>의 손님들로 설정되었다. 어부 보리스는 레스토랑 <황금시대>의 무용수인 리타와 사랑에 빠지는데, <황금시대>에 나타난 갱 두목 야시카가 리타와 그 친구인 류샤를 지하 세계로 끌어 들인다. 이들 사이에는 야시카가 리타에게, 류샤가 야시카에게 빠지는 애정의 삼각관계가 형성되는데, 야시카가 질투심에 휩싸인 류샤를 죽이고 프롤레타리아 어부들이 야시카의 갱단을 몰아내어, 마지막에는 보리스와 리타가 사랑을 이루게 된다. 즉, 사랑에 빠진 커플이 네프만의 흔적을 몰아내는 유쾌한 결말로 끝맺는 것이다.

그리고로비치는 초연 <황금시대>에 존재했던 적대적 두 세계 간의 갈등 구조를 유지하면서도, 자본주의 세계에 대한 소비에트 정신의 승리에 대한 이야기를 러시아 내부에 존재하는 네프만의 퇴폐적인 정신을 몰아내고 진정한 소비에트를 건설하는 것에 대한 이야기로 변모시켰다. 네프는 1921~1927년 레닌이 침체된 소련의 경제를 부흥시키기 위해 일시적으로 일부 자본주의적 요소를 도입하여 실시한 '신경제정책'을 지칭하는데, 네프만은 이 당시 자본주의적 요소에 현혹되어 타락한 소비에트인을 지칭하는 것이었다. 1980년대에 네프 시기의 러시아를 다루는 것이 고리타분하게 보일 수 있으나, 그 의의를 제대로 이해하기 위해서는 1982년에 등극한 개혁파 서기장 안드로포프(1982~1984)가 소련 사회주의 시스템의 위기를 간파하고 이를 극복하기 위해 1920년대의 '신경제정책'과 같이 일시적인 단기부흥 정책을 준비하고 있었던 당시 사회적 정황을 고려해야만 한다. 즉,

썩은 부르주아, 부도덕하고 퇴락한 러시아와 젊고 혁명적이며 창조적인 소비에트 러시아의 대립을 보여주는 <황금시대>가 1982년 소련의 무대에 올려졌다는 사실은 특별한 시의성을 갖고 있었던 것이다.

그러나 그리고로비치의 발레 역시 비판을 피하지는 못했다. 우선, 역동적 장면에서 사용한 원곡의 형식주의적 선율과 서정적 장면에서 사용한 쇼스타코비치의 피아노 협주곡, 교향곡 선율간의 결합이 불완전하여 음악이 발레의 통일성을 깨뜨린다는 것이었고, 두 번째 비판은 부정적인 네프만의 형상은 선명하게 드러낸 반면, 그에 대립하여 주제의식을 구현해야할 젊고 긍정적 인물들을 제대로 형상화하지 못했다는 것이었다. 예컨대, 발레 초반의 청년들의 신체문화적 춤과 행진, 선동적 무대는 미래적이고 역동적인 공산주의 러시아의 이미지를 드러내야 했으나 평범하고 조잡했으며 작위적이었고, 그 결과 공산주의적 청년들이 그저 집단주의에 집착하는 대중들

노아 겔버의 <황금시대>

처럼 보였다는 것이다. 또한 레스토랑 <황금시대>나 야시카의 형상이 그다지 부도덕한 느낌을 주지 않으며 보리스가 <황금시대>를 파괴하는 장면은 부도덕한 자본주의 세계를 파괴하는 상징적 행위라기보다는 개인적인 사랑을 이루기 위한 행동으로 보인다는 평가를 받았다. 그러나 주제구현이나 음악적 측면에 대한 여하한의 비판에도 불구하고, 그리고로비치의 <황금시대>는 완성도 높은 안무로 회자되고 있다.

2006년 쇼스타코비치 탄생 100주년을 맞이하여 상트페테르부르크의 마린스키극장에서는 또 한편의 새로운 <황금시대>가 무대에 올랐다. 이는 콘스탄틴 우치텔이 개작한 새 리브레토에 독일 안무가 노아 D. 겔버가 안무를 맡고, 노아 겔버와 안드레이 프리코텐코가 공동 연출로 완성한 작품이었다. 2006년의 <황금시대>는 초연 <황금시대>에서처럼 75년 전 어느 소비에트 축구팀이 서유럽국가를 여행하는 이야기로부터 시작된다. 선수들이 겪은 사건들과 낭만적 에피소드들이 펼쳐진 후, 냉전시기의 시작을 알린 철의 장막, 제2차 세계대전, 공산주의 청년들과 자본주의 사회의 청년들 간에 벌어지는 스포츠 경기 등 거대한 역사적 사건들이 전개되며, 그 사이로 적국 선수와의 이룰 수 없는 사랑, 전쟁에서의 상흔, 동료의 전사 등 주인공들의 사연들이 펼쳐진다.

1930년대에 청년기를 보냈을 초연 <황금시대>의 젊은 주인공들은 2006년에의 무대에서 90세 이상의 나이여야 하지만, 발레에서는 노년의 참전용사들의 젊은 분신이 주로 활약한다. 특히 마지막 3막에서는 전쟁에 대한 주인공들의 비극적 기억들이 중심을 이루는데, 이로 인해 이 무대는 젊은 시절에 대한 주인공들의 아련하지만 지루한 추억으로 변모되었다는 혹평을 받게 된다.

다채로운 영상기술을 활용하여 1930년대와 현대 러시아를 오가는 격동의 대서사시를 펼쳐내려던 겔버의 이러한 시도는 연출과 무용적 측면에서도 매우 성공적인 것으로 평가받지는 못했다.

4. 집단노동과 소비에트 윤리: 발레 <볼트>
1) <볼트>는 어떻게 탄생하였나?

대다수 혁명 발레처럼 발레 <볼트>의 기획도 리브레토에서부터 시작되었다. 당시 모스크바예술극장 감독이었던 빅토르 스미르노프가 리브레토를 창작하자 쇼스타코비치가 이 리브레토에 맞는 발레곡을 쓰도록 제안받게 된 것이다. 그런데 스미르노프의 리브레토는 쇼스타코비치의 마음에 들지 않았다. 공장의 기계가 낡아 고장이 나자 그것을 고치는데, 그 과정에서 또 다른 문제가 생겨 결국 새 기계를 구입하게 되고, 이 기계에 대해 노동자들이 기뻐하는 것으로 끝맺는다는 줄거리는 그의 관점에서 지나치게 단순하고 전형적이었다. 쇼스타코비치는 여러 번 리브레토를 수정하였으나 만족스러울 정도로 바꾸지 못했고, 결국 <볼트>의 리브레토는 그것에 비

1931년 4월 8일 <볼트> 초연 후 쇼스타코비치의 아파트에서 열린 파티

하면 다른 발레의 리브레토가 셰익스피어의 작품처럼 보일 지경이라는 말을 들을 정도로 혹독한 평가를 받는다. 어쨌거나 수정된 리브레토에 당시 혁명 발레 최고의 안무가로 이름을 날리고 있었던 로푸호프의 안무가 더해져 발레 <볼트>는 완성된다.

1931년 4월 8일 레닌그라드국립오페라·발레극장에서 3막 7장으로 구성된 발레 <볼트>가 초연되었다. 공연 직후 언론의 반응은 매우 부정적이었는데, 주로 발레에 표현된 노동자들의 부정적 모습들을 이념적 관점에서 비평한 것들이었다. 하지만 비평가 도브로볼스카야의 말처럼, 술에 취해 일어난 무질서와 방종을 문제적으로 그려낸 연출가를 언론이 이념적 관점에서 비난했다는 사실은 <볼트>라는 발레 자체가 실패했다는 것을 의미하지는 않았다. 적어도 <볼트>가 산업현장에서 벌어지는 문제적 현상을 풍

1931년 <볼트> 초연 무용수들

자적으로 그려내는 데 성공했다는 것을 뜻하기 때문이다. 그러나 혁명 발레는 궁극적으로 소비에트 혁명 이념의 긍정적 미래를 그려내야 했다. <볼트>는 부정적 인물들을 강렬하게 풍자하는 데는 성공했으나, 소비에트 건설과 연관된 윤리적 긍정성에 대해서는 마지막 3막에서 간결하게 제시할 뿐 충분히 표현하지 않았으므로, 당시 소비에트의 평론가들의 비판에 직면해야 했다. 그 와중에서도 쇼스타코비치의 음악성만은 높이 평가되었다.

> "발레를 개작하는 일은 너무나 어렵고 고통스러워서 가능한 신중히 접근해야 하는데, 이는 실패를 감추기 위해서가 아니라, 작품 속에서 가장 훌륭한 부분들을 구제하여 관객들에게 다시 펼칠 가능성은 없는지 가늠하기 위해서다."
>
> - 극장예술감독 세르게이 라들로프, <볼트>의 초연 실패 후 개작을 논의하며

결국 이념적 측면에서 문제를 안고 있었던 <볼트>는 초연 이후 더 이상 공연되지 않았고, 원래 예정되어 있던 무대마저 발레 <돈키호테>로 넘어갔다. 2주 후인 1931년 4월 21일 당시 신문은 <볼트>가 극장 지도부의 결정에 따라 레퍼토리에서 제거되었으며, 작곡가와 안무가가 발레를 완전히 수정할 준비를 하고 있다고 보도했다. 그리고 2005년 새로운 <볼트>가 탄생하기까지 이 작품은 발레 무대에서 완전히 사라졌다.

2) 초연 <볼트>의 줄거리

1막

공장 마당에서 아침 운동을 마친 노동자들이 작업대로 향한다. 마지막에 나타난 룐카 굴바는 숙취로 인해 제대로 일을 하지 못한다. 한편, 공장 감독과 엔지니어들은 새 작업대를 가동할 준비를 하며 마지막으로 점검하는 중이다. 드디어 노동자들이 새로운 작업대에 배치되어 조화롭게 일을

<볼트>의 군무

하기 시작한다. 그러나 료카는 지인들과 몰래 술을 마시고는 졸음에 빠지고, 결국 그들이 담당한 기계가 멈춰 선다. 작업반원인 보리스가 이를 발견하여 술에 취한 이들을 깨우려 하는데, 료카 일행의 행동에 당황한 노동자들은 그들을 작업대에서 쫓아낸다.

한편, 올가의 지도 아래 <부농은 꺼져라!>라는 플래카드를 들고 시위 중인 유쾌한 공산 소년단원들과 콤소몰 단원들, 멘셰비키 대표들이 등장한다.

2막

서기 코젤코프가 세 명의 지인과 함께 최신 유행의 옷을 입고 나타나 콤

<볼트>의 한 장면

소몰 단원들의 비웃음을 산다. 맥줏집에서는 륜카 일당들이 몰려나오는데, 공장에서 쫓겨난 것에 대해 앙심을 품은 륜카는 볼트를 넣어 공장 기계를 고장 내버리자고 친구들을 꼬드긴다. 마침 곁을 지나가던 보리스가 이것을 듣고 말리지만, 오히려 볼트로 머리를 얻어맞고는 쓰러진다. 교회에서 사제가 나와 일당의 음모를 축복하고, 코젤코프는 맥줏집 여자가 거리로 실어 나른 술을 마시고 취한 나머지 올가에게 치근댄다. 한편, 공장 문 앞에서 정신을 차린 보리스는 음모를 알리려 하지만, 공장 경비대는 머리를 맞은 후유증으로 비틀거리는 그를 취한 것으로 오인하여 데리고 간다.

3막

하루 일과가 끝나고 노동자들이 퇴근하여 텅 빈 공장. 료카는 고시카를 보내 기계에 볼트를 넣는다. 때마침 그들의 음모를 기억해낸 보리스는 뭔가 좋지 않은 예감을 느끼며 작업장으로 돌아가는데, 그곳에서 고시카를 발견하고 뒤를 쫓는다. 도망간 고시카는 료카에게 이를 알리고, 료카는 작업장의 문을 잠가 보리스를 함정에 빠뜨린다. 볼트로 인해 기계는 망가졌고, 료카는 보리스가 범인이라고 거짓 밀고를 한다. 보리스는 체포되고 올가는 믿었던 보리스에게 크게 실망한다. 그러나 죄책감을 느낀 고시카가 공장 노동자들 앞에서 진실을 밝혀 보리스는 풀려나고 료카가 구속된다. 올가는 자신이 오해한 것에 대해 보리스에게 사과한다. 고시카는 공산 소년단원이 되고, 공장의 문화궁전에서는 노동자와 붉은 군대의 성대한 무대가 펼쳐진다.

3) 감상을 위하여

공장노동자들의 삶을 그린 발레 <볼트>에는 집단노동에 대한 소비에트적 윤리의식이 표현되어 있다. 이는 소비에트 건설을 긍정적으로 표현하려 했던 혁명 발레가 즐겨 사용한 주제로서, 섬세하게 재현된 소비에트 노동자의 일상을 통해 구현된다.

<볼트>에서 노동자의 삶은 오로지 집단으로 존재한다. 모두 함께 모여 통일된 동작으로 체조하거나, 작업대 위에서 함께 조업을 준비하고 작업이 끝나면 흩어지는 등 삶의 구체적 장면들은 모두 집단을 통해 표현된다. 공장을 형상화한 무대 위에는 거대한 기계장치가 설치되는데, 노동자들은 이 기계를 모시는 사제들인 것처럼 기계를 중심으로 통일된 움직임을 보인다. 기계는 노동자들이 신중히 다루어야 하는 대상이자 작업의 중심이며 노동자들이 추구해야 할 단일목표를 상징한다. 또한 집단노동에는 윤리성이 부여되고 있는데, 첫 번째 장면에서 공장노동자들이 함께 체조할 때 혼자서

뒤처지는 인물이 결국 노동자들의 적이자 방해꾼으로 밝혀지는 전개가 이를 상징적으로 드러내어 준다. 건전한 노동자 집단과 나쁜 노동자 개인의 대립 구도에서 개인의 개성에 대한 표현이 극도로 제한되고 집단의 모습이 훨씬 더 선명하게 구현되는 것에서 드러나듯, <볼트>는 노동자 집단을 발레의 중심에 두고 있다.

그러므로 <볼트>에서 표현된 소비에트의 윤리는 한 개인의 내적 가치를 고려하지 않은 채, 인물이 집단노동에 도움이 되느냐 혹은 방해가 되느냐를 기준으로 그 선악을 판단한다. 그리하여 기계처럼 일사불란한 전체의 움직임에 방해가 되는 개별 요소들은 모두 부정된다. 자신의 불성실로 인해 공장에서 쫓겨났으나 반성할 줄 모르고 볼트를 넣어 공장기계를 망가뜨리는 안티히어로의 주변에는 알코올 중독, 태업, 교회 등이 사회적 해악으로 함께 등장한다.

또한 <볼트>의 무대 구성, 의상 등에서 1920~30년대 러시아에서 일어났던 구축주의의 영향을 발견할 수 있는데, 이 역시 집단성을 시각적으로 구현하기 위한 미적 장치라고 볼 수 있다. 예술을 통해 삶을 변혁시키려는 혁명적 세계관을 바탕으로 삼고 있는 구축주의는 산업, 기계, 과학, 실용을 예술과 접목시키려한 전위 예술의 한 흐름으로서 순간이나 감성 대신 조직과 조형, 구성 등

<볼트>, 구축주의 경향의 의상

라트만스키의 <볼트>

을 중심 가치로 삼는다는 점에서 소비에트의 전체주의, 집단주의 의식과 긴밀히 연결된다. 그러나 이렇듯 음악, 무대장치, 의상 등 전위적 요소들을 두루 갖춘 <볼트>는 주제구현의 측면에서는 가장 프롤레타리아적 혁명 발레였음에도 불구하고 난해하다는 이유로 형식주의라는 비난을 받게 되었고, 결국 초연 후 즉시 상연 금지되었다.

4) <볼트>의 개정본

2005년 2월 알렉세이 라트만스키는 발레 <볼트>를 새롭게 안무하여 모스크바 볼쇼이극장의 무대에 올린다. 리브레토는 원작과 마찬가지로 불성실한 노동자의 음모와 실패를 주제로 하고 있지만, 세부적으로 약간의 변화를 겪었다. 원작에 등장하는 일부 인물들, 예컨대 사제와 같은 일부 부정적 인물들이 사라졌고, 술주정뱅이이자 게으름뱅이로 설정되었던 남자 주인공은 평범한 노동자로 바뀌었으며, 주인공이 음모를 계획하게 된 계기 역시 해고에 대한 분노가 아니라 약혼녀의 배신으로 설정되었다. 그는 3막

7장의 원작을 2막 4장으로 줄였으나, 줄거리는 더욱 확충시켰다. 원작에서 풍자적 형상들이 극의 대부분을 차지하여 이념성을 의심받았던 것과 달리, 이 개정본에서는 핵심 사건이 1막에서 전개되고 대신 2막에서는 부랑아 이바시카(원작의 고시카에 해당하는 인물)를 통해 미래지향적 긍정성이 중점적으로 형상화되었다. 특히 영상, 기계적 장치 등을 통해 이루어낸 무대 연출은 이 공연의 볼거리로 크게 부각되었는데, 현대적으로 각색된 대본, 무용이 부차적으로 여겨질 만큼 극적인 장치, 음악적 효과 등 종합적 측면에서 라트만스키의 <볼트>는 비평가들에게 크게 호평 받았다.

로미오와 줄리엣

«Ромео и Джульетта»

윤서현

원작: 윌리엄 셰익스피어의 희곡 「로미오와 줄리엣」

음악: 세르게이 프로코피예프

안무: 이보 바냐 프소타(세계 초연)

　　　레오니드 라브롭스키(러시아 초연)

대본: 이보 바냐 프소타(세계 초연)

　　　아드리안 피오트롭스키, 세르게이 프로코피예프,

　　　세르게이 라들로프, 레오니드 라브롭스키(러시아 초연)

초연: 1938년 12월 30일, 체코 브루노국립극장(세계초연)

　　　1940년 1월 11일, 레닌그라드 키로프극장(러시아 초연)

1. 희곡 「로미오와 줄리엣」의 발레화

셰익스피어의 희곡 「로미오와 줄리엣」은 1785년 루이지 마레스칼키의 음악과 에우세비오 루치의 안무를 통해 발레로 처음 탄생한 이후 수많은 예술가들의 영감을 불러일으켜 왔다. 이 희곡이 지닌 발레 소재로서의 잠재력은 명확했다. 죽음을 불사한 연인들의 사랑 이야기가 발레 동작 특유의 낭만성을 극대화시킬 수 있기 때문이기도 했지만 궁정 발레가 시작된 중세 말 르네상스 초 이탈리아를 배경으로 하고 있다는 점이 발레종주국의 위상을 유지해야 하는 입장에서는 특히나 매력적이었던 것이다.

20세기 초 유럽을 강타한 댜길레프의 발레뤼스도 예외가 아니었다. 1926년 댜길레프는 이미 자신과 결별했던 브로니슬라바 니진스카야를 <로미오와 줄리엣>의 안무를 위해 다시 불러들인다. 콘스탄트 램버트의 음악을 배경으로 하는 이 작품은 연인들의 사랑이야기가 포함되어 있을 뿐 셰익스피어 원작과의 관련성이 최소화되어 있었다. 장식을 극도로 배제한 채 발레바와 장막만으로 표현된 발레 연습실 풍경은 무대 중앙의 <로

니진스카야 안무 <로미오와 줄리엣>,
세르게이 리파리와 타마라 카르사비나

미오와 줄리엣> 리허설 풍경과 교차된다. 대부분의 무용수들은 단색 튜닉 차림이다. 반쯤 내려진 장막들 아래로 다리만 보이는 이들의 움직임이 인상적이다. 오직 로미오 역을 맡은 무용수와 줄리엣 역을 맡은 무용수만이 머리부터 발끝까지 르네상스풍 차림이다. 연인인 두 무용수는 리허설에 늦어 발레마스터의 화를 돋우는데 그는 셰익스피어의 원작에서 로미오에게 죽임을 당했던 줄리엣의 사촌 티볼트의 변형이다. 이 작품은 연인들이 죽음을 맞는 원작의 비극적 결말과는 달리 비행사 복장을 한 두 무용수가 비행기에 탑승하기 위해 무대를 떠나는 장면으로 끝을 맺는다.

야심찬 시도에도 불구하고 니진스카야의 안무는 레퍼토리화되지 못했다. 셰익스피어의 <로미오와 줄리엣>이 클래식 발레의 주요 작품으로 자리매김하기 위해서는 프로코피예프의 발레곡까지 아직 10여 년의 시간이 더 필요했다.

2. 대숙청기에 탄생한 프로코피예프의 <로미오와 줄리엣>

1917년 혁명 이후 일찌감치 미국과 유럽을 주 무대로 활동했던 프로코피예프는 1930년대 중반에 이르러 소련 당국과 동료 예술가들의 종용으로 영구 귀국을 고려하고 있었다. 당국과의 밀고 당기기가 한창이었던 1934년, 이미 수차례 공연이 연기된 오페라 <도박꾼>과 <불의 천사>의 러시아 공연을 위해 골몰하고 있던 프로코피예프는 볼쇼이극장으로부터 발레곡을 의뢰받게 된다. 그는 당시 영화사 렌필름의 예술감독이자 레닌그라드 오페라발레국립학술극장의 자문이었던 아드리안 피오트롭스키와 함께 셰익스피어 비극을 발레화하는 데 의견을 모으게 되고 이듬해 5월, 희곡 「로미오와 줄리엣」이 대상작으로 선택된다. 극작가이자 연출가인 세르게이 라들로프가 이 프로젝트에 합세하게 되면서 셰익스피어 고전을 대대적으로 개작해보자는 그의 제안에 따라 이 불멸의 사랑이야기를 해피엔딩으로 끝내보자는 원대한 기획이 수립된다.

하지만 1935년 10월 4일 볼쇼이극장 베토벤 홀에서 첫 선을 보인 <로미오와 줄리엣>의 시사 연주회는 실패로 돌아간다. 현대인들에게는 이미 고전발레곡이 된 음악이지만 작곡가의 동시대인들은 이 작품이 발레와 어울리지 않는다고 생각했다. 게다가 아무도 결말의 전복이 갖는 의미를 이해하지 못했다.

그즈음 공산당 기관지 『프라브다』는 연일 쇼스타코비치의 오페라 <므첸스크의 레이디 맥베스>를 '음악이 아닌 혼돈'으로, 그의 발레곡 <맑은 시냇물>을 '거짓 발레'로 매도하고 있었다. 당국은 '소비에트 클래식'의 필요성을 주창하고 있었지만 이 개념은 단지 '유령'일 뿐 그 누구도 이것을 일관성 있게 설명해 낼 수는 없었다. 때로는 지나치게 복잡하다는 이유로, 때로는 지나치게 단순하다는 이유로 특정 작품들이 공공연한 비난의 대상이 되었다. 당국의 '히스테리' 앞에서 극장들은 몸을 사릴 수밖에 없었고, 프

체코 브루노극장 <로미오와 줄리엣> 세계 초연,
줄리엣 역의 조라 솀베로바(1938)

프로코피예프의 <로미오와 줄리엣> 또한 볼쇼이극장에서도, 키로프극장+에서도 공연될 수 없었다. 엎친 데 덮친 격으로 이 작품의 첫 기획자 중 하나인 피오트롭스키가 첩보활동 혐의로 1937년 스탈린숙청의 희생자가 되면서 이 작품의 공연은 더욱 요원해진다.

소련 내 극장 계약이 불발되는 상황 속에서 이 불운의 발레곡은 예기치 못한 초연의 기회를 얻게 된다. 모음곡 형식으로 연주되던 <로미오와 줄리엣>을 우연히 듣게 된 체코의 안무가 이보 바냐 프소타가 이 작품에서 영감을 얻은 것이다. 1938년 그는 고국의 브르노국립극장에서 프로코피예프의 <로미오와 줄리엣> 제1모음곡과 제2모음곡에 맞춰 안무한 <로미오와 줄리엣>을 단막 발레의 형식으로 처음 선보인다. 비록 전곡은 아니었지만 이보 바냐 프소타와 조라 솀베로바는 이 발레곡이 탄생시킨 최초의 로미오와 줄리엣이 되었다. 하지만 프로코피예프는 이들의 탄생을 지켜볼 수 없었다. 1936년 이미 소련으로 영구 귀국한 작곡가와 그의 가족들은 더 이상 자유롭게 국경을 넘나들 수 있는 처지가 아니었다. 더욱이 이 작품은 오

+ 마린스키극장은 혁명 이후 1920년 오페라발레국립학술극장으로 명명되었다가 이후 1935년 혁명 지도자 세르게이 키로프를 추모하며 '키로프극장'이라 불리기 시작한다. 소련 붕괴 이후 1992년부터는 초기 명칭인 '마린스키극장'을 되찾았다

랜 기간 공연되지 못할 운명이었다. 1939년 3월 독일군의 체코 공습 이후 모든 러시아 작품이 레퍼토리에서 배제되었기 때문이다. 베로나의 연인들과 프로코피예프의 만남은 그로부터 2년이 지난 1940년 레닌그라드의 키로프극장에서 이루어진다.

체코 브루노극장 <로미오와 줄리엣> 세계초연(1938)

3. 라브롭스키 안무 <로미오와 줄리엣>의 러시아 초연

1940년 탄생한 라브롭스키 안무의 <로미오와 줄리엣>은 리얼리즘 정신에 입각하여 철저한 고증을 통해 창작해낸 작품이다. 안무가는 중세 소설, 르네상스 회화, 베로나 연대기 등 건축, 전례, 복식에 대한 방대한 자료를 수집, 분석하여 무대 위에 셰익스피어 원작의 배경과 분위기를 담아내기 위해 고심하였다. 의상 및 무대 디자인을 맡은 표트르 빌리얌스는 피렌체 대성당의 돔을 무대 배경으로 등장시키고 의상 디자인에 있어서는 산드로 보티첼리나 루카스 크라나흐가 그린 초상화들을 참고하면서 르네상스의 여러 상이한 특징들을 조합하였다. 발레사학자 율리야 야코블레바에 따르면, 무대 내부에 있는 이들이나 외부에서 무대를 바라보는 이들이 "아늑함, 편안함, 아름다움"을 느끼도록 무대 디자인에 세심한 공을 들인 소비에트 시대의 드라마 발레는 "테러부터 시작해 집집마다의 부엌까지 모든 것이 집단적이고 대중적이었던 시대 속에서 개인적 취향을 옹호"하는 입장에

도시의 여인들(좌측 상단), 로미오의 다리(좌측 하단), 파리스(우측). (1939)

선 것이었다.

• 줄거리

프롤로그

서곡 연주 중에 막이 열리면 중앙에 로렌초 신부와 그의 양 옆으로 로미오와 줄리엣이 미동 없이 서 있는 모습이 보인다.

1막

조용한 광장. 사랑을 꿈꾸는 로미오가 서성이다 사라진다. 곧 인파가 몰리면서 몬태규 가문과 캐퓰렛 가문의 하인들 사이에서 다툼이 일어난다. 이 싸움을 중지시키려는 몬태규 집안의 평화주의자 벤볼리오를 캐퓰렛 집안의 티볼트가 막아선다. 급기야 두 가문의 수장인 로미오의 부친과 줄리엣의 부친까지 등장한다. 온 도시에 경보가 울려 퍼지고 군중들이 불안해하자 베로나 공작이 나타나 상황을 종료시킨다.

줄리엣의 방. 줄리엣이 유모에게 장난을 치고 있다. 줄리엣의 모친이 등장하여 파리스의 청혼을 알린다. 줄리엣은 처음으로 자신을 성숙한 여인으로 바라본다.

캐퓰렛 저택. 무도회가 열린 캐퓰렛 저택 곳곳에서 연인들이 밀회를 나누고 있다. 화려하게 차려입은 손님들의 엄중한 발걸음이 이들을 방해한다. 로미오와 친구들이 가면을 쓰고 무도회에 잠입한다. 축배가 끝나자 신사들은 방석을 이용한 전통춤을 추기 시작하고 숙녀들도 이에 화답한다. 장중한 춤들 사이로 가볍고 발랄한 줄리엣의 춤이 도드라진다. 로미오와 줄리엣은 첫눈에 사랑에 빠지고 줄리엣의 사촌 티볼트가 이를 방해한다. 그가 로미오에게 달려들려는 찰나 줄리엣의 부친이 이를 제지한다. 유모가

마린스키극장 라브롭스키 안무 <로미오와 줄리엣> 1막, 캐퓰렛가의 무도회에서의 방석 춤

등장해 줄리엣에게 그가 몬태규 가의 아들임을 알린다. 로미오는 퇴장하고 무도회는 계속된다.

달 밝은 밤 정원에 나와 있던 줄리엣은 자신을 찾아온 로미오를 발견한다. 연인들은 못 다한 사랑의 춤을 춘다.

▶ 주요 장면: 캐퓰렛 가 무도회 중 방석 전통춤은 라브롭스키의 안무를 대표하는 춤으로, 16세기 영국 춤에 대한 자료들을 연구한 고증의 결과이다.

2막

활기찬 광장. 여인들의 춤이 흥겹다. 장터 배우들과 광대들이 등장해 요란한 춤을 춘다. 성모상을 앞세운 행렬에 벤볼리오와 머큐소도 뒤를 따른다. 광장에 등장한 유모가 로미오에게 줄리엣의 쪽지를 전달한다. 로미오는 어디론가 서두른다.

신부 로렌초의 승방. 한 손에는 꽃, 다른 한 손에는 두개골을 든 로렌초가 선과 악 사이에 서있는 인간 존재의 본질에 대한 생각에 잠겨있다. 로미오가 들어와 줄리엣과의 혼인성사를 요청한다. 혼인으로 두 집안의 오랜 반목을 끝낼 수 있으리라 생각한 로렌초는 이를 수락한다. 꽃 몇 송이를 추려든 채 연인을 기다리는 로미오 앞에 곧 줄리엣이 당도한다. 둘의 소박한 혼인성사가 진행된다.

막이 내리면 무대 앞으로 성모상을 앞세운 흥겨운 행렬이 지나간다. 티볼트 일행은 실수로 자신들에게 부딪힌 한 늙은 상인을 모욕하고 자신들의 발에 키스하도록 강요한다. 이 상황을 지켜본 벤볼리오와 머큐소가 팽개쳐진 상인을 일으켜 세워 돕는다.

막이 오르고 다시 광장이 보인다. 다리 위에 나타난 티볼트가 머큐소에게 달려든다. 혼인성사를 마치고 돌아오던 로미오가 둘을 말리느라 검을

마린스키극장 라브롭스키 안무 <로미오와 줄리엣> 2막, 광장

치켜든 머큐소의 팔을 잡는다. 이 순간 이루어진 티볼트의 일격으로 머큐소가 사망한다. 죄책감에 휩싸인 로미오는 티볼트를 살해한다. 벤볼리오는 베로나 영주의 칙령을 가리키며 로미오를 피신시킨다. 티볼트의 시신을 수습하는 캐퓰렛 가문은 복수를 다짐하고 음울한 장례행렬이 시작된다.

▶ 주요 장면: 라브롭스키가 안무한 혼인성사 장면의 파드되는 팬터마임과 춤을 대립적으로 이해해 온 전통적 맥락 속에서 이 둘의 융합 가능성을 입증한 초기의 예로 평가받고 있다.

3막

줄리엣의 방. 밤을 함께 보낸 연인들이 아침을 맞는다. 공작의 추방 명령으로 로미오는 곧 베로나를 떠나야 하는 처지다. 로미오가 떠나고 유모가

들어와 줄리엣을 위로한다. 줄리엣의 부모와 파리스가 들어온다. 부모는 파리스와의 혼인을 거부한 줄리엣에 분개한다.

승방. 로렌초는 절망에 빠져 자신을 찾아온 줄리엣에게 죽은 사람처럼 보이게 만드는 물약을 건넨다. 지하 시신 안치실에 운반되어 있으면 곧 약에서 깨어나 로미오와 함께 만토바로 떠날 수 있을 것이라는 계획이다.

줄리엣의 방. 돌아온 줄리엣은 부모와 파리스 앞에서 결혼을 승낙한다. 혼자 남겨진 줄리엣은 물약을 마신 후 의식을 잃고 쓰러진다. 아침이 되어 파리스 측 지인들과 악사들, 줄리엣의 부모가 들어온다. 유모가 침대 커튼을 거두자 차갑게 굳은 줄리엣이 누워있다.

만토바. 로미오는 줄리엣의 비보를 듣자마자 독약을 챙겨 베로나로 잠입한다.

1940년 당시 라브롭스키 안무 <로미오와 줄리엣>의 피날레

베로나의 긴 장례 행렬. 지하 안치실에 관이 놓이고 불이 꺼진다. 줄리엣을 본 로미오는 독을 마시고 자결한다. 긴 잠에서 깨어난 줄리엣이 로미오의 시신을 발견한다. 절망에 빠진 줄리엣은 그의 칼을 뽑아 자신을 찌른다.

▶ 주요 장면: 물약을 마시기 전 줄리엣의 독무에는 연인에 대한 그리움, 앞으로의 운명에 대한 두려움, 앞날에 대한 희망, 부모님에 대한 미안함 등 시시각각의 복잡한 심경이 고스란히 담겨있다.

에필로그

쓰러진 연인들을 부모들이 발견한다. 두 가문의 오랜 반목은 자녀들의 죽음으로 끝이 난다. 두 아버지는 서로의 손을 잡고 부둥켜안는다.

작품은 치열한 논쟁 속에서 탄생하였다. 오케스트라는 낯선 리듬과 육중한 구성 등 모든 것이 전통 발레 음악의 규범에 이질적인 이 작품의 연주를 거부하기 일쑤였다. 발레 동작과 어울리지 않는 음악에 무용수들마저 불만을 토로하였다. 라브롭스키는 프로코피예프 음악의 독창성을 동료들에게 납득시키는 한편 셰익스피어 원작의 사회상과 분위기를 더욱 선명하게

"…로미오와 줄리엣의 마지막 밀회 장면에는 해가 뜨고 아침 종달새가 노래를 합니다. 로미오가 베로나를 떠나야 한다는 것, 줄리엣과 이별해야 한다는 것을 상기시키는 거죠. 하지만 프로코피예프의 음악 속에는 부드러운 하루를 깨우는 아침을 암시하는 그 어떤 소리도 들리지 않아요. 오케스트라에서는 종달새의 울음과는 동떨어진 클라리넷, 바순 등이 내는 저음이 울려 퍼지죠. 연습이 '나아가기' 시작하는 건 예술가들이 '프로코피예프의 눈'으로 무대를 볼 수 있게 될 때부터예요. 작곡가에게 중요했던 게 '아침'이나 '종달새'가 아니라 불안과 슬픔, 사랑과 이별의 아픔이라는 것을 깨닫게 되는 바로 그 순간부터요."

- 1956년 12월 15일 라브롭스키의 강의

전달하기 위해 리브레토와 오케스트라에 다소간의 수정을 가하였다. 프로코피예프 특유의 거칠고 육중한 음색이 한층 더 강화되었으며 심리적 긴장감은 극대화되었다. 이를 통해 몬태규 가문과 캐퓰렛 가문의 오래된 반목은 물론 중세의 세계관과 르네상스의 세계관이 부딪히는 사회 분위기 또한 효과적으로 제시되었다.

공간 사용의 유연함도 돋보인다. 라브롭스키는 막으로 공간을 분리하여 작품 전체의 서사에서 중요한 부분에 적극적으로 활용한다. 예를 들어, 1막의 경우 성대한 무도회의 진행 도중 막이 내린다. 이 내린 막 앞 프로시니엄에서 로미오와 줄리엣의 첫 대면이 이루어진다. 막이 구획한 이 공간은 젊은이들의 밀회 장소이면서 동시에 가족과 사회의 억압에서 벗어날 수 있는 자유의 공간이기도 하다.

라브롭스키의 <로미오와 줄리엣>은 하나의 완결된 서사가 발레의 형식

1940년 당시 키로프극장 초연 전날, (왼쪽부터) 이사이 쉐르만, 갈리나 울라노바, 표트르 빌리얌스, 세르게이 프로코피예프, 레오니드 라브롭스키, 콘스탄틴 세르게예프

안에 온전히 담길 수 있다는 것을 확인시켜준 작품이라는 점에서 그 의미가 크다. 이는 리얼리즘 무대 연기에 대한 스타니슬랍스키의 이론이 발레 연출에 성공적으로 적용된 사례였다. 연극 대사 같은 섬세한 팬터마임이 플롯의 전개를 주도하면서 발레 장막극 시대가 열린 것이다.

"…내가 춤이 우위에 있다고 말할 때, 이것은 형상의 표현을 위한 이외의 방법들, 특히 팬터마임을 부정한다는 말이 절대 아니다. 내가 창작한 공연들 속에서 팬터마임은 아주 광범위하게 사용되고 있다. 플롯의 급변을 전개하는 데 팬터마임은 중요한 역할을 한다. … 팬터마임은 1930~40년대 안무가들의 생각처럼 '내용의 안내자'가 아니다. 그것은 행동의 발동기도 아니다. 팬터마임은 플롯-조형적인 과제를 지닌다. 발레 안에서 이것의 역할은 '그랜드 오페라'에서의 레치타티보의 역할에 가깝다. 이것은 규모가 큰 춤의 여러 층들을 부각시키며, 때로는 이 층들을 준비시키기도 한다. 이 과정을 통해 팬터마임은 무대를 안무적 절정으로 이끈다…"

- 유리 그리고로비치, 『조화를 찾아서』

소비에트 드라마 발레로 세계 발레의 역사를 쓴 라브롭스키는 <로미오와 줄리엣>으로 1947년 스탈린상 최고상을 수상한다. 이후 이 작품은 그 보존 필요성을 인정받아 1954년 레오 아른쉬탐의 연출로 발레 영화로 제작되어 이듬해 제8회 칸영화제에서 최고서정영화상 수상의 영광을 누리기도 한다.

선배 안무가들의 작업을 통해 서사 예술로서의 발레의 가능성을 확인한 후배 안무가들은 이후 그동안 잊혀졌던 '춤 그 자체로의 춤'의 의미를 재고하기 시작한다. 유리 그리고로비치, 올렉 비노그라도프, 이고리 벨스키, 이고리 체르니쇼프 등 흔히 60년대 안무가들이라 통칭되는 이들은 춤에 대한 팬터마임의 우위를 강조해왔던 선배 안무가들과의 뜨거운 논쟁을 통해 소비에트 발레의 새로운 흐름을 만들어낸다.

4. 영국으로 돌아온 <로미오와 줄리엣>과 그 반향

로미오(콘스탄틴 세르게예프)와 줄리엣(갈리나 울라노바)

1946년 라브롭스키와 울라노바가 볼쇼이극장으로 옮겨온 이후 재공연된 <로미오와 줄리엣>은 1956년 10월 3일 영국 런던의 코벤트가든 로열오페라하우스에 초청되어 최고의 찬사를 받는다. 초연이 끝나고 박수갈채가 한 시간이 넘게 지속되었다는 당대 언론과 비평가들의 기록은 이 공연의 인기가 어느 정도였는지를 실감하게 한다. 특히 발랄하고 순수한 줄리엣의 성격과 움직임을 물 흐르듯 가볍게 표현한 갈리나 울라노바의 연기에 청중은 압도되었다. 언론을 통해 그녀는 곧 소비에트 발레의 아이콘 안나 파블로바에 비견되기 시작한다. 로열발레단의 프리마돈나 마고 폰테인 또한 "마법 같은" 이 공연을 통해 영국 발레에 "무엇이 부족한지" 깨닫게 되었다고 전했다. 움직임과 음악은 하나가 되어 있었고, 춤과 팬터마임은 서로 유기적으로 연결되어 있어 어디서부터가 춤이고 어디서부터가 팬터마임인지 구별하는 것이 무의미했다. 이는 러시아가 춤, 음악, 드라마가 조화된 총체적 예술로서의 발레의 가능성을 서구에 증명한 사건이었다.

영국에서의 초청 공연 이후, 서구의 발레 안무가들 또한 발레곡 <로미오와 줄리엣>을 자신만의 방식으로 무대화하기 시작했다. 이들은 이 작품으로부터 받은 감화를 계기로 적극적으로 문학 작품의 서사를 장막 발레의 소재로 가져오기 시작한다. 남아프리카 출신으로 영국을 거쳐 1961년부터 독일 슈투트가르트발레단의 감독직을 맡게 된 존 크랑코 또한 라브롭스키의 연출 스타일과 울라노바의 춤에서 많은 영감을 받고 이듬해인 1962년 역시 프로코피예프의 발레곡으로 <로미오와 줄리엣> 안무를 선보이게 된다. 이 작품으로 슈투트가르트발레단은 최고의 전성기를 누렸으며 그의 안무는 지금까지도 수많은 젊은 안무가들에게 영감의 원천이 되고 있다. 이 작품은 <오네긴>(1965)과 <말괄량이 길들이기>(1969)로 이어지는 그의 장막 발레 3부작의 시작이기도 하다.

이어, 라브롭스키와 크랑코의 작품에 고무된 영국 로열발레단의 예술 감독 케네스 맥밀란 또한 1965년 프로코피예프의 음악으로 새로운 <로미오와 줄리엣>을 제작한다. 맥밀란은 크리스토퍼 게이블과 린 시모어를 염두에 두고 그들에게 초연을 맡길 생각이었지만 공연을 얼마 남기지 않은 시점에서 로열발레단 지도부는 키로프발레단의 무용수로 1961년 소비에트에서 망명한 루돌프 누레예프와, 그와의 호흡을 통해 40대 중반에 재기에 성공한 마고 폰테인에게 이 공연의 초연을 맡기로 결정

맥밀란 안무 <로미오와 줄리엣> 리허설, 누레예프와 폰테인(1965)

을 내리게 된다.

망명 전, 러시아의 정통 발레학교 바가노바발레학교에서 수업을 받았던 누레예프와 니네트 드 발루아가 창립한 빅웰스발레단(1956년부터 로열발레단으로 명명)에서 누레예프의 선배 격인 올가 프리오브라젠스카야와 마틸다 크세신스카야를 사사한 당대 최고의 발레리나 마고 폰테인과의 호흡은, 이미 뒤마의 <춘희>를 발레화한 프레데릭 아쉬톤 안무의 <마르가리타와 아르망>(1963)에서 확인된 바 있었다. 이 둘의 만남은 18세기 전반기에 탄생한 러시아 발레가 이제 막 30년이 넘은 신생 영국 발레에 접합되고 있음을 상징적으로 보여주는 사건이었다. 이 사건의 의미를 강조하기라도 하듯 맥밀란은 프로코피예프의 악보와 라들로프가 집필한 초연의 리브레토를 아무런 수정 없이 그대로 유지한 상태에서 자신의 멜로 드라마적 안무의 색채를 가미하였다.

로열발레단 지도부의 예상대로 극장은 표를 구하려는 이들로 장사진을 이루었다. 물론 갑작스러운 캐스팅 변경으로 인해 러시아 출신 발레리노 누레예프의 주변은 적들로 들끓었다. 하지만 부상으로 다리에 붕대를 감은 채 로미오 역할을 수행해 낸 누레예프는 공연 이후 40분이 넘는 박수갈채 속에서 마흔 세 번의 커튼콜을 받았다. 언론 또한 성한 다리 하나만으로도 월등한 기량을 보여준 누레예프를 극찬할 수밖에 없었다.

맥밀란의 로미오를 성공적으로 연기해 낸 누레예프는 1977년 런던 코벤트가든의 콜리세움극장에 자신이 직접 안무한 <로미오와 줄리엣>을 선보인다. 이 작품에서 그와 함께 줄리엣으로 공연한 발레리나는 모두 네 명으로 페트리샤 라이언, 엘리자베타 테라부스트, 예바 예브도키모바, 린 시모어였다. 이후 이 작품은 파리와 밀라노에서 순회공연을 펼친다.

누레예프의 안무는 로맨틱하고 섬세한 러시아 발레 전통에 망명 이후 로열발레단 맥밀란 안무의 로미오 연기에서 다져진 현대적 감각이 어우러진 것이었다. 소녀에 불과했던 줄리엣이 자신의 비극적 운명에 맞서는 강인한 여성으로 변모하는 모습에 중점을 둔 맥밀란의 안무처럼 누레예프 또한 줄리엣의 성장과 번민을 강조한다. 또한 줄리엣의 사촌인 티볼트도 어린 연인들의 사랑을 인정하지 않는 부정적인 인물로만 등장하지는 않는다. 누레예프는 티볼트와 줄리엣 사이에 존재하는 친족으로서의 강한 유대감 또한 심도 있게 표현하였다. 그리하여 이후 줄리엣이 맞닥뜨리게 될 비극은 더욱 다의적이고 복잡한 것이 된다. 사랑하는 사촌 티볼트의 죽음 이후 줄리엣은 이제 더 이상 사랑에 눈이 먼 십대 소녀로 표현되지 않는다. 누레예프는 원작에 대한 과감한 해석도 피하지 않았다. 셰익스피어 희곡의 원작에서 줄리엣 이전에 로미오가 마음을 빼앗겼던 주변인물 로잘라인이 무대에 등장하기도 하며, 로렌초 신부 또한 암울한 죽음을 맞이하는 것으로 재설정되었던 것이다. 무엇보다도 누레예프는 대부분 여성 프리마돈나의 기량

로얄오페라하우스에서 공연된 맥밀란 안무 <로미오와 줄리엣>, 누레예프와 폰테인

이 돋보이던 전통적 발레 작품에서 남성 역할의 비중을 높였다. 감성과 기량의 측면에서 그는 발레뤼스의 전설 바츨라프 니진스키를 계승하고 있었다.

2016년 파리오페라극장은 프로코피예프 탄생 125주년과 셰익스피어 서거 400주년-우연찮게도 두 날짜는 모두 4월 23일로 같다-을 함께 기념하면서 누레예프 안무의 <로미오와 줄리엣>을 재공연하기도 하였다.

5. 유리 그리고로비치의 <로미오와 줄리엣>

누레예프가 런던에서 기량을 선보이는 동안 러시아 내에서도 새로운 안무에 대한 요구가 생기기 시작했다. 60년대 초반 키로프극장에서 발레마스터 경력을 쌓은 후 볼쇼이극장의 수석 발레마스터로 활동하고 있던 안무가 유리 그리고로비치가 라브롭스키의 뒤를 잇는 <로미오와 줄리엣>의 새 안무를 준비하고 있었다.

누레예프의 안무가 발표된 다음해 파리국립오페라극장에서 처음 공개된 그리고로비치의 <로미오와 줄리엣>은 1979년 6월 26일 볼쇼이극장에서 러시아 관객들과 처음 만나

그리고로비치 안무 <로미오와 줄리엣>(1979), 줄리엣 역에 나데즈다 파블로바

크렘린궁 무대를 위한 1999년 버전 <로미오와 줄리엣>, 두 가문

게 된다.

    프로코피예프의 악보 중 당대인들에게 급진적으로 여겨져 삭제된 몇몇 부분이 볼쇼이극장의 지휘자 알기스 주라이티스의 보완으로 복구되었다. 리브레토의 플롯 전개는 라브롭스키 안무와 큰 차이는 없었지만 총 3막으로 되어있던 기존 안무 중 2막과 3막이 하나로 통합되어 발레는 총 2막으로 구성되었다. 라브롭스키가 장면 간의 매끄러운 전환이나 구체적인 서사 전개를 위해 막이 내린 좁은 프로시니엄 무대를 적극적으로 활용했다면, 그리고로비치에게는 춤, 특히 군무를 위한 규모 있는 공간의 확보가 가장 중요했고 이로 인해 장과 막의 구분은 확연해졌다. 시몬 비르살라제는 안무가의 이러한 입장을 고려하여 동선을 방해하는 무대 장치를 최소화하고 가면, 깃발 등 소품과 조명을 효과적으로 사용하여 장엄하고 음울한 분위기를 표현하였다.

볼쇼이극장을 위한 2010년 버전 <로미오와 줄리엣>, 파리스의 청혼

 그리고로비치는 원작의 주인공인 로미오와 줄리엣에만 방점을 두지 않고 그 밖의 인물 캐릭터를 부각시키는 데 많은 공을 들였다. 특히 머큐소와 티볼트의 인물 형상이 뚜렷하다. 2막 광장에서 벌어지는 둘의 결투와 살해 장면은 안무가로서 그리고로비치의 역량을 보여주는 명장면으로 손꼽을 수 있다. 치명적 상처를 입은 머큐소가 물구나무를 서듯 발끝을 천정으로 들고 목과 한쪽 어깨만으로 몸을 지지한 채 위태롭게 고꾸라져 있는 정지동작은 격정을 표현하는 안무가의 에너지와 상상력을 엿볼 수 있게 한다. 티볼트의 죽음도 빼놓을 수 없다. 복수에 불타는 로미오의 일격에 죽음을 맞는 티볼트가 마지막 힘을 다해 두 자루의 단도를 양손에 치켜 든 채 악에 받쳐 힘겹게 전진하는 장면은 격렬한 인상을 남긴다.

 이 새로운 <로미오와 줄리엣>은 그리고로비치가 플리세츠카야를 비롯한 무용수들과의 일련의 불미스러운 사건으로 1995년 볼쇼이극장을 떠날 때까지 자그마치 16년이라는 시간 동안 공연되었다. 이후 크라스노다르를 새로운 거점으로 하여 창작활동을 이어가던 그리고로비치는 1999년 크렘린궁 무대에서의 재공연을 위해 <로미오와 줄리엣>을 수정 보완한다. 안무가는 이 작품을 셰익스피어에게 바쳤다.

2010년 그리고로비치는 볼쇼이극장에서 이 작품을 재창작할 기회를 얻는다. 여든이 넘은 그리고로비치가 볼쇼이극장으로 돌아와 젊은 아티스트들과 야심차게 의기투합한다. 이제는 고전이 된 그리고로비치의 안무에 현대의 색채를 입힌 이 우아한 작품은 그의 아내이자 1979년 <로미오와 줄리엣>의 볼쇼이극장 초연에서 줄리엣 역을 맡았던 나탈리야 베스메르트노바(1941~2008)에게 헌정되었다.

6. 혁신과 전통 사이에서: 현대 안무가들의 <로미오와 줄리엣>

서구유럽의 젊은 안무가들을 중심으로 획기적인 작업들 또한 진행되고 있었다. 1990년에는 프랑스 안무가 앙줄랭 프렐조카주가 리옹오페라극장에서 만화 아티스트 엔키 비라르와 협업하여 완전히 새로운 <로미오와 줄리엣>을 선보인 바 있다.

그는 셰익스피어의 베로나 연인들의 이야기를 현대의 디스토피아와 접목시켰다. 조명이라고는 일렬로 늘어선 환기 구멍들 혹은 벽 틈으로 스며드는 빛이 전부인 온통 어두운 무대 위로 형무소장의 딸 줄리엣과 잔혹한 이주민 청년 로미오의 사랑

프렐조카주의 <로미오와 줄리엣>, 연인들의 사랑

프렐조카주의 <로미오와 줄리엣>, 수용소의 군무

이야기가 펼쳐진다. 인간 심리의 어두움을 헤집는 프로코피예프의 음악에 맞추어 무용수들은 때로는 헐벗은 거리 부랑자들의 칼부림 같은 뒤엉킴을, 때로는 전체주의적 통제 속에서 고분고분 걷는 수감자들의 무심한 대오를 표현한다. 삼엄한 감시를 뚫고 어렵사리 얼굴을 마주한 연인들은 자유롭게 사랑할 권리를 격렬한 몸짓으로 주장한다. 이 공연으로 프렐조카주는 1997년 프랑스의 그래미어워드라 불리는 음악의 승리 상 연출상을 수상하는 쾌거를 이룬다.

존 노이마이어의 제자인 장-크리스토프 마이요도 1996년 몬테카를로 발레단을 위한 새로운 <로미오와 줄리엣> 안무를 창작한 바 있다. 무대 환

마이요의 <로미오와 줄리엣>, 혼인성사

마이요의 <로미오와 줄리엣>

영주의에서 과감하게 탈피한 이 작품은 크기를 달리하는 대형의 백색 스크린들로만 둘러싸인 무대 위에 장면마다 바뀌는 파스텔 톤 조명만으로 다양한 분위기를 연출해 낸다.

 이 작품에서 마이요는 베로나 공작 역과 로렌초 신부 역을 합쳐 하나의 단일한 인물로 설정하고 두 명의 또 다른 무용수들로 하여금 이 인물의 좌우에서 항상 동반 등장하도록 하였다. 라브롭스키 안무에서 한 손에는 두개골, 다른 한 손에는 꽃을 들고 선과 악, 삶과 죽음 사이에서 갈등하는 경계적 존재로서의 인간 본질을 탐구하던 로렌초의 고뇌가 안무를 통해 드러나고 있는 것이다. 이 두 인물은 그리스 비극의 코러스처럼 공연의 시작과 함께 아무도 없는 텅 빈 무대에 먼저 등장하여 연인들의 비극적 운명을 암시하며, 특히 작품의 중반 이후에는 웃고 떠드는 베로나의 젊은이들을 관중으로 놓고 - 마치 <햄릿>에 등장하는 유랑극단의 공연처럼 - <로미오와

라트만스키의 <로미오와 줄리엣>, 캐퓰렛 가문의 무도회

줄리엣>과 유사한 비극적 로맨스를 인형극으로 공연하기도 한다. 마이요는 인물 및 구성뿐만이 아니라 움직임에도 플래시백이나 슬로우 모션 등 다양한 실험을 함으로써 발레 무대에서의 표현 영역을 넓히고 있다.

현재 러시아에서 가장 영향력 있는 안무가인 알렉세이 라트만스키 또한 <로미오와 줄리엣>의 해석에 도전하였다. 레닌그라드 출신으로 어린 시절을 키예프에서 보낸 라트만스키는 모스크바 무용 중등학교를 졸업하고 우크라이나 국립오페라극장, 캐나다 로열위니펙발레단, 덴마크 왕실발레단을 거쳐 2004년부터 2009년까지는 볼쇼이극장 발레단장을 지냈다. 라트만스키는 클래식 발레의 미덕을 보존해야한다는 책임감과 고전에 대한 현대적 해석의 필요성을 강조하는 실험정신의 필요성 모두를 의식하면서 균형 감각이 돋보이는 작품을 창작해왔다. 2011년 캐나다 토론토에서 처음으로 선보인 <로미오와 줄리엣>도 이러한 시도 중의 하나였다. 그 또한 라

라트만스키의 <로미오와 줄리엣>, 광장 군무

브롭스키 안무에서 사용된 리브레토를 그대로 차용하였다. 이 작품은 초연 이후 6년의 시간이 지난 2017년 볼쇼이극장에 입성하게 된다.

라트만스키는 원작의 사건이 일어난 시공간적 배경을 달리한다든지 눈에 띄는 오브제를 무대 위에 등장시키는 방법으로 기존 안무와의 변별성을 강조하지 않았다. 오히려 그는 러시아 발레 전통이 고수해온 르네상스 풍의 의상과 배경, 팬터마임을 통한 구체적 사건 전개 등 큰 틀을 그대로 따르는 편을 선택한다. 그 대신 움직임의 템포를 더욱 세밀하게 나누고 군무를 광범위하게 이용하여 장면을 전환한다. 현대인의 감정과 말투를 떠올리게 하는 무용수들의 익살스러운 팬터마임은 관객들과의 소통을 도모한다. 무대 위에는 수백 년 전이 아닌 지금, 여기서 우리와 함께 살아가는 젊은 연인들의 사랑이 펼쳐진다.

이 작품의 무대는 뮤지컬 <라이언 킹>의 무대 디자이너로 더 유명한 리차드 핫슨이 맡았다. 이탈리아의 초현실주의자 조르조 데 키리코의 창작에서 영감을 받았다고 밝힌 그의 말대로 황량한 공간감이 무대를 지배하고 있다. 끝 모를 소실점과 눈앞에 다가선 거대한 벽이 그 앞에 선 인간을 더욱 외롭고 우울하게 만든다. 이 공허 속에서 어렵사리 서로를 발견했기에 로미오와 줄리엣의 사랑은 더욱 애틋해진다.

라트만스키가 러시아의 선배 안무가들을 계승하고 있는 것은 비단 스타일적인 측면뿐만이 아니다. 그는 베로나의 연인들에게 해피엔딩을 선사하려던 <로미오와 줄리엣> 최초의 기획까지도 참고하고 있다. 비극을 피하기 위해 애초에 로미오를 약속 장소에 조금 더 일찍 당도하게 하여 연인들의 목숨과 사랑을 지켜주고 싶었던 프로코피예프, 피오트롭스키, 라들로프의 포부가 후배 라트만스키에게서 부분적이나마 실현되고 있는 것이다. 이제, 각자가 서로의 죽음만을 확인할 수 있었던 비극적 결말은, 연인이 죽은 줄만 알고 독극물을 마시기 시작하는 로미오와 이 때 서서히 잠에서 깨어나는 줄리엣이 서로를 인지할 수 있도록 수정되었다. 연인들은 재회의 기쁨과 이별의 슬픔을 나누며 짧은 시간이나마 자신들의 사랑을 확인한다. 대숙청의 공포 속에서 창작활동에 임했던 예술가들의 염원이 지금의 우리에게까지 다다르고 있듯, 죽음을 앞둔 그들의 춤도 영원을 향해 있다.

라트만스키의 <로미오와 줄리엣>

석화

«Каменный цветок»

백승무

음악: 세르게이 프로코피예프

안무: 유리 그리고로비치

대본: 세르게이 프로코피예프, 미라 멘델손-프로코피예바,
   레오니드 라브롭스키

무대: 시몬 비르살라제

초연: 1957년 4월 22일, 레닌그라드 키로프극장(현 마린스키극장)

1. 소비에트 발레와 그리고로비치
• 1917년 혁명과 소비에트 발레의 형성

혁명은 모든 걸 바꿔버렸다. 사람도, 사회도, 정부도, 권력도, 예술, 문화도, 모두 바뀌었다. 그럴 만도 한 것이 80%가 넘는 빈민층은 전쟁터에서 죽거나 집에서 굶어 죽는데, 극소수의 귀족층은 온갖 사치와 향락에 도취된 상태였다. 정부 지도자들은 무능했고, 관료는 나태했다. '이게 나라냐'라고 묻는 민중의 분노는 극에 달했다. 망하거나 뒤집히거나, 둘 중의 하나였다.

유리 그리고로비치

1917년 러시아혁명은 모든 것의 전면적, 전폭적 변화를 의미했다. 발레라고 예외가 아니었다. 발레는 전형적인 귀족적 문화유산이었다. 푯값이 저임금 노동자의 한 달 월급을 능가할 정도이니 하층민들로선 적대적일 수밖에 없었다. 발레 공연장에서 키득거리며 사교와 교양 놀음을 하는 귀족 관객들이 곱게 보일 리가 없다. 과거 귀족 문화의 잔재를 척결하려는 프롤레타리아 정부는 당장 발레를 퇴출하려 했다. 그럴 만도 했고, 그래도 쌌다. 황실 소유의 마린스키극장과 부속 발레학교(지금의 바가노바 발레학교)는 집중 표적이 되었다. 무용수들을 내쫓고 극장을 접수하자는 주장이 팽배했다. 이를 막아선 인물이 혁명정부 초대 문화교육부(당시 인민계몽위원회) 장관인 아나톨리 루나차르스키였다. 평생 발레를 포함한 예술 전반에 큰 관심을 가졌고, 러시아 고전작품과 작가들의 보호에 앞장섰던 위인이다. 그는 발레가 봉건주의 시대의 역사적 산물이라고 주장하는 이른바 속류 사회학주의자들에 대항해 러시아 발레를 지켜냈다.

    문제는 그 다음에 있다. 그렇다면 노동자, 농민 중심의 기층민중을 만족시키는 혁명 시대의 발레란 어떤 것인가? 혁명 후 발레 예술가들은 바로 이 혁명 발레, 소비에트 발레의 창조에 골몰했다. 하지만 정책입안자들과 평론가, 관객 일반의 취향을 이론적으로, 실제적으로 만족시키기란 여간 어려운 게 아니었다. 특히 1934년 소련 정부가 '사회주의 리얼리즘'을 공식적 예술론으로 공표하고 이 기준을 벗어나는 작품은 가차 없이 처단하는 가혹한 정책을 시행하면서 그 방향을 잡는 어려움은 훨씬 더 가중되었다. '사회주의 리얼리즘'이 권장하는 소비에트 발레의 지침은 일단 인물과 상황에 대한 사실적 묘사와 작품의 이념적 성격을 분명히 드러낼 것, 그리고 역사 발전과정에 대한 올바른 이해, 즉 민중의 승리에 대한 확신을 표명할 것 등이었다. 이에 따라 민중의 의지와 행위가 중시되고, 과도한 장식이나 형식 대신 이념적, 사상적으로 건전한 내용이 필수적이었으며, 순수한 사랑과 의리, 정의 등 관객들에게 긍정적인 품성을 함양하는 작품이 우선시되었다. 또한 사실성과 자연스러움이 부족한 고전발레의 전형적 제스처를 완전히 탈피해야 하며, 민중적 정서가 살아있는 민속춤을 적극적으로 도입하여 발레에 대한 민중의 저항감을 제거하고, 민속춤의 동작과 의상, 색채 등을 도입하여 신선하고 현실적이며 생생함을 확보해야 했다.

이러한 기준에 입각하여 많은 안무가의 도전과 실험이 진행되었고, 이들 중에서 민중적 생동감과 사실성이 돋보

유리 그리고로비치

이는 <바흐치사라이 분수>(푸시킨 원작, 자하로프 안무, 아사피예프 작곡. 1940년 키로프발레단 초연), 사실성과 섬세한 인간적 감정의 표현으로 사회주의 리얼리즘에 한 획을 그은 작품인 <로미오와 줄리엣>(라브롭스키 안무, 프로코피예프 작곡. 1940년 키로프발레단 초연) 등이 대표작으로 꼽힌다. 이들 작품은 주인공의 고통에 대한 깊은 관심, 인물들의 운명을 역동성 넘치게 보여주겠다는 의지, 당시 역사적 상황에 대한 사실성 넘치는 묘사, 사건의 개연성과 인물 성격의 보편성 등을 공통적으로 보유하고 있으며, 이런 특징을 춤과 마임이 유기적으로 결합된 안무를 통해 표현하고 있다. 그리고 이러한 노력과 시도들이 결실을 맺은 것이 1950년대 그리고로비치의 등장이었다.

• 발레리노에서 안무가로 거듭나다

유리 그리고로비치는 1927년 1월 2일 생이다. 1927년 태어난 동년배 예술가로는 영화감독 엘다르 랴자노프, 배우 미하일 울리야노프, 연극연출

가 올레크 에프레모프 등 소비에트를 대표하는 전설적 예술가들이 있는데, 2021년 올해로 94세이니 그는 20세기 러시아 예술사의 살아있는 전설이라고 불러도 무방하다.

그의 삼촌 게오르기 로자이는 댜길레프 사단의 일원으로 파리의 발레 뤼스 공연에도 참가한 유명 발레리노였는데, 그 덕분인지 그리고로비치는 어린 시절부터 안무가가 되는 꿈을 갖고 있었다. 1947년 레닌그라드 발레학교를 졸업한 그는 개성있는 탁월한 발리레노로 15년 간 무대에 섰다. 하지만 무대 경력만으로는 그의 창작열을 만족시키지 못했다. 그는 발레리노로 활동하면서도 자신의 안무가적 에너지를 시험해보고자 어린이 발레교실에서 작품제작을 시도한다. 이렇게 해서 1948년 탄생한 작품이 <새끼 황새>였는데, 결과는 대성공이었다. 그 후에도 여러 어린이 발레 작품을 제작했는데, <일곱 형제>, <왈츠-환상곡> 등은 흥행에 큰 성공을 거둔 작품이다. 이런 절차를 거쳐 발레와 안무를 병행하던 그리고로비치에게 정식 안무가로 데뷔할 절호의 기회가 생긴 것이 1957년의 일이다. 그해 키로프발레단은 젊은 예술가들에게 창작 기회를 제공하여 신인 발굴의 기회로 삼고자 실험적 프로젝트를 기획하고, 이에 따라 그리고로비치에게 <석화>의 안무를 맡긴다. 사실 처음에 이 작품의 안무를 맡은 사람은 유명 안무가인 콘스탄틴 세르게예프였고, 그리고로비치에게 맡겨진 직책은 조연출이었다. 하지만 야심만만하게도 그는 키로프발레단 예술위원회에 독창적이고 참신한 자신의 안무 구상을 설명했고, 당시 예술감독이던 표도르 로푸호프는 큰 호기심을 가지고 그를 지지했다. 이렇게 해서 대형 발레 안무 경험이 전혀 없는 30세의 젊은 무용수에게 <석화>의 책임자 역할이 주어졌다.

러시아적 요소와 고전발레의 전통이 절묘하게 어우러진 이 독특한 작품에 러시아 관객은 열광적으로 환호했고, 평단은 '새로운 천재의 등장'이라고 흥분했다. 하지만 다음 작품의 기회는 곧바로 주어지지 않았다. 4년이

<석화>의 한 장면

지난 1961년이 되어서야 두 번째 작품 <사랑의 전설>의 안무를 맡게 된다. 그리고로비치는 동양적 분위기가 물씬 풍기는 안무로 민족적 색채가 강한 발레 작품을 만들었고, 각 장면 말미에 정지 장면을 넣어 인물들의 심리적 깊이를 강화하는 기발한 기법으로 관객들의 큰 호응을 얻었다. 연극의 모놀로그처럼 한 인물이 자신의 심리적 갈등이나 고통을 춤을 통해 표현하는 그리고로비치의 독창적이면서 세련된 기법 또한 관객들을 만족시켰다. <사랑의 전설> 또한 <석화>와 마찬가지로 모스크바의 볼쇼이발레단의 핵심 레퍼토리가 되었으며, 이 공연의 성공으로 그리고로비치는 키로프발레단의 단장의 자리에 오르게 된다.

• 러시아 발레의 위상을 다시 설계하다

바야흐로 소련은 스탈린 사후에 도래한 정치적 이완기인 '해빙기'를 맞이하고 있었고, 스탈린주의에서 벗어나 새로운 시대정신에 맞는 새로운 발레 혁신이 절실히 필요하던 시기였다. 스탈린 시기에 유행한 '드라마 발레', 즉 쉽고 평이한 동작으로 드라마처럼 누구나 이해할 수 있는 발레 스타일은 더 이상 관객의 높은 수준에 부응할 수 없었다. 그리고로비치가 시도한 '교향악적 발레'는 변화와 혁신을 요하는 시대적 분위기와 정확히 맞아떨어졌다. 구구절절 자세한 설명을 하는 마임 동작을 과감히 축소하고 안무와 연출의 예술적 의도를 중시했다. 젊은 층은 그의 혁신에 뜨겁게 반응했지만, 여전히 보수적 색채가 강한 극장 지도부는 그의 도전과 노력을 충분히 지원하지 못했다. 키로프극장은 이 전도유망한 젊은 안무가의 재능이 화려하게 만개할 수 있도록 팔방으로 도와야 했지만, 상황은 그리고로비치에게 불리하게 돌아갔다.

절이 싫으면 중이 떠나는 법이다. 그는 변화를 두려워하지 않았고, 망설임 없이 키로프발레단을 떠나 노보시비르스크발레단으로 자리를 옮긴다. 오직 공연을 올리고 싶은 열망 때문이었다. 노보시비르스크발레단에서는 2년을 보냈고, 이곳에서 <석화>와 <백조의 호수>를 올렸다. 1963년에는 볼쇼이극장이 그에게 러브콜을 보낸다. <잠자는 미녀>를 올려달라는 요청이었다. 그리고 1964년, 그는 37세라는 어린 나이에 볼쇼이발레단 단장으로 발탁되어 1995년까지 햇수로 무려 33년간 볼쇼이극장을 지배한다. 그전까지 볼쇼이발레단은 실력과 명성 측면에서 키로프발레단보다 한 수 아래였다. 하지만 그리고로비치는

키로프발레단이 고전발레의 성지로서 명성이 높다면, 볼쇼이발레단은 그리고로비치 덕분에 소비에트 정신에 보다 투철한 스타일을 갖게 되었다. 마린스키발레단이 서정적 하모니와 우아함, 세련미에 있어서 최고의 경지에 있다면, 이런 유럽적 경향을 거부한 그리고로비치는 초기 소비에트 '드라마 발레'의 전통을 변형함으로써 유럽이나 상트페테르부르크와는 다른 볼쇼이발레단만의 독자적 예술 경향을 확립하게 된 것이다.

연습 중인 유리 그리고로비치

볼쇼이발레단을 러시아 최고를 넘어 세계 최고의 반열에 올려놓았다.

우리가 가진 현재 볼쇼이발레단의 이미지는 사실 70% 이상 그리고로비치가 만든 것이라고 보면 된다. 소비에트 스타일의 발레란 고전주의 발레의 딱딱한 형식미나 낭만주의 발레의 환상적 느낌이나 병적인 감상성을 완전히 배제하고, 서민적 감정과 정서에 맞게 쉽고 명확한 서사를 토대로 박력과 장중함이 있는 동작과 역동성이 돋보이는 군중무, 신체 난이도를 극한으로 끌어올린 묘기에 가까운 테크닉을 특징으로 한다. 한마디로 '건강한 몸에 건강한 정신'을 보여주는 발레라 할 수 있다. 그 소비에트 정신에 가장 충실한 발레가 바로 1968년 4월 9일 초연된 그 유명한 <스파르타쿠스>였다. 심리적 모놀로그 기법, 간결한 구성과 영웅주의 등 <스파르타쿠스>는 단번에 소비에트 발레사의 기념비적 작품으로 떠올랐다.

• 멈추지 않는 정열

유리 그리고로비치는 <스파르타쿠스> 이후에도 <이반 뇌제>, <황금시대> 등과 차이콥스키 3대 발레의 개작 등을 통해 러시아 발레의 수준과 위상을 한껏 높여놓았다. 그의 작품세계는 크게 3가지로 나눌 수 있다. 하나는 전설이나 동화에서 영감을 얻은 작품군(<석화>, <사랑의 전설> 등)이고, 둘째는 역사에서 소재를 찾은 작품군(<스파르타쿠스>, <이반 뇌제> 등), 셋째는 현대적 소재의 작품군(<앙가라>, <황금시대> 등)이 그것이다. 역사를 소재로 만든 대표작인 <이반 뇌제>는 복잡한 역사적 상황과 많은 사건으로 인해 발레로는 제작 불가능하다고 취급된 작품이었다. 하지만 그리고로비치는 인물들의 깊이 있는 심리를 표현하는 데 집중하는 전략을 세웠고, 내면의 정서적 세계를 통해 시대상과 사건을 성공적으로 조명했다. 역사주의 작품은 그 소재의 사실성 때문에 사회주의 리얼리즘에 최적화된 단골이라고 할 수 있는데, 민중적 삶과 민중의 성격을 잘 드러낼 수 있고 당대 민중이 즐기던 민요와 민속춤을 차용할 수 있기 때문이다. 1939년 과도한 선전선동적 내용으로 실패한 적이 있던 쇼스타코비치의 <황금시대>는 다양한 표현 수단과 현대적 감성으로 그리고로비치에 의해 재공연에 성공한 경우이다. 고전발레와 곡예술을 결합하는 실험적 방식과 서정성과 그로테스크, 풍자를 동시에 우려내는 참신한 접근으로 명작 반열에 오른 작품이다.

1995년 그리고로비치의 명성이 절정에 이르렀을 때, 공연 레퍼토리를 둘러싼 갈등과 늙은 무용수의 강제 은퇴 문제로 볼쇼이극장 지도부와 갈등이 발생했고, 그리고로비치는 볼쇼이극장을 떠나고 만다. 그의 해고가 부당하다고 판단한 일부 무용수들이 공연 거부 사태를 일으키기도 했지만 결과를 바꿀 수는 없었다. 그 후 그리고로비치는 크라스노다르로 내려가 발레단을 이끌었고(1996년), 1997년부터 무서운 속도로 레퍼토리를 완성해나갔다. 그는 지금까지도 크라스노다르발레단 예술감독으로 일하고 있으며, 2001년부터는 볼쇼이발레단과 다시 협업을 시작하더니 2008년부터는 볼쇼이극장 상임안무가도 겸직하고 있다.

대통령 표창장을 받는 유리 그리고로비치

한국과의 끈끈한 우정

2000년 당시 국립발레단을 이끌던 최태지 단장은 그리고로비치가 안무한 <호두까기 인형>을 필두로 <백조의 호수>, <로미오와 줄리엣>, <스파르타쿠스>, <라이몬다> 등을 협업하면서 그와 교류하기 시작했다. 2009년에는 한·러 수교 20주년 기념으로 국립발레단 단원 10명을 볼쇼이발레단의 <로미오와 줄리엣> 무대에 함께 올려 한국과의 끈끈한 우정을 대외적으로 과시하기도 했다. 현재 국립발레단의 대부분 레퍼토리는 그리고로비치의 손을 거친 작품들로 한국 발레의 발전에 기여한 그의 공로는 말로 표현할 수 없을 것이다.

2. <석화> 줄거리

1막

우랄 지역에 사는 조각가 다닐라는 오래 전부터 아름다운 공작석 화병 제작을 꿈꾸고 있었다. 그는 생화의 아름다움을 돌 속에 영원히 각인하고 싶었다. 하지만 아무리 노력을 해도 자신의 마음에 드는 꽃병을 만들 수가 없었다. 아름다움의 정수에 도달하지 못한다는 사실 때문 근심에 사로잡힌 다닐라는 자신의 약혼녀인 카테리나가 다가오는 것도 눈치채지 못한다. 그녀를 보게 되자 다닐라는 다시 기쁨에 가득 차게 된다. 그들은 오래 전부터 사랑하는 사이였고, 약혼날이 다가왔다. 다닐라의 집에서 사람들이 그녀를 즐겁게 축하해준다.

그때 갑자기 불청객인 세베리얀이 방문하고, 연회는 중단되고 만다. 모두들 영주의 부하인 세베리얀이 얼마나 혐오스럽고 잔혹하며 멍청한지 잘 알기 때문이다. 세베리얀은 다닐라에게 일전에 주문한 공작석 화병을 내놓으라고 요구한다. 다닐라는 화병을 제작하긴 했지만 자신의 마음에 들지 않기 때문에 내주기를 거부한다. 그의 거부에 화가 난 세베리얀은 다닐라 앞에서 채찍을 휘두른다.

바로 그 순간 카테리나가 세베리얀 앞에 나선다. 카테리나에게 마음을 둔 음탕한 세베리얀은 순식간에 화를 누그러뜨리고 그녀를 안으려고 하나, 자신을 노려보는 주변 젊은이들 때문에 마음을 돌려 연회장을 떠난다. 분위기가 깨지자 사람들은 제각기 집으로 돌아간다. 카테리나마저 떠나려고 하는데, 공작석 화병 제작의 꿈에 넋이 나간 다닐라는 그녀를 잡을 생각도 하지 못한다. 자신의 꿈을 이루지 못한 다닐라는 평온을 찾지 못한다.

다닐라는 지하세계의 보물을 관장하는 공작석 광산의 여왕만이 석화 제작의 비법을 알고 있다는 사실을 믿지 않았다. 하지만 갑자기 여왕의 환영이 다닐라 앞에 나타났고, 그녀의 손에는 눈이 멀 정도로 빛나는 화려한 석화가 있었다. 여왕의 환영은 순식간에 사라졌고, 다닐라는 이제야 자신의 화병이 얼마나 보잘 것 없는지 깨닫고 바닥에 화병을 떨어뜨려 깨버린다.

절망감에 정신을 잃은 후 다시 깨어난 다닐라는 자신이 출입이 금지된 공작석 광산에 있다는 사실을 깨닫는다. 그의 앞에 여왕이 나타난다. 다닐라는 그녀에게 석화를 다시 보여달라고 간청하나 여왕은 요청에 응하지는 않고 뜸만 들인다. 그녀는 나타났다 사라지기를 반복하고

<석화>의 한 장면

황금 도마뱀이 되었다가 아름다운 소녀가 되었다가 변신을 거듭한다. 다닐라는 여왕을 쫓아다니면서 제발 석화 제작의 비법을 알려달라고 빈다.

마침내 여왕은 다닐라를 자신의 지하왕국으로 데려가서 셀 수도 없는 많은 보석을 보여준다. 값비싼 보석들이 반짝거리며 눈을 휘둥그레지게 만든다. 하지만 그런 것들은 다닐라가 원하는 게 아니다. 다닐라는 재차 여왕에게 석화를 보여달라고 애원한다. 드디어 그의 눈 앞에서 영원한 아름다움의 상징인 아름다운 석화가 서서히 모습을 드러낸다. 황홀한 상태로 멍해진 다닐라는 석화에 손을 뻗는다.

다닐라의 집에서는 카테리나가 애처롭게 연인을 기다리고 있다. 약혼자가 사라진지 벌써 많은 날이 지났지만, 카테리나는 다닐라가 죽었을 것이라는 말을 믿을 수가 없다. 어떤 비밀스러운 목소리가 그녀에게 다닐라가 살았다는 사실과 여전히 그녀를 사랑한다는 말을 한다. 카테리나가 집에 혼자 있다는 사실을 알고 세베리얀이 그녀 앞에 나타난다. 그는 카테리나에

게 자신의 정부가 되어달라고 강요한다. 카테리나는 낫을 들고 세베리얀에게 저항한다. 세베리얀은 어쩔 수 없이 사악한 미소를 던지며 나간다. 혼자 남은 카테리나는 자신을 지킬 힘이 없다는 사실을 깨닫고 다닐라를 찾아 나서기로 결심한다.

이때 다닐라는 공작석 광산 여왕의 화려한 궁전 안에서 석화 제작에 몰두하고 있다. 여왕은 다닐라에게 계속 새로운 제작기술을 알려준다.

2막

물건 거래가 한참인 야시장. 다닐라를 찾아나선 카테리나가 이 야시장에 도착한다. 시장의 떠들썩한 분위기와는 달리 그녀의 표정은 어둡기만 하다.

집시들과 술꾼들에 둘러싸인 세베리얀이 나타나 카테리나를 발견한다. 술에 취한 세베리얀은 거칠게 그녀의 손을 잡고 데려가려고 한다. 카테리나는 야시장 사람들의 도움으로 무사히 빠져나간다. 분노에 싸인 세베리얀은 사람들을 향해 채찍을 휘두른다.

카테리나를 쫓아가던 세베리얀은 자신이 쫓는 여자가 카테리나가 아니라 한 번도 본 적이 없는 낯선 여자임을 발견한다. 그녀가 세베리얀을 뚫어져라 노려보자 그는 발이 땅에 달라붙어 꼼짝달싹할 수 없게 된다. 그녀의 신비한 힘을 느낀 세베리얀은 온 힘을 다해 그 신비스러운 여자를 쫓아가고, 그녀는 점점 더 먼 곳으로 그를 유인한다.

마침내 세베리얀은 그 미지의 여인과 단둘이 남게 된다. 분노로 인해 혼이 나간 세베리얀은 권총으로 그녀를 쏜다. 낯선 여자는 태평스럽게 총알을 낚아채더니 세베리얀의 발 앞에 툭하고 던진다. 이제야 세베리얀은 자신이 공작석 광산에 있다는 사실과 자신 앞에 있는 여자가 이 광산의 여왕임을 깨닫게 된다. 그는 여왕에게 용서를 빌지만 여왕은 조금도 용서할 생각

<석화>의 한 장면

이 없다. 여왕은 대지가 세베리얀을 집어삼키게 만든다.

추운 겨울 숲에 카테리나가 모닥불을 피워놓고 있다. 그녀는 다닐라를 찾으러 이 공작석 광산까지 오게 되었다. 다닐라가 이 광산의 여왕과 함께 있다는 생각이 오래 전부터 머릿속을 떠나지 않았던 것이다. 모닥불에서 장난끼 넘치는 불의 요정인 오그네부시카-포스카쿠시카가 나타난다. 불의 요정은 카테리나가 자신을 따라오게끔 유도한다.

3막

다닐라는 공작석 광산의 여왕이 사는 왕국에서 마침내 꿈에 그리던 황홀한 석화를 완성한다. 여왕이 나타나자 다닐라는 기쁨에 차서 그녀에게 자신의 완성품을 보여주지만 여왕의 표정은 오히려 어두워진다. 석화의 제작 비법을 알게 된 다닐라가 더 이상 자신의 왕국에 머물지 않을 거라는 사실을 잘 알기 때문이다. 여왕은 다닐라를 사랑하게 된 것이다. 그녀는 제발 자기를 떠나지 말라고 간청하지만 다닐라는 이 위대한 돌의 아름다움을 사람들에게 보여줘야하기에 떠날 수밖에 없다. 다닐라는 여왕이 불쌍하지만 카테리나를 사랑하기 때문에 여왕의 사랑을 거절한다. 여왕은 다닐라가 고집스럽게 떠나려고 하자 마법을 부려 그의 몸을 돌처럼 굳어지게 만든다.

카테리나는 불의 요정 오그네부시카-포스카쿠시카를 따라 여왕의 지하왕국에 도착한다. 불의 요정은 사라지고, 카테리나는 다닐라가 근처에 있다는 직감을 느낀다. 카테리나가 다닐라를 애타게 부르자 여왕이 나타난다. 카테리나는 자기의 약혼자를 땅 위로 풀어달라고 간청한다. 여왕은 카테리나의 지고지순한 사랑에 감동받긴 했지만, 다닐라와 헤어지는 것 또한 고통스러운 일이었다. 여왕은 돌처럼 변한 다닐라를 나타나게 만든다. 그녀는 카테리나가 돌로 변한 다닐라를 보면 마음이 달라질 것이라 기대했지만, 지조가 높은 카테리나는 되레 다닐라에게 몸을 던진다. 여왕과 다닐라는 갑자기 사라지고, 홀로 남은 카테리나는 겁에 질려 다닐라를 부르지만 아무 소용이 없다. 카테리나는 절망에 빠진다.

갑자기 모습을 드러낸 여왕은 카테리나의 충직한 사랑에 감명을 받아 다닐라를 풀어주기로 결심한다. 여왕은 마지막으로 다닐라에게 머물러 주기를 제안하지만, 다닐라는 잠시도 주저하지 않고 카테리나에게 달려간다. 상큼한 봄날 아침 다닐라와 카테리나는 마을 사람들에게 돌아온다. 사람들은 위대한 예술 비법과 창작의 기쁨을 알아낸 젊은 조각가를 반갑게 맞이한다.

4. <석화> 작품 분석

• 프로코피예프: 동화 <석화>에서 발레 <석화>로

프로코피예프는 1930년대 말부터 러시아적 색채의 발레를 구상하고 있었다. 말년에 우랄지방에 머물며 휴식을 취하던 프로코피예프는 우연히 파벨 바조프가 우랄지방 민간설화를 모아 출판한『공작석 보석함』(1939)이란 모음집을 접하게 되는데, 우랄의 웅대한 자연경관에 깊은 감명을 받았던 그는 이 책의 인상을 토대로 발레곡을 만들기로 결심한다. 리브레토는 프로코피예프와 그의 아내인 미라 멘델손-프로코피예바, 안무가인 레오니드 라브롭스키가 맡았다. 프로코피예프는 작곡 과정에서 우랄의 민속예술을 접하게 되었고, 이 지역의 민요 선율을 적극적으로 활용했다. 이렇게 해서 탄생한 것이 완벽한 예술작품을 찾기 위한 젊은 조각가의 모험과 사랑을 다룬 발레곡 <석화에 관한 동화>이다. 1948년 9월에 시작된 작곡

<석화>의 한 장면

은 1년 만에 끝났지만, 발레 제작은 4년이 지난 후에나 시작되었다. 불행히도 프로코피예프는 1953년 3월 볼쇼이발레단의 연습이 시작되자마자 죽음을 맞게 된다. 그는 죽는 날에도 <석화에 관한 동화>의 편곡 작업에 매진했다고 한다.

프로코피예프의 <석화에 관한 동화>의 특징은 무엇보다 다양한 인물이 등장하고 복잡한 스토리가 이어짐에도 불구하고 인물의 성격과 상황의 특징을 풍부한 상상력과 정확한 표현력으로 묘사하고 있다는 것이다. 예전 발레 음악이 추상적이고 애매한 면이 강했다면, 프로코피예프의 음악은 마치 영상을 보는 듯한 느낌이 들 정도로 자상하고 다채롭고, 또한 소박하면서도 정겹고, 세련되면서도 토속적이었다. 시대적으로 서구의 음악적 형식주의에 대한 비판이 강하고 사회주의 리얼리즘의 원칙에 입각한 창작을 강조하던 시기였기 때문에 누구나 쉽게 이해하고 노동자와 농민의 자연스러운 심성에 부합하며 명쾌하고 친근한 인상을 주는 발레곡 작곡은 필수적인 상황이었다.

이 발레에는 세 범주의 영역이 있다. 공작석 광산 여왕이 지배하는 환상적이면서도 무서운 세계와 완벽한 예술미라는 이상적 동경의 세계, 그리고 높은 영적 강인함을 보여주는 다닐라와 카테리나의 세계가 그것이다. 후기 프로코피예프가 선보이는 서정적이고 선율적인 성격은 공작석 광산 여왕의 테마곡에 잘 나타난다. 동요와 명령이 공존하는 기괴한 어조와 특이한 아름다움을 가진 여왕은 마치 자신의 단호한 성격을 과시라도 하듯 관악기 소리와 함께 춤동작을 시작한다. 이 테마곡은 여왕이 처음 등장하는 장면에서 그녀의 아름다움에 놀란 다닐라를 앞에 두고 활기차게 울려퍼진다. 이어서 이 테마곡은 경쾌한 왈츠로 바뀌면서 웅장하고 서정적인 동시에 위협적인 느낌을 전해준다. 이 테마곡은 동화적 장면들의 기본적 라이트모티프가 되어 신비롭고 아름다운 여왕의 형상을 강조해준다.

<석화>의 한 장면

다닐라는 석화에 대한 자신의 꿈이 실현될 뿐만 아니라, 삶의 아름다움에 대한 서정적 찬미와 자신을 위해 목숨을 걸고 모험을 감행한 카테리나에 대한 사랑의 감정을 지니고 있다. 다닐라의 음악적 성격은 다층적이며, 차분한 읊조림에서 시작하여 웅장한 찬미곡으로 변하는 그의 테마곡은 매우 중요하다. 다닐라와 카테리나의 첫 2인무 또한 이 테마곡의 분위기처럼 밝고 장엄하다. 카테리나의 음악은 모든 면에서 여왕과 정반대이지만, 그렇다고 두 사람이 적대적인 것은 아니다. 반면 잔혹한 세베리얀의 음악은 두 사람의 음악적 분위기에 적대적이다. 그의 음악은 거친 리듬과 일그러진 어조를 띠고 있으며, 여왕의 환상적 분위기 및 다닐라와 카테리나의 인간성과도 완전한 차별성이 느껴진다.

영원한 사랑이라는 테마와 환상성 등 많은 점에 있어서 <석화>는 전통적 낭만주의 발레를 떠오르게 하지만, 프로코피예프의 인물들은 본질적으로 러시아 민족성과 우랄의 지역적 특성을 구체적으로 지니고 있다. <석화>의 음악은 단순함 속에서도 인물의 본질을 관통하려는 강한 힘을 갖고 있다.

전설 탄생의 비화

<로미오와 줄리엣>, <신데렐라>와 더불어 프로코피예프 3대 발레곡으로 꼽히는 <석화>의 실제 초연은 그리고로비치가 아니었다. <석화>의 리브레토 작업에 참가한 안무가 레오니드 라브롭스키가 1954년 <석화에 관한 동화>이란 제목으로 올린 모스크바 볼쇼이극장의 발레가 최초의 공연이다. 카테리나 역으로는 당대 최고의 발레리나였던 갈리나 울라노바가, 여왕 역은 전설적 발레리나인 마이야 플리세츠카야가 열연했지만, 결과는 성공적이지 못했다. 라브롭스키가 고수한 '발레 드라마'적 스타일이 시대착오적이었다. 지나칠 정도로 자세한 마임적 설명과 논리에 집착한 구성법이 관객의 상상력을 질식시켰고, 공연은 실패로 끝났다. 그래서 키로프극장은 자체 제작을 기획하게 되었고 1957년 유리 그리그로비치에게 안무를 맡기게 된 것이다. '발레 드라마'식 설명보다는 역동적이고 서정적인 춤에 집중하여 새로운 시대 감성을 선보인 그리고로비치의 <석화>는 대성공을 거두었고, 1959년에는 볼쇼이극장으로 '역수출'되는 기회도 가졌다. 이때부터 그리고로비치는 러시아를 대표하는 발레 안무가로 각광을 받기 시작한다.

• **춤의 형식과 특징**

<석화>의 춤 구성을 보면 무용수들 각각의 존재를 부각시키는 개성적 움직임이 눈에 띈다. 군무가 단일한 동작으로 통일된 것이 아니라, 인물들의 상황과 성격을 설명하는 이중적 의미를 띠고 있는 것이다. 이러한 통일성의 해체는 무대의 에너지를 한층 강화하고 역동성과 표현성을 심화한다. 현란한 테크닉을 구현하는 무용수를 캐스팅하여 고난도 동작을 부여하는 것도 독특하다. 절제된 세련미와 서정적 분위기의 구현보다는 화려한 테크

<석화>의 한 장면

닉과 역동적 구성에서 비롯되는 강렬한 인상의 전달이 우선한다. 큰 틀에서 보자면 소비에트 발레 양식을 유지하면서도 '드라마 발레'의 한계로 지적되어온 몰개성적 보편주의와 진부성을 극복했다는 점은 <석화>의 역사적 의미를 다시 되새기게 만드는 지점이다.

무엇보다 <석화>의 가장 큰 매력은 러시아 민중예술의 서정적 분위기를 작품 속에 녹여냈다는 사실이다. 러시아 민속성을 단순히 기계적으로 삽입한 게 아니라, 전통적 발레 형식 속에 자연스럽고도 풍성하게 용해한 점 또한 눈여겨볼 대목이다.

다닐라, 카테리나, 여왕, 세베리얀 등 4명의 주요 인물은 각자의 개성과 배역에 맞는 춤과 음악을 보유하고 있으며, 극의 진행에 따라 매 순간 다채로운 풍모를 선보인다. 작품 초반에 다닐라는 러시아의 일상적, 민속적 색채가 강한 춤을 추는데, 화병 제작의 고뇌를 표현할 때는 전통적 발레 스타일의 춤으로 자신의 내면을 드러낸다. 인물들의 내면세계를 묘사할 때는 집단무를 이용하기도 하는데, 1막에서 지하세계의 보석들이 보여주는 연속 춤들은 여왕이 지배하는 지하왕국을 소개해줄 뿐만 아니라, 여왕의 내면적 속성을 은유적으로 보여주기도 한다. 다닐라와 카테리나의 약혼식 때 청춘남녀들이 추는 집단무도 상황 설명에 그치지 않고 순수하고 지고한 두 사람의 내면적 아름다움을 잘 드러낸다. 2막의 집시들이 추는 집단무는 세베리얀의 저속한 심성을 폭로하는 기능을 갖고 있는데, 이는 점점 임박해 온 그의 파멸에 대한 예고편이라 할 수 있다. 이처럼 <석화>에서는 춤과 음악과 서사가 유기적으로 결합되어 있으며, 개별 장면들과 전체의 결합 또한 개연적이고 조화롭다.

• 영원성의 상징

작품 속 석화의 상징은 영원한 아름다움이다. 화무십일홍(花無十日紅)이란 말처럼 꽃이 가진 찰나적 아름다움을 변하지 않는 돌 속에 보존하겠다는 것이다. 이때 아름다움이란 외면적 아름다움뿐만 아니라, 내면적 가치 또한 포괄한다. 이 작품의 핵심 주제는 예술과 사랑이므로 석화는 유한한 인간의 삶을 뛰어넘는 예술의 불멸성, 그리고 예술 못지않게 나약한 인간을 강하고 영원하게 만드는 사랑의 진정성을 의미한다. 어떤 장애나 시련에도 굴하지 않는 인간의 초월적 품성에 반대되는 인물이 바로 세레비얀이다. 그는 예술의 상품적 가치와 인간의 외적 아름다움에만 현혹된 인물이다. 세레비얀은 카테리나에 이어 여왕의 아름다움까지 탐하다가 그녀의 손에 죽게 된다. 예술의 테마를 다루는 서구의 많은 작품들이 과도한 정념에 휩쓸리거나 예술에 대한 맹목적 집착을 보여준다면, 소비에트 발레의 신기원을 이룩한 <석화>는 선량한 예술가의 소박하고 순수한 사랑이라는 보편적 주제를 다루고 있다.

스파르타쿠스
«Спартак»

김혜란

원작: 라파엘로 지오바뇰리의 소설 「스파르타쿠스」

음악: 아람 하차투랸

안무: 유리 그리고로비치

대본: 유리 그리고로비치

무대: 시몬 바르살라제

초연: 1968년 4월 9일, 모스크바 볼쇼이극장

1. 볼쇼이 발레

1968년 4월 9일 볼쇼이극장에서는 매우 중요한 초연이 이루어졌다. 이후 세계 곳곳의 주요 무대에 볼쇼이의 명함처럼 소개될 유리 그리고로비치의 발레 <스파르타쿠스>가 무대에 올려진 것이다. 사실 볼쇼이극장은 이전에도 <스파르타쿠스>를 무대에 올린 적이 있었다. 1958년에는 민속무용 앙상블의 단장 이고리 모이세예프가, 1962년에는 키로프의 안무가 레오니드 야콥슨이 각각의 <스파르타쿠스> 안무 버전을 볼쇼이 무대에 올렸다. 하지만 이들의 <스파르타쿠스>는 볼쇼이극장의 레퍼토리로 남지 못했다. 그와 달리 그리고로비치의 <스파르타쿠스>는 볼쇼이의 대표작으로 남았을 뿐만 아니라 마린스키의 고전적인 발레와는 전혀 다른 이른바 볼쇼이 스타일을 발레사에 각인시키게 된다.

볼쇼이의 발레는 오래전부터 마린스키의 발레와는 달랐다. 볼쇼이에는 황실의 아낌없는 후원 속에 초빙된 디드로, 페로, 프티파와 같은 외국의 유명 발레마스터도 없었고, 그들과 함께 완성된 고전발레의 우아하고 섬세한 형식, 엄격한 질서 등도 볼쇼이의 무대와는 거리가 멀었다. 대신 볼쇼이에는 모스크바의 오랜 민속과 연관된 각종 놀이와 여흥이 있었고, 궁정과 무도회에 익숙한 상트페테르부르크 관객들과는 다른 모스크바 관객들에게 익숙한 이야기들과 분위기가 있었다. 흥겨운 스페인 춤과 와자지껄한 군무가 특징인 발레극 <돈키호테>가 마린스키가 아닌 볼쇼이에서 만들어진 것도, 프티파의 초판본이 아닌 고르스키의 활기 넘치는 안무 버전이 볼쇼이의 대표작이 된 것도 마린스키와는 다른 볼쇼이의 전통에 따른 것이라고 할 수 있다.

19세기 내내 볼쇼이가 마린스키에 우위를 내어준 것은 바로 위와 같은 전통 때문이었고, 이는 혁명 이후에도 마찬가지였다. 혁명과 함께 모스크바가 수도가 됨으로써 소련 제1의 발레단은 마린스키(1935년 이후 명칭으로는 키로프)가 아닌 볼쇼이가 되었지만, 그 권위를 만들어준 것은 레닌그라드에서 온 무용수와 발레마스터들이었다. 키로프는 여전히 모스크바보다 나은 훈련, 더 우아하고 세련된 스타일을 가진 고전발레의 원천으로 여겨졌다. 1956년 영국 코벤트가든 공연으로 볼쇼이를 단번에 유명하게 만들어준 <로미오와 줄리엣>도 사실상 마린스키 전통의 산물이었다. 그리고 그 전통은 완전히 볼쇼이의 것이 되지는 못했다. 키로프 출신인 갈리나 울라노바가 그랬듯 고전적인 우아함과 균형감을 갖춘 세대는 하나둘씩 무대를 떠났고, 볼쇼이의 수원(水源)과도 같았던 키로프는 점차 활기를 잃어 갔다. 오십 세의 울라노바가 줄리엣으로 마지막 불꽃을 피우며 뉴욕에서 찬탄을 이끌어내던 해인 1959년 미국을 방문한 흐루쇼프는 「타임」지와의 인터뷰에서 소련의 발레 예술이 상승세에 있음을 자신했지만, 현실은 소련 서기장의 호언장담과는 달랐다. <로미오와 줄리엣>을 비롯한 몇몇 작품들이 서방의 큰 호응을 얻었던 것은 사실이지만 해빙과 함께 시작된 서구 발레와의 접촉은 소련 발레가 최고라는 자의식에 균열을 일으켰고, 그 균

"최고의 발레를 가진 게 어느 나라라고 생각하십니까? 당신네 나라요? 당신네 나라에는 상설 발레극장도 없지 않습니까. 당신네 극장들은 부자들이 주는 돈으로 성장하지만, 우리 나라에서는 국가가 돈을 대줍니다. 최고의 발레는 소련에 있습니다. 발레는 우리의 자랑거리입니다. 어느 나라의 예술이 상승세이고 어디가 하락세인지는 여러분도 잘 아실 겁니다."

- 니키타 흐루쇼프

열은 제2의 니진스키로 불리던 발레리노 루돌프 누레예프의 망명과 같은 사건으로 이어지기도 했다. 무엇보다도 당시 소련에는 자신의 스타일로 작품을 만드는, 말 그대로 창작자라 할 안무가가 없었다.

이미 세계 발레 공동의 유산이 된 프티파의 작품들로, 혹은 스탈린 시대에 만들어진 이데올로기적이고 신파적이며 형식적으로는 고색창연한 레퍼토리로 상승세의 발레, 세계 최고의 발레를 주장하기는 어려웠다. 그러기 위해서는 <백조의 호수>나 <잠자는 미녀>와 같은 걸작이 필요했다. 그것은 볼쇼이의 간판이 될 뿐만 아니라 소련이 고전발레를 혁명적으로 계승한 최고의 발레 국가임을 보여줄 영웅적이고 기념비적인 대작이어야 했다. 그리고 그 작품은 고대 로마의 노예 검투사 스파르타쿠스의 비극처럼 소련 관객들뿐만 아니라 전 세계의 관객들이 보편적으로 공감하고 감동할 주인공과 스토리를 담은 것이어야 했다.

2. 하차투랸의 <스파르타쿠스>

스파르타쿠스를 주인공으로 한 발레를 처음 구상한 것은 극작가 니콜라이 볼코프였다. 프랑스 혁명을 소재로 한 발레 <파리의 불꽃>의 대본작가이기도 한 볼코프는 1933년 <파리의 불꽃> 초연을 마치고 나서 라파엘로 지오바뇰리의 소설 『스파르타쿠스』와 고대 로마사, 연대기 등을 읽으며 새로운 발레의 구상을 시작했다. 그때까지만 해도 볼쇼이에서 솔리스트이자 발레마스터로 활동하고 있던 모이세예프가 안무를 맡고, 음악은 아르메니아 출신의 젊은 작곡가 아람 하차투랸에게 맡겨질 예정이었다. 8년 후인 1941년 12월 하차투랸은 한 신문과의 인터뷰에서 볼쇼이의 의뢰로 발레곡을 쓰기 시작했음을 밝히며 그 작품은 "고대 역사상 가장 훌륭한 인물인 스파르타쿠스를 소비에트 관객에게 보여주는 기념비적이고 영웅적인 공연이 될 것"임을 예고하기도 했다. 하지만 작업은 다시 십여 년 뒤로 미뤄지게 된다. 러시아에서 '위대한 조국 전쟁'이라 불리는 제2차 세계대전 직후 시작된 스탈린의 대숙청 때문이었다.

전쟁 중 통제의 약화를 틈타 벌어진 이적 행위에 대한 고발과 함께 쇼스타코비치, 프로코피예프, 하차투랸 등 소련의 주요 작곡가들에게 '소비에트 인민에 낯선 형식주의적 음악'을 하고 있다는 비판이 쏟아진 것이다. 소련 당국은 1942년 초연이 이루어진 발레 <가야네> 중 '칼의 춤'의 음악을 물고 늘어졌고, 상연금지로 이어진 갑작스러운 비난에 하차투랸은 충격을 받고 한동안 작품을 쓰지 못했다. 사실 <가야네>는 아르메니아의 집단농장을 배경으

"내가 이 테마를 고른 것에 의아해하며 너무 먼 역사로 후퇴했다고 질책하는 사람들이 있는데, 나는 스파르타쿠스와 고대 로마 노예들의 봉기라는 테마가 우리 시대에도 커다란 의미와 사회적 울림을 갖는다고 생각한다."

- 아람 하차투랸

로 한 전형적인 소비에트 스타일의 발레극으로, 하차투랸의 고향이기도 한 아르메니아의 민속 음악을 토대로 한 음악도, 아름다운 가야네를 사이에 둔 마을 청년들의 갈등과 교훈적인 해결도 반인민적이라 부를 여지가 없는 작품이었다.

당국은 <가야네>에 이어 쓰기 시작한 <스파르타쿠스>에 대해서도 소련인의 일상을 소재로 한 작품이 아니라는 이유로 제재를 가했고, 하차투랸은 고대인 중 스파르타쿠스를 가장 존경한다는 마르크스의 진술을 찾아 제시하고 나서야 작업을 진행할 수 있었다. 당국의 의심스러운 눈초리에도 하차투랸이 <스파르타쿠스>를 포기하지 않았던 것은 스파르타쿠스 이야기를 통해 자신의 이야기, 당국의 부당한 공격으로 무너졌던 예술가의 항변을 담고 싶었기 때문이었다. 예술사가인 하차투랸의 아들 카렌에 따르면, "발레 <스파르타쿠스>에는 아버지 하차투랸의 체험이 녹아있으며" 이 작품의 주제는 다름 아닌 "혼자가 된 주인공의 고독"이었다. 개인을 짓누르는 거대 권력에 맞서는 영웅적인 싸움, 결국 패배할 수밖에 없기에 비극적인 싸움의 주인공은 스탈린의 압제 아래서 신음하는 소련의 개인들, 그리고 하차투랸 자신의 모습이었던 것이다. 하차투랸은 스탈린이 죽은 이듬해인 1954년 <스파르타쿠스>를 완성했다.

3. 야콥슨의 <스파르타쿠스>(1956)

하차투랸에게 음악을 처음 주문한 것은 볼쇼이였지만, <스파르타쿠스>의 초연은 볼쇼이가 아닌 키로프에서 먼저 이루어졌다. 역시 스탈린 시대에 형식주의자로 몰려 탄압을 받았던 안무가 중 한 사람으로, 스탈린 사후인 1955년 키로프 예술감독으로 복귀한 표도르 로푸호프는 자신과 마찬가지로 키로프에서 몇 차례 쫓겨나야 했던 안무가 레오니드 야콥슨을 불러들여 발레 <스파르타쿠스>의 안무를 맡겼다. 그리고 야콥슨은 <스파르타쿠스>를 발레예술계의 해빙을 선언하는 신호탄으로 만들었다.

'로마의 삶에서 취한 장면들'이라는 장르 소개에서도 암시되듯, 야콥슨의 <스파르타쿠스>는 스탈린 시대 소련 발레의 공식이라 할 '드라마 발레'와는 전혀 다른 공연이었다. 야콥슨은 극적인 스토리, 다시 말해 비극적인 영웅 스파르타쿠스의 이야기보다는 파멸을 앞둔 로마 제국의 공허한 화려함, 도덕적 타락상에 초점을 맞춘 시각적인 발레를 만들었다. 로마 군중들의 환호 속에 이루어지는 크라수스와 로마 군대의 화려한 개선 행렬, 원형 경기장을 채운 로마의 시민들이 지켜보는 가운데 진행되는 검투사들의 싸움과 로마 귀족들의 방탕한 주연까지 고대 로마인들의 일상이 활인화처럼 무대 위에 생생하게 그려졌고, 장면 전환에 앞서 무대 위에 정지하고 있는

야콥슨의 <스파르타쿠스> 1막 중의 한 장면

크라수스를 유혹하는 에기나

무용수들의 모습은 마치 고대의 화병이나 모자이크를 옮겨 놓은 듯 했다. 야콥슨은 장면들을 보다 생생하게 그려내기 위해 고전발레의 엄격한 형식들도 과감하게 내던졌다. 무용수들은 토슈즈 대신 고대 로마인들이 신던 것과 같은 샌들을 신고 춤을 추었고, 고전발레의 기본 동작이라 할 턴 아웃이나 푸앵트 워크도 없었다.

고전발레 옹호자들의 비판이 없었던 것은 아니지만, 2백 명이 넘는 무용수들이 등장하는 웅장하고 화려하며 때로 지나치다 싶을 만큼 관능적이기도 했던 야콥슨의 <스파르타쿠스>는 금욕적인 소비에트의 발레극에 지친 해빙기 관객들에게 엄청난 환호를 불러일으켰다. 특히 전성기를 스탈린 시대와 함께 보내야 했던 비운의 발레리나 알라 셸레스트가 맡아 연기한 에기나는 야콥슨이 그려낸 화려하고 공허한 로마의 이미지를 증폭시키며 관객들에게 강렬한 인상을 남겼다. 거친 남자들의 애무를 은연중에 혐오하는 고대 로마의 헤타이라(고급 매춘부) 에기나는 특유의 섬세함과 동물적인 감각으로 무대를 장악했던 발레리나 셀레스트를 위해 만들어진 역으로, 크라수스나 스파르타쿠스보다도 더 큰 주목을 받았다.

1958년에는 볼쇼이극장도 <스파르타쿠스>를 무대에 올렸다. 볼쇼이는 대본작가 볼코프가 처음 구상을 나누었던 모이세예프를 안무가로 내세우게 되는데, 이미 볼쇼이를 떠나 민속춤 앙상블의 단장으로 활동하고 있던 모이세예프 버전의 <스파르타쿠스>는 제대로 된 안무가가 없던 당시 볼쇼이의 상황만 드러내고, 야콥슨의 <스파르타쿠스>만큼 관객들의 호응을 끌어내지 못했다. 이에 볼쇼

1956년 키로프의 <스파르타쿠스> 중 에기나를 추고 있는 알라 셀레스트. 셀레스트는 당시 공연에서 검투사 레티아리우스로 춤을 추었던 유리 그리고로비치의 아내이기도 했다.

이는 키로프의 흥행작이 된 야콥슨의 <스파르타쿠스>를 볼쇼이로 옮겨와 당대 볼쇼이 최고의 스타였던 플리세츠카야와 함께 뉴욕 순회공연에 나서기도 했지만, 결과는 역시 좋지 않았다. 뉴욕의 비평가들은 야콥슨의 공연에 대해 "알맹이라고는 없는 무미건조한 상상력"뿐이라며 혹평을 퍼부었고, 안 그래도 당국이 내켜 하지 않던 야콥슨은 완전히 눈 밖에 나게 된다. 소련 제1의 공식적 문화기관이라는 위상에 걸맞는, 좀 더 고전적이면서 소련 문화의 긍정적 요소를 부각시킬 작품이 볼쇼이에 필요했고, 그 임무는

볼쇼이의 새로운 책임 발레마스터 유리 그리고로비치에 의해 완수된다.

4. 그리고로비치의 <스파르타쿠스>(1968)

유리 그리고로비치는 야콥슨이나 모이세예프와는 또 다른 세대, 이른바 해빙기 세대로 불리는 소련의 새로운 안무가 세대를 대표하는 예술가이다. 그는 주어진 틀에 맞춰 작품을 찍어내는 기술자(스탈린 시대에 예술가들은 인간의 영혼을 다루는 기술자로 불렸다)가 아니었을 뿐만 아니라, 전위적 형식 실험에 몰두하던 아방가르드 세대의 안무가들과도 달랐다. 그리고로비치는 예술가로서의 독립

유리 그리고로비치

성과 함께 무엇보다도 인간과 인간으로서의 감정을 중요하게 생각하는 안무가였고, 심리적으로도 육체적으로도 최대치를 요구한다는 점에서 맥시멀리스트였다.

그리고로비치에게 <스파르타쿠스>는 처음 접하는 작품이 아니었다. 그리고로비치는 키로프에서 있었던 야콥슨의 <스파르타쿠스> 공연에 검투사 중 한 인물로 무대 위에서 춤을 춘 바 있었고, 당시 공연에서 에기나 역을 맡았던 셸레스트의 남편이기도 했다. 그의 키로프 안무 데뷔작이라 할 <석화>의 여주인공 역으로 함께 작업하기도 했던 셸레스트와는 곧 이혼하기는 했지만, 덕분에 그리고로비치는 키로프의 흥행작 <스파르타쿠스> 공연의 장단점을 잘 알고 있었고, 야콥슨 발레의 장점을 활용함과 동시에 단

점을 보완한 새로운 공연을 만들 수 있었다.

그리고로비치는 새로운 <스파르타쿠스>를 위해 리브레토를 직접 다시 썼고, 하차투랸에게 자신의 리브레토에 맞춘 음악의 수정도 부탁했다. 1956년 작업 당시 넵스키 대로에서 <스파르타쿠스> 문제로 주먹질을 하며 싸울 만큼 야콥슨과 갈등이 심했던 하차투랸은 흔쾌히 자신의 곡을 수정해주었다. 장면이 전환될 때 무대 위에 정지하고 있는 무용수들의 모습은 야콥슨의 공연을 연상시키기도 하지만 시각적으로 화려했던 야콥슨의 공연과 달리 그리고로비치의 무대는 매우 단순했다. 그리고로비치가 공동 작가로 부르곤 했던 무대미술가 시몬 비르살라제는 무대를 거의 텅 비운 채 때로 거대한 돌벽처럼, 때로 연회장의 카우치, 혹은 황량한 들판의 바위처럼 놓인 덩그러니 놓인 거대한 돌과 휘장만으로 무대를 장식했다. 단순하면서도 가볍지 않은 무대 덕에 더욱 강렬하고 명료하게 드러나는 그리고로비치의 <스파르타쿠스> 줄거리를 정리해보면 다음과 같다.

1막

크라수스가 이끄는 로마군단이 잔혹한 침략 전쟁을 벌이고 있다. 방패 마차에 올라탄 크라수스와 로마군단의 개선 행렬 뒤로 양팔이 뒤로 묶인 채 등을 구부리고 있는 포로들이 모습을 드러낸다. 포로들 가운데 서 있던 스파르타쿠스가 쇠사슬에 묶인 절망을 독백하듯 춤을 춘다. 채찍을 든 노예상들이 남녀 포로들을 갈라 세우고, 스파르타쿠스는 마지막까지 프리기아를 지키고자 막아서지만 두 사람은 결국 헤어지고 만다.

크라수스와 집정관들이 방탕한 주연을 벌이고 있다. 짐승으로 분장한 마임배우들과 무희들이 크라수스의 새로운 노예가 된 프리기아를 희롱하고, 크라수스를 유혹하는 에기나의 격렬하고도 관능적인 춤이 이어진다. 술과 광기에 취한 크라수스가 구경거리를 더 내어놓으라 하고, 앞이 보이지

1막 첫 장면의 크라수스와 로마병사들

않는 투구를 뒤집어쓴 검투사들이 목숨을 건 싸움을 벌인다. 크라수스의 구경거리를 위해 상대를 죽인 검투사의 투구가 벗겨지고 스파르타쿠스의 얼굴이 드러난다.

    자기 의지와 상관없이 동료 검투사를 살해한 스파르타쿠스의 번뇌는 분노와 저항 의식으로 바뀌고, 스파르타쿠스는 검투사들에게 봉기를 호소한다. 검투사들이 스파르타쿠스와 함께 봉기하여 일어설 것을 다짐한다.

2막

    사슬 대신 방패와 칼을 들고 뛰쳐나온 스파르타쿠스와 검투사들이 아피아 가도에서 만난 목동들에게 봉기에 합세할 것을 호소한다. 목동들도 검투사들의 봉기에 합세하고, 봉기자들은 스파르타쿠스에게 충성을 맹세하며 그를 리더로 추대한다.

　자유에 대한 열망 속에서도 프리기아를 그리워하던 스파르타쿠스는 프리기아를 찾아 크라수스의 저택으로 달려가고 두 연인은 애절한 만남의 시간을 갖는다. 하지만 그 시간도 잠시, 집정관들과 에기나가 들이닥쳐 두 사람은 몸을 숨긴다. 승승장구를 이어가고 있는 크라수스를 위한 주연이 다시 펼쳐지고, 에기나는 크라수스를 자신의 것으로 만들어 로마 상류사회에 합법적으로 들어가려는 욕망을 감춘 채 크라수스와 연회를 즐긴다.

　스파르타쿠스의 검투사들이 크라수스의 저택을 포위하고 있다는 소식에 크라수스의 손님과 무희들이 도망친다. 무기도 없이 생포된 크라수스에게 스파르타쿠스는 칼을 내어주며 결투를 신청한다. 스파르타쿠스와 일대일 대결에서도 패배한 크라수스는 죽음을 요구하지만, 스파르타쿠스는 패배보다 더 고통스러울 치욕을 간직하도록 크라수스를 살려주고 봉기자들은 스파르타쿠스의 승리를 환호한다.

3막

　크라수스는 스파르타쿠스에게 받은 치욕에 고통스러워하고 에기나는 그런 그에게 복수를 부추긴다. 악에 받친 크라수스가 병사들을 불러모아 반격에 나선다. 크라수스의 패배는 곧 자신의 파멸이라 생각한 에기나는 스파르타쿠스 진영에 내분을 일으키고자 계략을 꾸민다.

　스파르타쿠스의 진영, 스파르타쿠스는 프리기아와 행복한 시간을 보낸다. 스파르타쿠스의 병사들이 크라수스가 대군을 이끌고 반격하고 있음을 알린다. 스파르타쿠스는 그들에게 맞설 것을 제안하지만, 적지 않은 병사들이 이를 거부하고 떠난다. 스파르타쿠스는 다가온 전투의 비극적인 결말을 예감하면서도 자유를 위해 목숨을 걸 각오를 다진다. 변함없이 스파르타쿠스를 따르는 병사들도 그와 함께 전투의 각오를 다진다.

스파르타쿠스를 떠난 병사들의 진영에 에기나가 숨어든다. 에기나와 여자들이 술과 관능적인 춤으로 배신자들을 유혹해서 함정에 빠뜨리고는 그들을 크라수스에게 넘긴다. 크라수스는 자신을 욕보인 스파르타쿠스에 대한 복수심을 불태운다. 로마군단이 스파르타쿠스의 병사들을 에워싸고, 스파르타쿠스의 전우들은 고군분투하다 쓰러진다. 스파르타쿠스는 마지막 순간까지 싸움에서 물러서지 않고, 로마 병사들은 부상당한 스파르타쿠스를 에워싸고 창끝에 매달아 세운다.

프리기아가 스파르타쿠스의 시신을 찾아 나서고 마침내 발견한 시신 앞에서 절규한다. 스파르타쿠스의 동료들이 그의 시신을 높이 들어 올리고 프리기아는 영웅을 영원히 기억할 것을 호소한다.

어둠 속에 조각상처럼 우뚝 선 크라수스의 모습과 이어지는 로마 병사들의 역동적인 첫 군무는 <스파르타쿠스>를 남성 발레라고 부르는 이유를 단번에 알아차리게 한다. 무대 장치라곤 거의 없지만 크라수스를 비롯한 로마 병사들의 번쩍이는 갑옷과 투구, 높이 치켜든 로마 군대의 휘장과 모든 것을 부수고 나아갈듯한 병사의 움직임은 화려한 제국의 위용을 강렬하게 보여준다. 특히 몸통을 활처럼 둥글게 말아올리며 날아오르는 크라수스의 카리스마 넘치는 춤은 강함이 주는 매혹적인 힘으로 관객들을 사로잡는다. 발레의 주인공이 스파르타쿠스라는 사실을 잠시 잊을 만큼

1968년 볼쇼이극장 <스파르타쿠스>에서 크라수스로 분한 마리스 리예파

1968년 볼쇼이극장 <스파르타쿠스>의 주인공 스파르타쿠스 역으로 분한 블라디미르 바실리예프

첫 장면의 크라수스와 로마 병사들의 군무는 압도적인데 노예들의 무리 속에 우뚝 선 스파르타쿠스의 모습을 보는 순간 그 인상은 사라지게 된다. 말 그대로 어둠 속에 홀로 선 스파르타쿠스의 독무는 크라수스의 과시적인 춤을 잊고 주인공의 내면에 주목하게 한다.

텅 빈 무대에 핀 조명을 이용해서 더욱 집중하게 되는 주인공들의 독무를 그리고로비치는 '모놀로그'라고 불렀으며, 전체 3막 12개의 장면 중 아홉 개의 장면 뒤에 그와 같은 독무를 붙여넣었다. 고개를 허리까지 숙이고 있는 포로들 사이로 나타난 스파르타쿠스의 첫 모놀로그에 이어 앞이 보이지 않는 투구를 쓴 채 동료 검투사를 죽이고 난 후, 노예 검투사들과 봉기를 결의하고 크라수스에게 치욕스러운 패배를 안긴 후, 그리고 자기 병사들 진영의 분열을 맞닥뜨리고 난 후 스파르타쿠스의 모놀로그 독무가 이어지며, 그 외 스파르타쿠스의 시련을 예감한 프리기아의 독무, 크라수스와 그의 세계를 향한 욕망으로 가득한 에기나의 독무와 스파르타쿠스에 대한 적의에 휩싸인 크라수스의 모놀로그 독무도 있다. <스파르타쿠스>를 심리 무용극으로 부르는 것은 바로 이와 같은 주인공 내면의 깊은 고뇌와 분투에 집중하고 있는 연극적인 독무들 덕분이라고 할 수 있다.

스파르타쿠스를 비롯한 주인공들의 내면에 대한 드라마틱한 묘사는 스탈린 시대 드라마 발레의 유산으로 보이기도 한다. 선악의 뚜렷한 구별이나 상대의 진영을 분열시키는 음모, 그로 인한 주인공의 시련도 스탈린 시대 발레극에서 쉽게 찾아볼 수 있는 장치들이었다. 해빙기 세대라고는 해도 그리고로비치 역시 소비에트 문명의 아이였던 만큼 어쩌면 그 영향은 자연스러운 것이라고 할 수 있다. 하지만 앞에서도 언급했듯이 그리고로비치는 기존의 틀에 맞춰 작품을 찍어내는 안무가가 아니었다. 텅 빈 무대 위에 조명과 휘장의 효과만으로 자연스럽고 흥미진진하게 이루어지는 장면의 교체는 안무가일 뿐만 아니라 대본작가이기도 했던 그리고로비치의 재능을 엿볼 수 있는 장면이다. 1962년 야콥슨 버전의 볼쇼이 공연에서 스파르타쿠스를 맡아 춤추었던 마리스 리예파에게 크라수스 역을 맡겨 누구도 예상치 못하던 강렬한 대결 장면들을 만들어낸 것도, 뛰어난 비르투오소였을 뿐 아니라 그 시대의 가장 우아한 발레리나로 불리던 예카테리나 막시모바의 프리기아를 통해 스파르타쿠스의 영웅적 서사에 고전적인 아름다움을 결합시킨 것도 그리고로비치의 탁월한 구성력에서 나온 것이다.

발레의 서사를 위해 스탈린 시대가 억눌러왔던 군무에 생기를 불어넣음으로써, <스파르타쿠스>를 화려하고 역동적인 작품으로 만든 것 역시 그리고로비치였다. 로마 병사들의 침략 전쟁을 형상화한 첫 장면이나 스파르타쿠스와 봉기를 다짐하며 일어서는 노예 검투사들의 군무도 강렬하지만, 고전발레에서 그랬듯 순수하게 무용적인 측면에서 매혹적인 군무도 있다. 2막 크라수스 연회에서 집정관과 무희들의 춤은 그중의 하나이다. 고대 로마의 동상들을 연상시키는 집정관과 무희들의 행렬은 무대가 1막에서와 같은 파멸 직전 로마의 타락을 구현하듯 음탕하고 욕망으로 가득한 공간임을 잠시 잊고 그들의 춤에 몰두하게 한다. 어딘지 발레뤼스의 <폴로베츠인들의 춤>을 연상시키는 목동들의 군무가 있는 2막 아피아 가도 장면 역시 서사와 거리를 두고 순수하게 군무를 즐길 수 있는 장면이다. 부드럽고

2막 크라수스 연회의 집정관과 무희들의 춤

서정적인 선율에서부터 스윙 재즈, 민속 음악의 경쾌하고 역동적인 리듬까지 다채로운 음악에 맞춘 목동들의 춤과 스파르타쿠스의 병사들이 합세하여 추는 춤은 자유분방함과 호쾌함만으로 눈을 즐겁게 한다.

오히려 그 군무 끝에 병사들과 목동들이 내어준 길을 날 듯이 가로지르며 등장한 스파르타쿠스가 그에 대한 충성심으로 하나가 된 병사들에게서 붉은 망토를 받아 두르는 장면의 영웅주의는 군무의 순수한 역동성과 흥겨움을 다소 바래게 한다. 하지만 그 비장함은 소비에트식 영웅주의라고만은 볼 수 없는 멜로드라마의 특징으로, 보통 멜로드라마가 그렇듯 주인공을 누가 연기하느냐에 따라 진부한 신파가 아닌 진정한 영웅 드라마를 만들어주는 요소가 되기도 한다.

그런 점에서 블라디미르 바실리예프는 그리고로비치에게 꼭 필요한 무용수였다. 1968년 초연과 함께 <스파르타쿠스>가 엄청난 반향을 일으키며 볼쇼이의 전설로 자리를 잡을 수 있었던 것은 그리고로비치의 첫 스파르타쿠스가 다름 아닌 바실리예프였기에 가능한 일이었다. 볼쇼이 무용학교 출신으로 열아홉 살이 되던 1959년, 볼쇼이의 <석화> 공연에서 주인공 다닐라로 데뷔한 바실리예프는 데뷔 초부터 러시아의 전설적인 무용수 니진스키와 비교되곤 하던 무용수였다. 러시아의 발레사 연구자 가옙스키에 따르면, 바실리예프가 무대 위에서 빚어내는 조형미는 단순히 육체적인 것이 아닌 영혼의 조형미였으며, 그는 그저 영웅적이고 남성적인 춤을 출 줄 아는 비르투오소가 아니라 영웅적 남성적 춤에 인간적인 얼굴과 심리를 부여할 줄 아는 무용수였다.

양손이 등 뒤로 묶인 채 고개를 허리까지 구부리고 있는 노예들 사이에 홀로 꼿꼿이 선 채 등장하는 첫 장면부터 바실리예프의 스파르타쿠스는 구속된 존재로서의 울분과 자유에 대한 의지를 관객들에게 동화시킨다. 그렇게 시작된 심리적 동화는 크라수스의 놀잇감이 되어 동료 검투사를 살해하고 난 뒤 폭발하는 번뇌와 분노에서 더욱 증폭되며 봉기의 다짐 속에 스파르타쿠스가 무대를 가로질러 회오리처럼 날아오를 때 느껴지는 카타르시스는 분명 바실리예프의 스파르타쿠스이기 때문에 더욱 강렬하다. 이는 관객들에게 "대포에서 발사되는 듯"한 장면으로 기억되는 2막 크라수스 연회에 스파르타쿠스가 뛰어드는 장면이나 홀로 싸우는 마지막 전투 장면에서도 마찬가지이다. 바실리예프의 스파르타쿠스는 프리기아와의 파드되 같은 장면에서뿐만 아니라 가장 영웅적인 장면에서도 좀 더 복잡하고 좀 더 감정에 호소하는, 그래서 더 극적이고 격정적인 춤을 보여주었다.

그리고로비치가 바실리예프와 함께 만들어낸 스파르타쿠스 형상의 핵심은 처음부터 파국이 예정된 싸움을 벌이고 있다는 점에 있다. 그리고로비치는 스파르타쿠스가 봉기를 결심하기 전인 1막 프리기아의 독무에서 이

3막 마지막 장면의 스파르타쿠스-바실리예프

미 무서운 운명의 파국을 예감하는 것으로 대본에 적어두고 있으며, 그 예감은 마지막 싸움에 나서기 전 스파르타쿠스의 독무 장면에도 지시되어 있다. 결국 격렬한 마지막 전투 끝에 스파르타쿠스 병사들이 밀려 나가고 홀로 로마 군단에 대적하기에 앞서 스파르타쿠스는 마침내 다가온 마지막 순간을 직감한 듯 잠시 멈춰선다. 하지만 그는 물러서지 않을 뿐만 아니라 광기 어린 크라수스와 로마 병사들의 창을 제 몸에 꽂도록 팔을 벌려 보이기까지 한다. 그리고 그대로 로마 병사들의 창에 찔려 스파르타쿠스가 허공으로 치켜 올려진 장면은 비록 그것이 죽음일지라도 예정된 운명에 순응하고 영원히 기억될 죽음으로 남는다는 점에서 예수의 십자가 처형을 연상시키기도 한다. 그리고로비치는 노예 검투사 스파르타쿠스의 죽음을 장엄한 비극으로 끌어올리고 있는 것이다.

그리고로비치의 <스파르타쿠스>는 소비에트 발레가 만든 최고의 작품이다. 스파르타쿠스와 프리기아의 아다지오 같은 고전적인 춤에서부터 로마군단, 로마 집정관들과 무희들, 반란군이 된 노예 검투사들, 자유로운 목동들에 이르는 다양한 집단의 각기 다른 군무, 지나치다 싶을 만큼 방탕한 주연과 장엄한 비극이 결합된 이 발레는 노예들의 반란을 다루고 있다는 점에서 소비에트 발레의 공식적인 대표작이 되기에 부족함이 없는 볼쇼이가 최고의 흥행물이기도 했다. 그리고 이 작품의 특징은 곧 키로프와 구별되는 볼쇼이의 특징이자 단점으로 받아들여졌다.

"그리고로비치의 스파르타쿠스는 내부에서 발전이 이루어지는 인물이다. 스파르타쿠스가 바위 같은 인물일 필요는 없었다. 이 인물의 힘은 물리적인 것보다는 정신적인 힘에 있다. 그리고로비치의 공연에서 스파르타쿠스는 마음 깊이 고통을 지니고 있는 인간이었다. 스파르타쿠스는 단호하고 냉혹해져야 했다. 그는 자신의 본성을 거스르며 끝까지 나아간다. 그는 의무와 양심, 시작한 일에 대한 책임을 지는 인간이다."

- 블라디미르 바실리예프의 인터뷰 중에서

선이 굵고 때로 거칠어 보이며, 저항의 정신과 격정이 휘몰아치는 볼쇼이의 남성적인 발레는 계속해서 키로프의 우아하고 섬세하며 고전적인 발레에 비해 수준이 낮은 것으로 인식되곤 한 것이다.

그리고로비치의 <스파르타쿠스>는 분명히 고전발레의 절대적인 아름다움과는 거리가 먼 작품이다. 사실 그리고로비치는 고전발레를 추구하는 안무가도 아니었다. 무엇보다도 그리고로비치가 <스파르타쿠스>에서 그리고자 한 것은 현실에 있을 법하지 않은 아름다움이나 고상한 세계가 아니었다. 그가 <스파르타쿠스>에서 그리는 것은 인간이 가질 수 있는 모든 열정과 욕망, 거칠고 때로 비인간적이기까지 한 권력의 광기, 자유에 대한 열망과 자신의 운명을 미리 가늠하지 않고 뛰어드는 용기, 피할 수 없는 파국의 체험과 같은 지극히 현실적이고 인간적인 세계이다. <스파르타쿠스>가 오늘날까지 사랑을 받는 이유도 바로 그와 같은 현실적이고 인간적인 세계의 반영 속에 있을 것이다.

곱사등이 망아지
카르멘 모음곡

«Конёк-горбунок»
и «Кармен-сюита»

윤서현

곱사등이 망아지

원작: 표트르 예르쇼프의 동화 「곱사등이 망아지」

음악: 로디온 셰드린

안무: 알렉산드르 라둔스키

대본: 바실리 바이노넨, 파벨 말랴렙스키

초연: 1960년 3월 4일, 모스크바 볼쇼이극장

카르멘 모음곡

원작: 프로스페르 메리메의 소설 「카르멘」
　　　조르주 비제의 오페라 <카르멘>

음악: 로디온 셰드린

안무: 알베르토 알론소

대본: 알베르토 알론소

초연: 1967년 4월 20일, 모스크바 볼쇼이극장

발레곡 <곱사등이 망아지>와 <카르멘 모음곡>은 작곡가 로디온 셰드린의 삶과 사랑에 이정표 같은 작품이면서 동시에 그의 넓은 창작 스펙트럼을 증명하는 대표작들이기도 하다. 그와 마이야 플리세츠카야의 만남을 성사시켜준 <곱사등이 망아지>가 조국인 러시아의 풍속을 연상케 하는 가락과 리듬, 유머로 가득한 작품이라면, 아내가 된 발레리나의 오랜 염원으로 탄생한 <카르멘 모음곡>은 조르주 비제의 오페라 원작에 쿠바의 리듬을 입힌 가장 이국적인 작품이기 때문이다.

1. 원작 「곱사등이 망아지」의 인기와 그 발레화

스무 살이 채 되지 않은 나이에 토볼스크의 작은 마을에서 상트페테르부르크로 유학 온 표트르 예르쇼프는 1834년 「곱사등이 망아지」를 출판한다. 바보 이반과 곱사등이 망아지의 모험을 그린 이 환상적 이야기는 곧장 독자들의 마음을 사로잡았다. 서구 유럽으로부터의 문화적 독립을 갈구하며 가장 러시아적인 소재를 발굴해오던 문화계 인사들은 이 이야기책에 찬사를 보냈다. 루복 혹은 달력 형식으로 제작되어 글을 읽지 못하는 계층에게까지 널리 알려진 이 이야기는 그때부터 지금까지 모든 러시아인들의 어린 시절을 함께 했다.

이 작품에서 대중을 사로잡을 발레 소재로서의 매력을 처음으로 발견한 이는 1860년대 유명 안무가 아르튀르 생 레옹이었다. 하지만 차르의 억압에도 불구 모든 난관을 극복하고 여왕과 함께 새로운 통치자로 등극하는 이반의 캐릭터는 정치적으로 해석될 소지가 있어 검열을 통과할 수 없었다. 이에 생 레옹은 원작을 대대적으로 각색한다. 러시아 민중을 대표하는 이반의 비중을 줄이는 대신 아름다운 여왕의 비중을 높였으며, 검열에 불리한 '차르'라는 명칭도 투르크의 '칸'으로 대체하였다. 발레의 제목 또한 <곱사등이 망아지, 또는 여왕>으로 교체된다.

예르쇼프의 「곱사등이 망아지」를 소재로 한 루복화(1885)

궁정악장이었던 체자레 푸니가 음악을 맡은 1864년 마린스키극장에서의 초연은 대성공이었다. 러시아적 선율과 함께 수십 종의 러시아 전통 춤사위가 디베르티스망으로 등장하였다. 2년이 지난 후 생 레옹은 이 발레를 모스크바의 볼쇼이극장에 올리게 된다. 하지만 이번에는 반응이 달랐다. 러시아는 변하고 있었다. 민주주의 사상의 영향을 받은 지식인층이 이 프

영화 <곱사등이 망아지>(1941)

랑스 안무가의 작품을 비판하기 시작했다. 그들은 생 레옹의 발레가 예르쇼프의 원작을 조롱하고 러시아 민족성을 왜곡한다고 생각했다. 정치적 논쟁 속에서 <곱사등이 망아지>는 캐리커처의 대상이 되었다.

1900년 초 발레 안무가 알렉산드르 고르스키는 볼쇼이극장에서 또 다른 버전의 발레 <곱사등이 망아지>를 창작한다. 대중들은 이 작품의 재능 있는 안무를 호의적으로 받아들였다. 하지만 무용수들의 움직임에 대한 배려가 부족한 푸니의 음악은 여전히 문제였다. 이에 고르스키를 비롯한 동료 예술가들은 이 작품의 장면들을 변형시키고 기존의 악보에 다른 음악들을 삽입하기 시작했다. 푸니의 오페레타 형식의 가벼운 음악과 나란히 알렉산드르 알랴비예프의 <꾀꼬리>, 안드레이 루빈쉬타인의 <러시안 춤곡>, 표트르 차이콥스키의 <생각>, 프란츠 리스트의 <헝가리 랩소디> 등의 작

인기 만화영화 <곱사등이 망아지>(1947) 포스터

품들이 함께 연주되었다. 대가들은 자신의 이름이 푸니의 이름과 함께 공동창작자로 나란히 놓이는 것을 꺼려하였다.

이렇게 탄생된 작품은 스타일적 통일성의 측면에서 많은 문제를 드러냈다. 러시아 민족성을 강조하려 했던 초기 창작 의도 또한 찾아볼 수 없었다. 고르스키의 안무는 간헐적으로 휴식기를 가지면서 40년이 넘는 시간 동안 공연되었지만 예르쇼프 원작의 인기에 부합하지는 못했다.

2. 로디온 셰드린과 곱사등이 망아지의 만남

1941년에는 영화로, 1947년에는 만화영화로 제작되면서 수차례 그 대중적 인기를 증명한 이 이야기가 볼쇼이극장의 선택을 받게 된 것은 50년대 중반에 이르러서였다. 음악은 드미트리 카발렙스키에게 의뢰되었고, 곧 발레 안무가 바실리 바이노넨과 극작가 파벨 말랴렙스키가 쓴 리브레토가 전달되었다. 하지만 동화라는 장르 자체가 생소했던 카발렙스키는 즉각 이

"… 셰드린의 발레 음악 속에서 예르쇼프의 다채롭고 환상적인 인물들이 생명을 얻는다. 이들은 러시아의 자연 속에서 살고 행동하며, 풍부한 표현력과 함께 생생한 유머와 서정으로 가득 찬 참 러시아어로 말하는 인물들이다. 셰드린의 음악 속에는 민족적인 멜로디를 다루는 솜씨뿐만이 아니라 민담 속 등장인물에 대한 뜨거운 애정과, 노래, 춤, 의례, 풍속 등 참으로 러시아적인 모든 것에 대한 열정이 느껴진다."

- 이리나 리하쵸바, 『로디온 셰드린의 음악 연극』

작업에 착수할 수 없었다. 그렇게 이 계획은 2년 남짓 답보 상태에 놓여있다가 당시 모스크바음악원에서 대학원생으로 수학 중이던 로디온 셰드린에게 맡겨진다.

셰드린은 곧 열정적으로 작업에 돌입한다. 때마침 벨라루스의 시골 지역을 방문할 기회가 있었던 셰드린은 자신이 체득한 민중적 선율과 리듬을 이 작품에 적용할 수 있었다. 그 결과 탄생한 1956년 작 발레곡 <곱사등이 망아지>에는 노골적이고 자유분방한 가사를 붙인 러시아 민중 속요인 차스투시카의 가락이 차용되었다. 자연히 풍자적이고 해학적인 색채가 짙었다. 1960년 <곱사등이 망아지>는 솔리스트이자 안무가였던 알렉산드르 라둔스키의 연출로 초연된다. 옛날이야기를 듣고 자란 이들이라면 누구에게나 친숙할 수밖에 없는 플롯이 전개된다.

• 줄거리

<u>프롤로그</u>
구름이 떠 있는 밤. 한 노인이 밀밭 옆에 서 있다.

1막

러시아의 시골. 형인 가브릴로와 다닐로는 막내인 이반만 남겨두고 놀러 나간다. 지루해진 이반이 피리를 연주하자 마을 아이들이 찾아와 함께 춤을 춘다. 형제들이 돌아와 이반을 꾸짖는다. 밖에서 돌아온 늙은 아버지가 밀밭에 도둑이 든다며 도움을 요청하고 형제들이 보초를 서러 나간다. 형들은 곧 잠이 들고 이반은 혼자 보초를 서던 중 갑자기 나타난 아름다운 암말을 생포한다. 자신을 풀어달라는 암말의 청을 들어주고 이반은 세 마리의 말을 선물로 받는다. 두 마리는 힘이 좋고 나머지 하나는 긴 귀를 한 우스꽝스러운 곱사등이 말이다. 어디선가 날아든 불새들이 아름다운 깃털을 하나 떨어뜨린다. 이반이 깃털에 정신이 팔려있는 사이, 형들이 가장 좋은 말 두 마리를 훔쳐간다. 이반이 슬퍼하자 곱사등이 망아지가 형들을 쫓아가자고 제안한다.

시장. 행렬을 대동한 차르가 이반의 형들이 데려 온 말 두 필을 사려하지만 이 말들을 다룰 수 있는 이가 없어 곤욕을 치른다. 이반이 등장하자 말들이 온순해진다. 이에 차르는 이반을 자신의 새로운 마구간지기로 임명하고 원래의 마구간지기는 시종으로 강등시킨다. 시종은 자신의 자리를 차지한 이반에게 복수하기로 마음먹는다.

▶ 주요 장면: 처음 만난 이반에게 장난을 거는 곱사등이 망아지의 익살스러운 춤은 1961년 제작된 발레 영화에서 알라 셰르비나의 연기로 확인할 수 있다.

2막

무더운 여름날. 여인들이 차르의 수발을 들고 있다. 시종이 이반에게 불새의 깃털이 있다는 것을 알아채고 이를 훔쳐 차르에게 보여준다. 차르는 깃털의 마법으로 불새들과 그들의 여왕의 환영을 보게 된다. 차르는 이 여왕을 아내로 맞이하고 싶어져 이반에게 그녀를 데려오라고 명령을 내린다. 곱사등이 망아지가 이반을 불새들의 서식지에 데리고 간다.

바닷가의 은빛 산. 이반은 곱사등이 망아지의 도움으로 여왕을 잡을 수 있게 된다. 이반과 여왕은 서로에게 반한다. 망아지는 마법으로 여왕을 잠재우고 이들 모두는 함께 귀환한다.

▶ 주요 장면: 이 작품에서 가장 우아하고 고전적인 군무는 은빛 산 불새들과 여왕의 춤이다.

3막

이반이 여왕을 데려오자 차르는 기뻐하며 그녀가 잠에서 깨자마자 혼인하려 든다. 여왕은 저 멀리 바다에 가라앉아 있는 반지를 가져다 달라고 청한다. 차르는 이반을 바다로 보낸다. 이번에도 이반은 망아지의 도움으로 바다 속 왕국에 당도하게 된다. 바다의 왕녀는 오만가지 수중생물의 춤으로 이반을 기쁘게 한다. 하지만 아무도 반지가 어디에 있는지 모른다. 모르는 게 없는 싸움꾼 쏘가리가 모래 속을 헤쳐 반지가 든 보물 상자를 찾아낸다. 이반은 감사를 표하고 뭍으로 올라온다.

<곱사등이 망아지>(1960) 초연, 여왕 역에 림마 카렐스카야와 차르 역에 라둔스키

▶ 주요 장면: 납치된 후 잠에서 깨어난 여왕이 이반과 함께 추는 춤 속

에는 러시아 전통의 어깨춤과 발재간이 녹아들어 있다. 또한 현란한 의상과 함께 수중생물들의 춤으로 이루어진 디베르티스망은 자타공인 이 작품 최고의 장면이다.

4막

혼인 준비가 한창이지만 여왕은 이반을 떠올리며 슬퍼한다. 이반이 반지를 가지고 돌아오자 차르는 그 반지로 여왕에게 다시 청혼을 한다. 여왕은 차르에게 젊어지고 싶으면 펄펄 끓는 우유에 몸을 담구면 된다고 비법을 전한다. 시종은 겁이 난 차르에게 이반으로 시험을 해보자고 건의한다. 이반이 억지로 솥에 들어가는 순간, 곱사등이

라둔스키 안무 <곱사등이 망아지>(1960), 여왕 역에 플리세츠카야와 이반 역에 블라디미르 바실리예프

망아지가 요술을 부린다. 솥에 들어갔다 나온 이반은 미남이 되어 있다. 이를 본 차르는 자진해서 솥에 들어가고 이내 사라져버린다.

▶ 주요 장면: 이반을 기다리는 늙은 차르와 여왕의 춤. 나이 든 차르를 놀려대는 여왕과 그런 그녀의 동작을 따라잡지 못해 휘청대는 차르의 연기가 우습다.

에필로그

군중들은 이반과 여왕을 환영하는 춤을 춘다. 곱사등이 망아지는 날아가며 모두의 행복을 빈다.

능청과 호들갑을 오가는 큰 형들, 잔걸음이 익살스러운 투정꾼 차르, 앞발과 뒷발을 동동대며 흔들어대는 망아지의 묘사부터 수중생물들의 디베르티스망까지 이 작품은 볼거리의 측면에 있어 아이들은 물론 어른들에게도 매력적이다. 직접 차르를 연기한 안무가 라둔스키는 이반과 그 형제들의 움직임, 장터 광대들의 움직임 속에 러시아 민중의 리듬을 담아냈다. 특히, 2막에서 고전적인 춤을 추던 여왕이 이반을 만난 후 점차 민속적 리듬에 맞추어 춤을 출 줄 알게 되는 설정이 흥미롭다. 볼쇼이극장에서 연기한 대부분의 무용수들이 1961년 촬영된 <곱사등이 망아지 이야기>라는 제목의 발레 영화에 그대로 출연하였으므로 이들의 모습은 쉽게 확인할 수 있다.

" … 발레곡 <곱사등이 망아지>는 저의 아주 초기작이긴 하지만 제가 스스로의 창작 작업에 확신을 갖게 만든 중요한 작품입니다. 이 작품이 제 인생의 많은 것을 결정지었어요. 이 곡을 작업하면서 천상의 불새 마이야 플리세츠카야를 음악가의 손으로 '잡을' 수 있게 된 것이기도 하고요. 그래서 이 곡을 그녀에게 바쳤죠…"

- 로디온 셰드린

초연의 림마 카렐스카야에 이어 여왕 역을 연기한 마이야 플리세츠카야는 이 시기 이미 셰드린의 아내가 되어 있었다. 볼쇼이극장의 연습실을 오가며 공연 준비를 지켜보던 작곡가와 당시 이미 유명한 발레리나였던 그녀 사이에 사랑이 싹텄던 것이다. 이후 셰드린이 작곡한 모든 발레곡은 플리세츠카야의 춤으로 완성되었다. <곱사등이 망아지>를 시작으로 이후 러시아 문학을 소재로 창작된 발레곡 <안나 카레니나>(1972), <갈매기>(1980), <개를 데리고 다니는 여인>(1985) 모두 아내인 플레세츠카야에게 헌정되었다.

3. 1960년대~1980년대의 <곱사등이 망아지>

발레 소재로서 <곱사등이 망아지>의 인기는 좀처럼 식지 않았다. 이 이야기는 1963년 12월 레닌그라드 말르이극장의 수석 발레 안무가 이고리 벨스키의 연출로 다시 한 번 무대화된다. 이 작품에는 일반적인 바리아시옹이나 파드되, 앙상블을 찾아볼 수 없었다. 춤들은 모두 연결되어 조화롭게 한 덩어리를 이루고 있었다.

벨스키 안무 <곱사등이 망아지>(1963) 2막. 장터.

벨스키는 루복의 소박한 형상들을 적극적으로 도입하여 예르쇼프의 동화가 지닌 사회정치적 함의는 물론 셰드린 음악이 지닌 풍자적 성격까지 한층 더 강화시켰다. 이로써 이제껏 주로 어린이들을 위한 환상극으로 받아들여졌던 <곱사등이 망아지>는 온전한 풍자극으로 새롭게 태어난다. 당대 관객들은 차르의 모습에서 공산당 제1서기 니키타 흐루쇼프를, 차르를 둘러싼 보야르들의 모습에서 공산당 정치국을 어렵지 않게 떠올릴 수 있었다. 이 인물들은 이반을 비롯한 민중들의 민속적 형상이나 여왕과 망아지가 표현된 동화적 형상과는 달리 그로테스크하게 표현되었다.

1981년 4월에는 키로프극장(현 마린스키극장)에서 드미트리 브랸체프 안무의 <곱사등이 망아지>가 탄생된다. 브랸체프와 키로프극장 예술감독 올렉 비노그라도프는 바이노넨과 말랴렙스키가 썼던 리브레토를 재구성하기로 결

1981년 작 브랸체프 안무 <곱사등이 망아지>, 차르 역에 표트르 루사노프(왼쪽, 1981년 공연)와 이반 역에 니콜라이 코브미르, 망아지에 아나톨리 사포고프(오른쪽, 1982년 공연)

정하고, 이 과정에서 4막이었던 공연이 2막으로 변모된다. 창작자들은 셰드린에게 음악을 수정해야 할 필요성을 설명하고 양해를 구했다. 셰드린은 재편성된 자신의 음악을 키로프극장의 리허설에서 처음 듣게 된다. 미래에 이 극장의 예술감독이 될 발레리 게르기예프가 지휘봉을 잡았다.

만화, 연극, 영화 부문에서 미술감독으로 활약하던 마리나 소콜로바는

키로프극장의 <곱사등이 망아지>(1981)를 위한 마리나 소콜로바의 의상 디자인

　장난감 놀이동산 같은 무대 디자인과 각양각색의 점박이 무늬가 가득한 화려한 의상과 아기자기한 소품들을 대거 활용하여 인형극적, 광대극적 성격을 극대화시켰다.

　여성 무용수의 연기로 발랄한 재간꾼이었던 곱사등이 망아지는 남성 무용수의 연기를 통해 짓궂고 힘 좋은 망아지로 재탄생한다. 작고 민첩한 망아지는 마법의 힘을 가지고 있다기 보다는 눈치가 빠르고 꾀가 많아 어쩐지 이반을 닮아있었다. 이반과 망아지는 마치 모험을 떠나는 의좋은 형제처럼 보인다. 이반의 친형제인 가브릴로와 다닐로는 원작과 달리 적극적인 악인으로 변모되어 있다. 시종이 주도했던 모든 음모는 이 형제들의 획책으로 수정되었다.

　차르의 성격 변화도 흥미롭다. 손잡이가 기다란 도끼창을 다리 사이에 끼우고 마치 말을 탄 듯 등장한 그는 라둔스키가 연기했던 그 어수룩한 투정쟁이 늙은이가 아니다. 그는 깐깐한 폭군이다. 허리를 잔뜩 굽힌 채 차르의 뒤를 따르는 보야르들이 그를 보필하느라 노심초사다. 일렬로 줄지어 선 채 차르를 안아 재우는 것도 그들의 몫이다. 특히 보야르들 중 하나가 왕관을 탈취하는 에피소드는 웃음을 자아낸다. 잠에서 깬 차르가 아무 일 없었다는 듯 베개 밑에서 이전 것과 똑같은 새 왕관을 꺼내 쓰고 상황은 종료된다.

여왕과 이반에 대한 폭군 차르의 억압 또한 더욱 적극적으로 묘사된다. 여왕을 거대한 새장에 감금하는 장면이 덧붙여지고 이반은 여왕을 데려온 대가로 차르에게 하사 받았던 거대한 보석 발랄라이카로 이 새장을 깨부수고 여왕을 구출하게 된다. 이반과 여왕의 로맨틱한 파드되

브랸체프의 <곱사등이 망아지>(1981)

가 추가되고 이반은 여왕 대신에 새장에 갇혀 이들의 고난이 강조된다.

작품의 결말에는 차르의 장례행렬이 짧게 추가되어 있다. 이미 죽은 차르이지만 보야르들은 솥에서 따라낸 액체를 받쳐 들고 장엄한 행진을 한다. 구경꾼들의 머리를 내리 누르며 억지로 경의를 표하게 하는 것은 차르의 생전이나 사후나 다르지 않다.

이 작품은 레닌그라드에서 4년 동안 공연된 후, 1983년 모스크바 스타니슬랍스키 네미로비치-단첸코 기념 음악극장에서 재공연된다. 성공적인 모스크바 입성에 힘입어 브랸체프는 그로부터 2년이 채 지나지 않아 이 극장의 수석 안무가가 된다. 그의 <곱사등이 망아지> 또한 영상으로 제작되어 지금까지 전해지고 있다.

4. 라트만스키 안무 <곱사등이 망아지>

2009년 마린스키극장은 알렉세이 라트만스키를 초청해 <곱사등이 망아지>의 새로운 안무를 맡긴다. 라트만스키로서는 마린스키극장에 올리는 다섯 번째 작업이었지만 같은 해 볼쇼이극장 예술감독에서 물러난 후 직함 없이 작업하기는 이 작품이 처음이었다. 1988년부터 이 극장의 예술감독으로 임명된 게르기예프가 다시 한 번 지휘봉을 잡았다.

어두컴컴한 무대 위에 빨간 사각형 하나만으로 이반의 시골집을 표현한 첫 장면이 인상적이다. 미술감독 막심 이사예프의 무대에는 칸딘스키와 말레비치의 영향이 강하게 드러난다. 그의 무대는, 추상을 통해 정신적인 것, 더 나아가 궁극의 진리를 제시하려 했던 러시아 예술가들의 작품처럼 사색과 관조를 위한 정적의 시공을 제시해 준다. 불새들의 서식지로 찾아가 여왕을 만나는 장면에서 하늘에 떠있는 거대한 노란색 달 또한 시간을 초월

라트만스키의 <곱사등이 망아지>, 불새들과 여왕

라트만스키의 <곱사등이 망아지>, 이반과 암말(왼쪽). 이반과 차르, 그리고 여왕(오른쪽)

한 환상의 공간을 효과적으로 표현한다.

어둡고 정적인 무대 위에 독특한 분장과 의상의 인물들이 등장한다. 허리까지 내려오는 주황색 긴 머리채를 채찍처럼 휘두르며 등장하는 암말, 끝이 갈라진 나팔바지를 펄럭대는 수말들, 길쭉한 하얀 모자를 쓴 장난감 병정 차림의 보야르들, 크렘린의 상징 스파스카야 시계탑 모양 모자를 쓴 차르, 하얗게 칠한 얼굴에 눈 화장이 벌건 불새들, 커다란 셔츠를 자루처럼 입은 장터 사람들, 수면에 반사된 것처럼 자기 얼굴이 거꾸로 프린트된 의상을 입은 수중세계생물 등이 단색의 추상적 무대를 풍요롭게 만든다.

2막으로 구성된 이 작품은 리브레토와 인물 성격에 있어서 초연인 라둔스키 안무의 대부분을 따르고 있으며 다만 부분적으로 몇몇 설정을 수정함으로써 그 해학적 성격이 배가되었다. 암말이 세 마리의 말을 선물하는

라트만스키의 <곱사등이 망아지>, 바다의 왕녀와 수중생물들

원작의 장면은 두 마리의 수말과 서로 희롱하던 암말이 무대 위에서 곱사등이 망아지를 낳는 익살스러운 장면으로 수정되었다. 또한 차르의 성격 또한 노쇠함보다는 천진난만함이 강조되어 우스움을 자아낸다. 체구가 작은 차르가, 앉으면 발끝이 땅에도 안 닿는 큼지막한 노란색 이동 왕좌에 실려 미소를 머금은 채 민중들을 향해 철없이 손을 흔들어 댄다. 그는 첫 대면에서 여왕의 아름다움에 감격해 울음까지 터뜨리는 인물인데 그녀와의 혼인보다는 오히려 예쁜 친구를 만들고 싶어하는 어린아이처럼 묘사되었다.

자칫 인간미가 배제될 법한 아방가르드적 무대는 라트만스키 특유의 해학으로 균형감각을 유지한다. 이 작품은 지금까지 마린스키극장의 인기 레파토리로 남녀노소의 큰 사랑을 받고 있다.

카르멘 모음곡

첫 발레곡 <곱사등이 망아지>로 성공적으로 데뷔할 수 있었던 로디온 셰드린은 다음 발레곡으로 1967년 <카르멘 모음곡>을 선보인다. 원작인 프로스페르 메리메 단편소설 「카르멘」(1844)은 이미 고전발레의 거장 마리우스 프티파에 의해 단막발레 <카르멘과 투우사>(1845)로 공연되어 큰 성공을 얻은 바 있었다. 이후, 비제의 오페라 <카르멘>이 탄생한 것은 수십 년이 지난 1875년의 일이었다.

<카르멘 모음곡> 초연, 알론소와 플리세츠카야

1964년 이미 39살의 플리세츠카야는 볼쇼이극장의 대표 발레리나이자 소연방 인민배우 타이틀을 지니고 있었다. 그녀는 이미 <백조의 호수>, <돈 키호테>, <잠자는 미녀>, <호두까끼 인형>, <지젤>, <라이몬다> 등에서 주요 파트를 맡고 있었다. 하지만 카르멘을 연기하는 것은 그녀의 오랜 꿈이었다. 처음 그녀는 남편의 동료 쇼스타코비치에게 <카르멘>의 작곡을 부탁했지만 그는 비제와 비교될 수는 없다며 이를 고사하였다. 그녀는 포기하지 않고 하차투랸을 찾아가 재차 부탁했지만 역시 제안은 받아들여지지 않았다.

　　2년의 시간이 흐른 후 쿠바국립발레단의 모스크바 공연을 관람하게 된 플리세츠카야는 안무가 알베르토 알론소를 만나 발레 <카르멘>의 창작을 부탁하게 된다. 알론소는 소비에트 문화부 장관의 허가가 있어야 한다는 단서조항을 달았지만 플리세츠카야가 백방으로 노력한 끝에 장관의 허가도, 볼쇼이극장의 협조도 모두 받아낼 수 있었다. 하지만 리브레토를 완성한 알론소가 모스크바에 입국했을 때까지도 정작 음악은 준비되지 못한 상태였다. 이때 그녀의 구원자로 남편 셰드린이 등장한다. 그는 비제의 오페라를 관악기 없이 현악기과 타악기만을 위한 오케스트라로 편곡하여 쿠바의 리듬을 담아낸다.

> "…저는 항상 카르멘을 춤추고 싶었어요. 제 안에는 나만의 카르멘에 대한 생각이 살고 있었죠. 이 생각은 마음 속 깊은 곳에서 피어오르기도 하고 명령처럼 밖으로 폭발하기도 했죠. 하고 싶은 작업에 대해서 누구와 이야기하든 카르멘의 형상이 제일 먼저 떠오르곤 했어요…"
>
> - 마이야 플리세츠카야

• 줄거리

　　도시 광장에 보초로 교대된 젊고 아름다운 군인 호세가 집시 여인 카르멘의 관심을 사로잡는다. 그를 유혹하려는 그녀의 시도는 성공한다. 하지만 호세는 자신의 임무를 저버리지 않고 계속 보초를 선다. 갑작스레 담배 공장 노동자들 사이에서 싸움이 일어난다. 카르멘이 이 소동의 원흉으로 주목받는다. 상사는 호세에게 카르멘을 감옥으로 호송할 것을 명령한다. 호세는 호송 중에 카르멘을 풀어주고 그녀와 헤어지지 않기 위해 탈영을 감행한다.

<카르멘 모음곡>, 마이야 플리세츠카야

위대한 투우사가 등장하여 자신이 아레나에서 승리한 이야기를 하기 시작하자 카르멘이 관심을 보인다. 투우사를 향한 새로운 감정에 사로잡힌 카르멘은 호세의 질투심을 알아채지 못한다. 상관이 등장하여 막사로 귀환할 것을 명령하자 화가 난 호세는 칼을 꺼내들고 그를 쫓아버린다. 카르멘은 호세의 행동에 놀라움을 보이기도 하지만 그의 호기로움에 다시 이끌린다. 그녀는 자신의 미래를 점치던 중 잔혹한 숙명이 다가오고 있음을 보게 된다. 곧 투우사가 아레나에 등장하여 자신의 멋진 솜씨를 자랑한다. 황소와 숙명이 결합된 형상이 그에게 달려든다. 열정에 찬 카르멘이 투우사를 바라보는 사이, 호세가 등장하여 사랑을 갈구한다. 하지만 카르멘에게 호세의 구애는 자유에 대한 억압으로 느껴진다. 그녀가 호세를 강하게 거부하자 그는 이를 이겨내지 못하고 단검으로 그녀를 찌른다.

마이야 플리세츠카야와 로디온 셰드린(1971)

　셰드린은 급박한 일정에 맞추어 비제의 <카르멘>과 <아를의 여인>을 원숙하게 가공해 냈다. 현악기와 타악기를 위한 전사는 20일 만에 이루어졌으며 안무 연습 또한 압축된 기간 안에 이루어 졌다. 하지만 각고의 노력에도 불구하고 1967년 4월 20일 볼쇼이극장에서 공연된 초연은 대중으로부터 곧장 환영받지는 못했다.

　피루엣, 푸에테 같은 기술적 동작들이 축소되어 있었던 것은 물론 남성 무용수들이나 육화된 숙명과 카르멘 사이에 존재하는 팽팽한 긴장감의 표현이 기존의 발레 법칙에 익숙했던 이들에게 매우 낯설게 다가왔기 때문이었다. 하지만 더 중요한 문제는 이 작품의 소재와 표현이 당국의 심기를 건드렸다는 데 있었다. 문화부장관 예카테리나 푸르체바가 공연을 관람한 이후 <카르멘 모음곡>의 전 공연이 취소되었다는 통보가 전해진다. 셰드린과 플리세츠카야 부부는 곧장 장관실을 찾아갔지만 아무런 소용이 없었다. 푸르체바는 이 작품이 무대, 의상, 안무 모든 측면에 있어서 미흡하다고 지적하였다. 특히 작품에 녹아있는 에로티시즘은 당시 소비에트 체제에서는 받아들여질 수 없는 것이었다. 결국 이 작품은 '전통 발레에 대한 배반'이라는 비판을 받기에 이른다. 이어서 당국은 1967년 캐나다 세계박람회 초청 목록에서 <카르멘 모음곡>을 제외시킨다. 이 작품이 전 세계에 소련 발레에 대한 왜곡된 이미지를 심어줄 수 있다는 이유에서였다. 하지만 당국의 노골적인 불만에도 불구하고 대중들은 점차 이 작품의 진가를 알아차렸다. 이 열정적 작품은 70년대부터 80년대 초까지 하리코프, 오데사, 카잔, 우파 등 러시아의 다른 도시들을 비롯하여 이웃인 벨라루스와 우크라이나, 조지아, 타지키스탄에서까지 공연되었다.

"메세레르는 <카르멘 모음곡>의 무대를 일종의 반원형 가축물이 트랙으로 만들었다. 이곳은 서커스 마당-투우장 혹은 인간 존재의 비극이 펼쳐지는 보편 상징으로서의 삶의 격투장이다. 트랙 울타리의 중앙에는 격투장 입구가 있고 그 위에는 등받이가 높은 의자들이 반원형으로 배치되어 있다. 그 의자들에는 격투장의 광경을 바라보는 관객들과 재판관들이 앉아있다. 무대 제작의 기본 원리가 된 이러한 양면성은 작품 전체에 일관적으로 작용된다. 무대 위에 이 발레의 엠블럼처럼 걸려있는 거대한 황소 가면은 투우 공연에 초대하는 선전 포스터이자 익명성의 형상으로 읽힐 수 있다. 양면성은 의상에서도 드러난다. 한 예로, 투우사의 차림에 있어 한쪽 팔은 검은 데다가 간소한 데 비해 다른 팔은 호사스럽고 하얗게 표현되어 있다."

- 연극사학자 빅토르 베료즈킨

1978년 이 작품은 펠릭스 슬리도프케르 감독에 의해 발레 영화로도 제작된다. 카르멘 역에는 마이야 플리세츠카야, 호세 역에는 알렉산드르 고두노프, 투우사 역에는 세르게이 라드첸코, 숙명 역에는 쿠바의 로이파 아라우호가 열연하였다. 하지만 이 영화마저도 이듬해 호세 역을 맡았던 알

<카르멘 모음곡>, 카르멘 역에 스베틀라나 자하로바

렉산드르 가두노프가 미국으로 망명하면서 더 이상 공개되지 않게 된다. 이후 마이야 플리세츠카야 또한 안무 구성과 후대양성에 집중하면서 무대에 서는 일이 줄어들게 되었고 그녀만을 위해 만들어진 이 작품 또한 긴 휴식기를 갖게 되었다. 마이야 플리세츠카야의 마지막 카르멘 연기는 1990년 1월 4일이었다. 그녀의 나이 65세였다.

볼쇼이극장은 2005년 80세를 맞이한 마이야 플리세츠카야를 위한 헌정 페스티벌을 준비하면서 발레 <카르멘 모음곡>을 신관 무대에 올렸다. 안무가 알베르토 알론소가 모스크바로 초청되었으며 보리스 메세레르의 무대 또한 더욱 웅장한 규모로 소환되었다. 초연의 카르멘 역은 스베틀라나 자하로바가 맡았으며 이후 이 작품은 볼쇼이극장의 레퍼토리가 된다. 2007년 마린스키극장의 울리야나 로파트키나가 볼쇼이극장에 초청되어

<카르멘 모음곡>, 숙명과 카르멘

카르멘 역을 연기한 후 3년이 지나 이 공연은 마린스키극장의 레퍼토리에도 포함되어 오늘에 이르고 있다. 비록 2015년 세상을 떠난 플리세츠카야이지만 그녀의 열정은 여전히 춤추고 있다. 그녀의 예언 그대로. "나는 죽을 테지만, 카르멘은 남을 거예요."

붉은 지젤

«Красная Жизель»

백승무

음악: 표트르 차이콥스키, 알프레드 시닛케, 조르주 비제

안무: 보리스 에이프만

대본: 보리스 에이프만

무대: 뱌체슬라프 오쿠뇨프

조명감독: 보리스 에이프만

초연: 1997년 1월 28일, 상트페테르부르크 보리스 에이프만 발레극장

1. 현대발레의 수장, 보리스 에이프만
• 신체언어라니, 몸이 말을 한다고?

톨스토이는 무성영화를 '위대한 침묵'이라고 불렀다. 소리 없이 행위만 보여주지만, 소설보다 재미있고 사진보다 볼거리가 많으니, 그 '소리 없음'이야말로 위대함의 징표가 아니겠는가. 영화에 '음성' 기능이 도입된 것은 순전히 기술발전에 말미암은 것이지만, 일부 영화인들에게 그것은 마냥 진보를 의미한 것은 아니었다. 무성영화의 거장 에이젠시테인과 찰리 채플린, 그리고 초기의

보리스 에이프만

알프레드 히치콕도 영화에 음성을 결합하는 것을 극히 꺼렸다. 우리가 기

억하듯이 배우의 대사가 필요한 장면에선 장면 사이에 대사가 적힌 화면을 삽입하는 방식이 있는데 굳이 음성을 입힐 필요가 없다는 것이다. 오히려 음성을 추가하면 연극과 똑같은 예술형식이 되니, 그것이야말로 영화의 퇴보라고 주장했다. 영화는 영화의 길이 있는데, 왜 낡은 예술인 연극과 똑같이 되려고 하느냐는 것. 그러지 말고 영화 자체의 언어를 더 예리하게 갈고 닦는 것, 즉 음성언어 대신에 행위 언어를 더욱 더 다양하고 정교하게 개발하는 것이 영화의 살길이다는 것이 그 주장의 요체이다.

이 주장에는 재미있는 전제가 숨어있다. 그것은 영화 속 배우의 행위에 대사를 대신할, 혹은 대사보다 우월한 고유한 전달체계가 있다는 것이다. 한마디로 배우의 행위가 '말을 한다'는 것인데, 에이젠시테인과 찰리 채플린 등은 배우의 행위가 일상 언어처럼 어떤 메시지를 전달할 수 있고, 고유의 문법과 규칙을 가지고 있기 때문에 그것을 어떻게 극대화, 예술화할 것인가에 대해 심각하게 고민했다. 영화언어와 영화문법을 연구한다는 점에서 영화감독은 영상 언어학자라고 할 수 있다. 그렇다면 관객이 할 일은 배우의 행위가 어떤 말을 하는지, 그 문장들이 모여 어떤 이야기를 구성하는지 이해하는 것이다. 일반언어학에서는 말을 최소단위까지 잘게 쪼개서 다시 문장단위로 결합하는 작업을 통해 언어의 실체를 밝혀낸다. 영화언어의 분석도 크게 다르지 않다. 영화의 최소단위인 쇼트부터 시작해서, 쇼트가 모여 씬이 되고, 씬이 모여서 시퀀스가 되는 과정을 분석하는 것이 영화의 행위 언어를 분석하는 방법이다. 이렇게 행위 언어를 일상 언어 못지않게 풍부하게 분석·발전시켜야 영화예술의 정체성이 확립되는데, 그전에 더빙 형태로 일상 언어를 덧붙여버리면 영화의 고유한 행위언어는 잠재적 발전 가능성을 상실하고 만다는 거다.

실제로 더빙 반대론자들의 염려는 현실이 된다. 행위 중심의 무성영화가 유성영화로 바꾸니 그동안 할 수 없었던 복잡한 이야기를 속 시원하게 할 수 있게 된 것이다. 복잡한 이야기의 체계를 보통 '서사'라고 말한다. 유성영화는 영화 서사의 진화에 획기적 전기를 마련한 것이다. 이야기의 구조에 해당하는 플롯이 급속도로 발전하고, 복잡한 속마음을 드러내는 심리주의 기법이 고도로 확대된다. 그 대신, 배우의 행위는 점점 더 왜소화되고 경시되기 시작했다. 배우의 행위가 무슨 말을 하는지, 그 상징적 의미가 뭔지, 그 행위의 아름다움이 어떤 것인지 생각하지 않고, 웬만하면 언어로 모든 걸 해결하려는 추세가 고착화된 것이다. 몸의 언어가 정체되고 입이 활성화되는 현상은 한편으로는 축복이지만, 다른 한편으로는 불행이다. 영화가 오늘날 같은 사실성을 확보하여 산업화에 성공한 것은 축복에 해당하지만, 음성언어 없이 몸으로 모든 것을 표현하는 신체언어의 혁명은 실패하고 말았기 때문이다.

보리스 에이프만

• 에이프만, 발레의 새로운 가능성을 탐험하다

영화에서 신체언어가 음성언어에 의해 발전가능성을 박탈당했다는 사실을 길게 설명한 이유는 발레에서도 그와 못지않은 드라마틱한 사건이 있기 때문이다. 발레는 전적으로 신체언어에 의지하지만, 음성언어의 도움 없이도 고차원적 서사화에 성공했다. 몸이 가진 표현력과 감각적 전달력을 갈고 닦아온 현대발레는 끊임없이 신체언어의 한계에 도전했고, 오늘날 그 수준은 웬만한 언어예술 못지않다. 바로 그 정점에 보리스 에이프만이 있다.

영화를 잉태한 모체에 해당하는 예술이 연극이고 발레고 오페라이다. 한때는 세도가의 위세를 과시했으나 이제는 명맥유지에 급급한 낡아버린, 혹은 소진된 예술이 그들이다. 오늘날 영화관은 역세권마다 하나씩 있지만, 발레 공연장은 한 도시에 1~2개 밖에 없다. 가기도 힘들고, 보기도 어렵다. 그렇다고 발레의 예술성까지 사장된 것은 아니다. 직선과 곡선을 아우르는 신체의 아름다움, 중력을 거스르는 높은 점프, 유연성과 근육의 강직성, 리듬감과 음악적 감흥, 신체언어로 표현된 극적인 스토리, 코르 드 발레가 보여주는 웅장한 스펙터클, 화려한 무대장식과 조명 등 발레 공연이 주는 예술성은 나날이 성장을 거듭하고 있다. 그리고 거기에 화룡점정으로 필요한 것이 바로 서사성과 심리주의다. 보리스 에이프만은 바로 이 서사성과 심리주의로 현대발레를 새로운 방향으로 추동하고 있다. 그가 확장하고 있는 신체언어의 가능성은 전통발레의 수준을 넘어 '발레 드라마'라는 새로운 장르로 향하고 있다.

• 발레의 한길을 가다

이제 현대발레를 논할 때 보리스 에이프만은 절대 빠질 수 없는 이름이 되었다. 저 시베리아 오지의 한 시골 마을에서 태어난 그가 어떻게 세계 발레계를 호령하는 수장이 되었는지 살펴보자. 에이프만은 1946년 7월 22일 알타이 지역의 룹촙스크에서 태어난다. 아버지는 우크라이나의 자동차 엔지니어였는데, 2차 세계대전이 터지자 이 시베리아 오지에 급히 조성된 자동차 공장에 동원되어 이주한다. 1951년 다시 가족은 몰도바의 수도 키시뇨프로 이주하는데, 에이프만은 거기서 소년단 회관의 발레교실에 다니게 된다. 1960년 키시뇨프음악학교의 안무학과가 처음 개설되자 거기에 입학하여 발레 안무를 배우게 되고, 다시 레닌그라드 국립음악원 발레연출가학과에 입학하여 1972년에 졸업한다. 1971년부터 1977년까지 에이프만은 레닌그라드안무학교(지금의 바가노바발레학교의 부속기관)에서 안무가로 일했고, 그 시절에 레닌그라드발레오페라극장(지금의 마린스키극장)에서 <러시아 교향곡>(1973), <만남>(1975), <불새>(1975), <멈춰진 노래>(1976), <북받쳐오르는 영혼>(1977) 등의 작품을 올렸다. 제목에서 알 수 있듯이 이때만 해도 에이프만은 주로 전통발레를 만들어 올렸다.

1977년 지금의 에이프만발레단의 전신인 '노비발레'라는 발레단을 창단했고, 이때부터 <오직 사랑만>(음악: 로디온 셰드린)을 시작으로 전통발레와 현대무용을 혼합하는 퓨전발레를 선보이기 시작한다. 그의 본성 속에 숨어있던 혁신적 상상력에 불이 댕겨진 것이다. 예를 들어, 영국 록그룹 Yes의 음악에 맞춰 만든 <유혹>이란 작품이나 핑크 플로이드의 초기 음악을 사용한 <두 목소리> 등이 대표적 작품이다. 1980년대에 와서 에이프만 발레단은 뉴욕을 비롯한 해외공연에 나서게 되고, 레퍼토리 또한 고전발레의 재해석부터 문학작품의 무대화에 이르기까지 장르적으로 다양한 발

<붉은 지젤>의 한 장면

레를 선보이게 된다. 그의 실험정신 또한 멈추지 않고 나날이 과감해졌다. 1998년에는 종교음악과 테크노뮤직을 이용하여 <나의 예루살렘>이란 작품을 만들기도 했다.

2016년 자신의 70세 생일을 맞은 지 5일 후, 에이프만은 러시아 문화와 예술의 발전에 기여한 큰 공로와 오랜 기간의 왕성한 활동을 격려하는 차원에서 정부로부터 최고 권위의 명예훈장을 수여받았다. 2017년에는 극단 창립 40주년을 맞아 1년 내내 대대적인 순회공연 행사를 치르기도 했다. 모스크바 볼쇼이극장에서 무려 2주간 공연을 하는가 하면, 러시아 전역과 미국, 중국을 돌며 수많은 공연을 올렸다. 현재 에이프만발레단은 세계에서 가장 높은 인지도와 흥행력으로 지구 곳곳을 누비며 발레 예술의 전령으로 활동하고 있다.

2011년 정부는 에이프만발레아카데미 설립을 결의하였고, 2013년부터 이곳에서 러시아 전역의 발레 엘리트들의 영재교육을 시작했다. 2012년에는 에이프만발레전당의 건설이 대통령령으로 통과되어 2021년 개관을 목표로 마지막 건설 공정에 돌입했다.

• 고난과 시련을 자양분으로 삼다

물론 이러한 명성과 영광은 하루아침에 이뤄진 것이 아니다. 불굴의 의지와 피나는 노력과 땀이야 말해서 무엇하랴. 하지만 에이프만에게는 단순히 보고 넘길 수 없는 장벽이 한두 개가 아니었다. 먼저 2005년으로 돌아가보자. 그해 가을 러시아 제2의 도시 상트페테르부르크에 조그마한(?) 사건이 터졌다. 에이프만발레단이 드디어 마린스키극장에 입성한 것이다. 마린스키극장이 뭐라고 그게 사건인가. 상트페테르부르크는 도시가 만들어진 300여 년 전에도 그랬고, 지금도 그렇고 여전히 클래식 예술의 성지이다. 지구상에 남아 있는 몇 안 되는 18세기형 대도시이자 고풍스러운 건물들이 밀집한 도시 풍경 때문만은 아니다. 고전발레와 오페라, 전통연극이 이처럼 활발하게 '성업'하는 곳은 지구상에 거의 존재하지 않기 때문이다. 클래식으로 수식되지 않는 예술은 이곳이 바로 무덤이다. 그런 치열한 전장의 중심에 마린스키극장이 있다. 우리나라로 치면 서초동의 '예술의전당'에 해당하는 곳이다. 이 극장에서는 365일 클래식 오페라와 발레, 교향악만 공연된다. 이곳에서 공연을 올린다는 것은 러시아 최고뿐만 아니라 세계 최고 수준임을 증명받는 것이다. 물론 '클래식'의 수식을 받는 조건으로 말이다. 1990년대부터 전세계 언론이 에이프만을 세계최고의 안무가로 격찬하고 그의 발레에 광란할 때도 마린스키극장은 그를 외면했다. 다른 이유보다도 클래식이 아니기 때문이었다. 그런데 드디어 에이프만의 공연을 받아들인 것이다.

사실 1970년대 말 자기 극단을 이끌고 안무 활동을 시작할 때부터 그의 정체불명의 공연은 찬사와 동시에 '너절한 발레'라는 극단적 비난을 받아왔다. 고상하고 품격 높은 발레 예술에 괴상한 동작과 시끄러운 음악을 결합하여 희한한 걸 만드니 전통에 길들어진 발레 꼰대(!)들이 좋아할 리 있겠는가. 게다가 에이프만은 클래식의 성지인 이 도시에 어떤 연고나 연출도 없는 시베리아 오지 출신의 '촌놈'이다. 무엇보다 대부분의 안무가가 현역 활동을 한 발레리노 출신임에 반해 그는 발레 신발을 신어본 적이 없는 전문 안무가 출신이다. 고전발레의 형식과 격률을 마음대로 파괴하고 재구성하는 이단아에게 클래식 성지가 호락호락 자리를 내 줄 리가 없다. 점점 그의 명성이 높아지자 주류 발레계는 집단 따돌림으로 대응했다. 좋은 공연장을 내주지 않았고, 공연 날짜도 빠듯하게 잡았다. 어떤 때는 공연 며칠 전에 대관취소를 해버리기도 했다. 부득이하게 일반 체육관에서 공연해야 했다. 발레 공연장은 전면으로 15도쯤 기울어져 있어서 배우들의 몸이 거기에 맞춰져 있다. 그런데 일반 체육관은 편편하기 때문에 배우들의 도약이 어렵고 발목을 다칠 위험도 커진다. 소련이 붕괴할 때까지 그런 푸대접을 받으며 공연을 이어갔다. 페레스트로이카 이전에는 끊임없이 망명의 압력과 유혹 속에서 작품활동을 해왔다. 평균임금에도 못 미치는 월급으로 배우들과 스텝들을 먹여살려야 했고, 새로운 작품에 몰두할 때나 객연 직전에는 집에 가지 않고 연습장 소파에서 잠을 자기도 했다. 그런데 이런 집단 따돌림도 지독하게 버티다가 외국에만 나가면 꽃다발을 산더미로 안고 오는 게 아닌가. 그의 명성이 높아지고 러시아인들마저 그를 영웅 대접하자 천하지존의 마린스키극장도 어쩔 수가 없었다. 드디어 에이프만에게 문호를 개방한 것이다. 마린스키극장이 외국 모던발레면 몰라도, 자국 비클래식 공연에 안방을 내준 것은 아마도 에이프만이 처음일 것이다.

<붉은 지젤>의 한 장면

- 과거와 현재를 잇다

현대무용은 한마디로 지나치게 추상적이다. 너무 모호하고 불명확한 동작이 많아서 제목을 보고도 선뜻 이해가 되지 않는다. 동작 자체가 추상적이니 플롯이나 서사를 기대하는 건 어불성설이다. 고전발레만 해도 비록 단순하고 부분적이긴 했지만 나름의 간단한 언어체계가 있었다. 작품의 줄거리와 관련된 주요 동작은 정형화된 형태로 표현되었고, 관객들은 그 언어를 따라가며 작품을 감상할 수 있었다. 하지만 현대무용은 너무나 주관적이라서 보편적 언어체계를 갖추기가 참 힘들다. 그렇다고 쉽게 이해할 수 있는 관습적 동작을 활용하는 것도 아니다. 작품마다 자신만의 개성을 강조하고 관습성을 거부하다 보니 현대무용은 무척이나 어렵다.

하지만 에이프만은 처음 보는 사람도 쉽게 이해할 수 있다. 그의 발레는 몸의 언어에 귀기울이고 그 언어를 표현하는 데 천재적 재능을 지니고 있기 때문이다. 즉 몸에 혀를 달아준 사람, 새로운 발레 언어의 발명자라고 할 수 있다. 몸이 말을 하게 하는 것! 몸언어는 음성언어에 비해선 의미 전달력이 열등하지만, 그 대신 훨씬 더 자극적이다. 음성언어가 인간이 인위적으로 만든 인공물이라면, 몸언어는 자연적이며 본능적이다. 몸언어에는 음성언어로는 도저히 대체할 수 없는 어떤 신열과 흥취가 들어있다. 음악과 박동 속에서 조합되는 몸언어의 발화에는 우리의 영혼을 뒤흔드는 마법이 존재한다. 그것은 문자 이전의 세계로 돌아가고픈 원시적 충동일 수도 있고, 억압과 통제의 대상이던 몸이 해방과 축복의 대상이라는 새로운 발견일 수도 있다. 그 마법의 정체를 그냥 신명이라고 해도 좋다. 어쨌든 몸언어는 우리가 오래전에 잊었던 것, 하지만 유전자 사이사이에 지워지지 않은 채 남아 있는 어떤 역동적인 힘을 부추긴다. 에이프만의 발레를 보고 있자면 내 몸의 곳곳에 찌릿한 전기신호가 느껴질 때가 있다. 의자에서 벌떡 일어나 춤을 추게 충동하는 묘한 부추김이 있다. 오직 순수한 몸언어만으로 하나의 드라마가 만들어질 때, 그리고 그 드라마에 의해 감동을 받을 때 느껴지는 감동의 정체가 그것이다.

• 에이프만 발레의 서사성과 음악성

에이프만 발레의 가장 큰 특징은 서사성이다. 에이프만의 발레 철학은 한마디로 발레를 '발레 드라마'로 만드는 것이다. 발레 속에 드라마 성격을 강화하여 서사 기능을 높이는 것이 핵심이다. "발레는 복잡다단한 인간심리와 고차원적이고 비극적인 파토스를 표현해내는 아주 예민한 예술장르다"란 그의 신념이 이 지점을 설명해준다. 이는 발레의 연극화라고 이름 붙일 수 있는데, 미치광이의 백일몽을 코믹하게 다룬 <광인 돈키호테>, 천재 발레리나 스페십체바의 비극적 삶을 그린 <붉은 지젤>, 도스토옙스키의 소설 <카라마조프가의 형제들>을 극화한 <죄를 너머>, 러시아 파벨 황제와 그 어머니 예카테리나 2세와의 갈등을 묘사한 <러시아 햄릿>, 톨스토이의 소설에 토대한 <안나 카레니나>, 체호프의 원작 희곡을 각색한 <갈매기>, 푸시킨의 운문소설을 무대화한 <예브게니 오네긴> 등의 작품군이 그 대표적 예이다. 앞세대의 발레 영웅 발란친이 추상적인 신체표현과 고난도의 동작에 몰두했던 반면, 에이프만은 "움직임 자체는 아무것도 의미하지 않는다. 말조차도 뛰어다닌다. 그게 의미가 있는가?"라고 묻는다. 발레의 동작 자체가 아름다운 게 아니라는 거다. 무용수가 무대를 뛰어다니며 높은 점프를 하는 것도 맥락이 없으면 아무 의미가 없다. 드라마의 서사성을 통해 주인공이 점프를 해야만 하는 상황을 그려낸다면 그 점프는 관객을 감동의 도가니로 몰고 갈 수 있다. 에이프만은 현대발레에서 간과된 서사성을 부활시킴으로써 고전발레와 현대무용을 잇는 창조적 가교 역할을 하고 있다. 그래서 사람들은 그를 발명가라 부르지 않고 편집자라 부른다. 양쪽의 좋은 점만 교묘하게 갖다붙이는 편집술의 대가라는 것이다.

<붉은 지젤>의 한 장면

　에이프만 발레를 설명하는 또 다른 특징은 바로 서사에 극적 속성을 부여하는 음악의 과감한 사용이다. 그는 대부분의 공연에서 새로이 음악을 작곡하기보다는 기성곡을 자유롭게 끌어다 쓴다. 작곡가도 차이콥스키, I. 스트라우스, 비제, 베토벤, 말러, 라벨, 생상스, 바그너, 무소륵스키, 슈베르트, 모차르트, 베를리오즈, 라흐마니노프 등 다양하다. 문제는 그들의 음악이 사용되는 지점과 맥락인데, 그가 선택한 음악은 해당 장면의 의미적, 정서적 내용과 너무나 적절하게 잘 맞아떨어진다는 것이다. 마치 그 장면을 위해 만들어진 음악처럼 내용과 어울릴 뿐만 아니라, 배우의 움직임 또한 음악의 성격과 딱 떨어진다. "음악은 내게 영감을 주는 유일한 것"이란 그의 말은 허사가 아니다. 리브레토에 맞는 음악을 고르기 위해 얼마나 애를 쓰는지, 음악이 정해졌으면 장면을 만들기 위해 얼마나 반복해서 음악을

듣는지 그 말속에 고스란히 들어있다. 특히 음악가의 삶을 다룬 두 작품, 즉 모차르트의 일생을 다룬 <레퀴엠>과 차이콥스키의 삶을 다룬 <차이콥스키>는 음악과 드라마와 발레가 이루는 통일성과 조화가 어떤 것인지 보여주는 작품이다.

에이프만, 세계 발레계에 우뚝 서다

비평가들의 혹평과 동료들의 멸시와 질투, 열악한 극장 상황과 정부의 비협조 등 에이프만이 현재의 자리에 서기까지 겪었던 고난과 역경은 자체로 하나의 드라마이다. 일찍이 발레라는 성전(聖展)에 들어섰으나 그가 신봉하는 종교는 이교였고, 그의 성전(聖典)은 정경이 아니라 외경이었다. 그의 발레는 신성모독이자 반역으로 간주되었다. 하지만 발레단 창설 이후 40여 년이 지난 지금, 그는 전 세계인이 숭앙하는 발레계 유일신으로 등극했고, 매년 수만 명의 순례자가 그의 성전에 들어서기 위해서 돈과 발품 팔기를 주저하지 않고 있다. 어느 누구도 흉내 낼 수 없고, 타의추종조차 불허하는 그의 발레는 퓨전발레, 발레 드라마 등으로 불리기도 하지만, 아예 '에이프만 발레'라는 새로운 장르로 인식되기도 한다. 발레가 옛것을 고고학적으로 재현하여 전시하는 박물관형 예술이 아니라, 계속 새롭게 혁신하고 변화하는 살아있는 예술이라면, 에이프만은 동시대의 감성과 요구를 가장 충실히 반영하는 대표자이다. 그래서 우리는 "발레계는 더이상 세계 최고 안무가를 찾을 필요가 없다. 에이프만이 바로 우리 앞에 서 있기 때문이다"라는 뉴욕타임즈의 격찬에 동의할 수밖에 없다. 누구도 에이프만 시대를 의심하는 이는 없다.

2. 올가 스페십체바의 삶과 발레

보리스 에이프만은 20세기 초 러시아 발레계를 사로잡았던 전설의 발레리나 올가 스페십체바의 부고를 우연히 듣게 된다. 이때부터 에이프만은

<붉은 지젤>의 한 장면

한때 화려했던 삶을 살았으나 쓸쓸하게 생을 마감한 한 발레리나의 삶에 주목하기 시작한다. 그래서 빛을 보게 된 게 <붉은 지젤>이다. 이 작품에는 인간 운명의 아이러니와 예술가의 파란만장한 삶과 그 창작의 비밀이 숨어 있다. 이 작품을 '심리주의 발레'라 부르는 이유는 바로 여기에 있다.

"이 세계에 사과 하나가 나타났으니, 반으로 나뉘어 두 여인으로 화했다. 한쪽은 파블로바로, 다른 한쪽은 스페십체바로." 이탈리아 무용수 출신으로 20세기 초 러시아에서 수많은 무용수를 길러낸 발레지도자 엔리코 체케티는 이렇게 표현했다. 하지만 발레의 영혼이라 불리는 안나 파블로바는 발레리나의 최고 우상으로서 전 세계인의 사랑을 받고 있지만, 스페십체바를 기억하는 사람은 많지 않다. 우수 어린 얼굴과 가늘고 긴 몸매로 당시 발레리나의 이상형으로 꼽혔던 올가 스페십체바. 1913년 18세이던 그녀가 마린스키극장에서 <레이몬다>로 데뷔하자 사람들은 순식간에 열광에 빠졌다. 조그마한 얼굴, 커다란 갈색 눈, 희디흰 피부, 부드러운 검은 머리, 큰 키와 가녀린 몸매, 한마디로 발레리나의 이상이었던 것이다.

스페십체바는 데뷔 이후 순식간에 솔리스트 자리에 올라섰고 1915년엔 니진스키와 함께 미국 순회공연에 참가하기도 한다. 1915년이면 니진스키가 댜길레프와 재결합했을 때인데, 그 당시 니진스키는 이미 정신병의 나락에 발을 딛은 상태였다. 스페십체바가 니진스키와 <실피드>와 <장미의 정령>에서 같이 2인무를 추었던 그 경험은 그녀가 예술에 눈을 뜨게 되는 결정적 역할을 한다. 그녀는 드디어 1917년에 마린스키극장의 수석 발레리나로 승격한다. 그리고 살육과 혼돈이 넘실거렸던 1919년 내전의 상황에서 <지젤>을 시도한다. 여리고 가냘픈 외모만으로도 관객들의 심금을 울리기 충분했기에 그녀가 연기한 지젤은 역사상 최고의 배역이란 찬사가 나왔다. 그녀의 지젤은 안나 파블로바나 타마라 카르사비나의 지젤과는 확연히 달랐다. 특히 마지막 장면에선 정말 요정처럼 무덤 위에 등장하여 가녀린 몸을 나풀대며 지젤의 마지막 모습을 연기했다. 역대 최고의 지젤이었기에 이후 많은 후배 세대의 '지젤'들이 모방에 모방을 거듭했던 그 지젤이 탄생한 것이다. 관객석은 일제히 기립했고 소리 내어 흐느끼는 사람도 적지 않았다고 한다. 그녀 스스로 "나는 지나치게 지젤에 몰입했다"고 말할 정도로 자신의 배역에 몰두한 스페십체바는 이때부터 정신 이상의 증상을 자각한다. 원체 내성적이고 말수가 적었기에 지젤의 비극적 운명에 그 자신이 깊게 빠져버린 것이다. 스페십체바를 본 모든 사람은 순식간에 그녀의 아름다움에 빠져들었다. 스페십체바의 비극적 운명도 여기에서 시작한다. 당시 무소불위의 권력을 행하던 체카(혁명정부의 정보국으로 KGB의 전신)의 상트페테르부르크 지부장이던 보리스 카플룬과 사랑에 빠지고 결국 그와 결혼까지 하게 된 것이다.

카플룬은 혁명지도자였다가 무고하게 암살당한 우리츠키의 조카이며 스탈린의 최측근 지노비요프의 절친한 친구였다. 나는 새도 떨어뜨릴 정도의 막강 파워를 가졌던 인물로서, 예술애호가이기도 했던 카플룬은 부르주아 예술의 상징이던 마린스키극장을 폐쇄하자는 여론에도 불구하고 극장을 지켜낸 사람이다. 자신의 여인 스페십체바를 위해서였다. 이때부터 사람들은 그녀를 '붉은 지젤'(우리식으로 풀자면 '빨갱이 지젤'과 비슷한 뜻이다)이라고 비꼬듯 부르기 시작했다. 하지만 두 사람의 사랑은 금방 식어버렸고, 카플룬은 마지막 선물이라도 하듯 스페십체바의 망명을 도와준다. 이 때문에 카플룬은 나중에 매우 곤란한 상황에 빠지기도 했다. 스페십체바는 1924년 치료를 위해 이탈리아 여행 허가를 받는 척하고 어머니와 함께 소련을 떠나 망명길에 오른다. 그후 프랑스와 이탈리아 등 전 세계를 돌며 서방 관객들을 매료시킨다.

\<붉은 지젤\>의 한 장면

힘든 순회공연과 1934년 소련으로 혼자 돌아가버린 어머니 걱정 등으로 스페십체바의 정신 건강은 악화되기 시작한다. 카플룬과의 만남 이후 정보부 요원이 자신을 암살할 것이라는 그녀의 피해망상은 더욱 더 심해졌다. 매일 밤 소련의 정보원에 의해서 살해되는 꿈,

카플룬은 1930년대 초반에 유럽에서 망명 중인 스페십체바를 만난 적이 있다. 사실은 그녀를 살해하기 위해서였다고 한다. 당시 카플룬은 젊은 발레리나 리디야 이바노바의 갑작스러운 익사사건에도 깊이 관여했다는 소문이 나돌고 있었다. 카플룬이 실제로 그녀를 죽인 건 아니지만, 이 소문이 스페십체바를 큰 공포에 집어넣은 것은 분명하다.

KGB요원이 권총으로 위협하는 꿈 등으로 괴로워했다. 소련의 스파이란 소문도 그녀를 계속해서 괴롭혔다. 1937년경에는 도저히 공연을 할 수 없을 정도로 정신병이 악화된다. 2차대전으로 인해 1939년엔 미국으로 건너갔고, 곧 정신병원에서 1963년까지 입원한다. 그후 톨스토이 재단의 도움으로 근근이 생활을 유지하다가 1991년 뉴욕에서 한 많은 생을 마감한다.

3. <붉은 지젤> 줄거리

1막

때는 1917년 러시아혁명의 열기가 식지 않은 1924년의 페트로그라드(지금의 상트페테르부르크). 마린스키극장의 발레교실에서 고전발레 수업이 진행 중이다. 엄격하고 잔소리가 많은 발레 스승이 여자 무용수 중에서 완벽한 춤동작과 신비스러운 외모로 자신의 미적 이상을 실현해줄 무용수를 선발하고 있다.

금박으로 장식된 눈부신 객석. 스페십체바의 연기에 모든 관객이 열광한다. 그녀의 추종자들 중에는 새로이 권력을 차지한 혁명정부의 정보부

간부 카플룬도 끼어있다. 카플룬은 스페십체바의 연기에 흠뻑 빠져있지만, 그의 강압적 태도와 명령조의 포옹은 그녀의 자유를 억압한다.

카플룬은 그녀가 여태 알지 못했던 세계로 그녀를 몰고 간다. 그곳은 혁명 군중의 거친 함성이 광기 어린 파괴의 축제로 변하는 곳이다. 그녀는 스승과의 약속도 잊고 이 광기 어린 축제를 지배한다. 하지만 스승이 가르쳐 준 영적 가치는 파괴의 유혹보다 더 강했고, 결국 스페십체바는 다시 스승이 있는 발레교실로 복귀한다.

잔혹하며 공격적인 새 혁명 권력은 극장을 접수하고 자신의 노선대로 극장을 운영한다. 발레리나들은 붉은 이념을 전파하는 나팔수가 되어야 한다. 스승은 절망한다. 견딜 수 없는 상황이 이어지지만 저항할 방법이 없다.

스페십체바와 카플룬의 관계는 점점 복잡해진다. 카플룬은 그녀에게 러시아를 완전히 떠나 망명을 하도록 조치한다.

<붉은 지젤>의 한 장면

2막

파리의 발레교실에서 유명한 발레리노이자 안무가가 연습을 진행 중이다. 안무가가 제안한 발레 동작은 스페십체바에게는 낯설고 어색하지만, 그의 창조적인 영감을 믿고 따라간다. 발레리노는 스페십체바의 파트너가 되고 두 사람은 큰 성공을 기대하게 된다.

스페십체바는 발레리노에게 사랑에 빠지게 되지만 대답 없는 짝사랑에 그친다. 고향에 대한 그리움과 낯선 땅에서의 소외감까지 겹치자 그녀의 정신적 피로는 나날이 심해진다.

그녀는 파리의 화려한 생활로 고독을 잊으려 하지만, 과거의 나쁜 기억들이 그녀를 놔주지 않는다. 붉은 혁명의 잔영이 그녀의 안식을 빼앗고, 카플룬의 망령은 악몽이 되어 그녀를 괴롭힌다.

관객을 황홀하게 만드는 멋진 연기로 스페십체바에게 세계적 명성을 안겨준 지젤 배역도 그녀를 구원해주지 못한다. 극 중 지젤이 당했던 배신과 광기는 고스란히 스페십체바의 몫이 되었다. 그녀는 점점 더 헤어날 수 없는 광기에 다가가고, 광기는 오히려 그녀에게 이 허망한 세계를 벗어날 탈출구가 된다. 사방을 둘러싼 거울 앞에서 그녀는 영원한 망각의 세계로 떠난다.

4. <붉은 지젤> 작품 분석

에이프만의 창작세계에서 <붉은 지젤>이 차지하는 의미는 예사롭지 않다. 작품의 뛰어난 예술성으로 인해 전 세계인들의 격찬을 받은 이유도 있겠지만, 비운의 삶을 살다간 발레리나에 대한 발레다 보니 감회가 새로울 수밖에 없었을 것이다. 발레에 관한 발레이기 때문에 발레의 아름다움을 제대로 보여줘야 할 뿐만 아니라, 동종 예술가로서 자신의 예술 인생에 대해 회고의 기회를 가졌을 것이다.

<붉은 지젤>은 1997년 초연 이후 20년이 넘도록 변함없는 사랑을 받아왔고, 여전히 에이프만발레단의 주요 레퍼토리로서 관객들을 만나고 있다. 이 작품의 가장 큰 매력은 아무래도 파란만장한 삶을 살았던 스페십체바의 비극적 이야기이다. 에이프만은 자신에게 큰 충격을 준 이 이야기에 아름다운 선율과 우아한 춤동작을 섞어 그녀의 삶을 재조명했다. 단순히 전기적 사실을 나열하는 게 아니라, 그녀가 겪었던 역사적 사건들과 그 소용돌이 속에서 조국을 떠나야 했던 망명객들의 운명, 정신병으로 인한 고통 등 한 망명 예술가의 삶과 비극을 폭넓고 깊이 있게 묘사하려고 했다. 에이프만은 자신이 처음 받은 그 충격을 관객에게 그대로 전달하는 것을 일차적 목표로 삼았다. 이 작품은 에이프만이 가장 선호하는 2막의 형식을

<붉은 지젤>의 한 장면

취하고 있는데, 1막이 소나타형식의 제시부라면, 2막은 전개부와 재현부, 종결부에 해당한다.

 다른 작품들과 마찬가지로 <붉은 지젤>은 고전발레와 현대무용의 장점만을 취하여 퓨전적, 멀티스타일적 춤을 선보인다. 현대적이고 파격적인 안무와 탄탄하고 박진감 넘치는 플롯 전개, 전통발레의 상징을 현대적으로 변형시키는 풍부한 상상력과 동시대의 감성을 정확하게 짚어내는 세련되고 다양한 표현력, 새로운 지평을 연 음악과 조명의 앙상블, 잘 훈련된 러시아 배우들의 신체 미학에 대한 정확한 이해 등 <붉은 지젤>에는 에이프만의 발레 세계를 특징짓는 요소들로 가득 차 있다. 에이프만은 무용수들의 신체조건에 대해 매우 까다로운 편인데, 에이프만발레단에서 신입 무용수를 모집할 때 홈페이지에 적힌 무용수의 유일한 입단조건은 '여자 키 173cm 이상, 남자 키 184cm 이상'이다. 주연 발레리나는 항상 10등신만 기용한다는 점, 그리고 항상 폭이 넓어 깊은 주름이 생기는 긴 치마를 선호한다는 점도 특징적이다. 의상 또한 보석이나 레이스 같은 장식이나 무늬는 일절 없는 원단을 사용한다. 물론 시대나 상황을 고증하는 장면에선 실제 의상에 최대한 가깝게 제작하기도 한다. 이렇게 장신의 무용수가 긴 치마를 입고 다리를 휘저으니 그 입체감과 율동감이 황홀할 수밖에 없다. 에이프만에게 긴 치마는 의상이라기보다는 하나의 무대장식이라고 할 수 있다. 도스토옙스키의 <카라마조프가의 형제들>을 발레화한 <죄를 넘어>란 작품의 두 주인공이 그것을 잘 보여주는데, 남자주인공 알료샤가 입은 수도사복과 그루센카라는 여자주인공이 입은 긴 치마는 공간을 점유하는 이동식 무대장식과도 같다.

 <붉은 지젤>은 전체적으로 콜라주처럼 구성되어 있다. 스페십체바가 인생 여정에 따라 만나게 되는 4명의 인물, 즉 발레 스승, 카플룬, 파트너, 그의 친구 등과의 에피소드가 주요 사건으로 묘사된다. 발레교실에서 수업을

받는 첫 장면은 고전발레처럼 솔로 파트와 코르 드 발레 파트를 배치하는 전통적 구성을 취하는가 하면, 스페십체바와 카플룬이 만나는 2인무 장면은 고전발레와 현대무용을 혼합한 퓨전적 형태를 취한다. 현대무용적 요소란 자유로운 동작을 주축으로 하여 마루에 눕거나 뒹구는 동작, 두 사람이 하나로 엉켜 하나의 이미지를 만드는 동작 등을 예로 들 수 있는데, 주로 인물의 심리묘사와 인물 간 갈등과 대립 장면에 사용된다. 이러한 장면에선 독특한 율동적 동작이 많이 사용되는데, 기이하면서도 묘한 심상을 환기시키는 그런 동작들은 오랫동안 관객의 뇌리에 남게 된다.

<붉은 지젤>의 또 다른 구성적 특징은 볼거리 넘치는 안무를 꼽을 수 있다. 독특한 안무 동작과 깊이 있는 내용이 음악과 절묘하게 결합된 에이프만의 발레는 초심자도 눈 돌릴 새 없이 수많은 볼거리가 이어지는 것이

<붉은 지젤>의 한 장면

2006년부터 2010년까지 에이프만발레단의 유일한 외국단원으로 활동한 솔리스트 최리나씨의 말에 따르면, 처음 발레단에 들어갔을 때 그 독특한 동작과 유별난 스타일에 깜짝 놀랄 지경이었다고 한다. 하지만 그런 동작들이 작품 속에서 수행되면 관객들에게 강렬한 인상을 남기고 강한 감정적 동요를 일으킨다고 한다.

특징이다. <붉은 지젤>은 장면 전환이 유난히 잦은데, 사소한 디테일까지 에이프만의 손길로 탄생한 각 장면들은 관객들의 마음을 사로잡기 충분하다. 클래식 발레를 선호하는 관객은 멋진 무대장식 하에서 고전 발레복 입고 춤추는 장면들, 특히 2막에서 낭만주의 발레인 <지젤>의 주요 장면을 요약해서 보여주는 장면에 매료될 것이고, 색다른 볼거리를 찾는 관객은 혁명 시민들이 거리에서 춤추는 장면이나 1930년대 파리의 사교계 파티를 사실적으로 묘사한 장

<붉은 지젤>의 한 장면

면이 눈에 띌 것이다.

<붉은 지젤>에 사용된 음악을 보자면, 차이콥스키와 시닛케의 음악이 주요한 두 라인을 형성한다. 이 두 음악은 무용수들의 춤동작의 토대가 될 뿐만 아니라, 인물들의 감정적 에너지를 전달하는 중요한 수단이 된다. 인물의 심리와 이야기 전개 장면에선 차이콥스키의 서정적 음악이 주로 사용되고, 인물 간 갈등이 심화되고 암울한 상황의 장면, 즉 폭력과 억압이 지배하고 조화와 아름다움이 파괴되는 순간에선 시닛케 음악이 주로 사용된다. 마지막 장면에선 <지젤>의 원곡이 사용되는데, 아돌프 아단의 원곡음악은 제목으로 사용된 지젤 명칭이 어떤 의미를 지니는지 상징적으로 보여준다. <지젤> 작곡가의 시적 구상을 그대로 차용한 이 장면은 아름답고 행복했던 '지젤'의 시대로 돌아가고픈 스페십체바의 동경과 애환이 그대로 녹아난다.

안나 카레니나
«Анна Каренина»

박선영

이 글의 일부는 2020년 10월 17일에 개최된 러시아학 관련 4대 학회 공동학술대회의 발표문 「21세기 한국 무대를 압도한 19세기의 '안나 카레니나'들」에 포함된 바 있다.

원작: 레프 톨스토이의 장편 소설 「안나 카레니나」

음악: 로디온 셰드린

안무: 마이야 플리세츠카야, 빅토르 스미르노프-골로바노프

대본: 보리스 리보프-아노힌

무대: 발레리 레벤탈

초연: 1972년 6월 10일, 모스크바 볼쇼이극장

1. 짧고도 긴 이야기, 소설 『안나 카레니나』

소설가들이 꼽는 수작으로 정평이 나 있는 톨스토이의 장편 소설 『안나 카레니나』는 1873년부터 1877년까지 집필되어 1878년에는 단행본으로도 발간되었다.

한국어 번역본을 기준으로 보통 3권, 총 1500여 페이지에 달하는 방대한 이 소설의 스토리는 짤막하게는 '바람 난 유부녀의 비극적 결말'로, 조금 더 길게는 '남편과 아들이 있는 귀족 부인이 우연히 만난 젊은 장교와 사랑에 빠져 가정을 버리고 나간 뒤 정신적으로 피폐해져 결국 기차에 몸을 던져 자살하는 내용'으로 요약될 수 있다.

만년의 톨스토이

그러나 이 소설의 강점은 스토리가 아니라 내러티브에 있는 것이어서 안나 카레니나의 비극적인 러브스토리와 운명에 대한 암시라든지 이에 대비되는 행복한 가정의 모습을 촘촘한 내러티브 전개를 통해 보여줌으로써 작품을 진부한 불륜 스토리에 가두어 두지 않고 상징과 비유, 심리 묘사가 뛰어난 명작으로 거듭날 수 있게 했다.

진화생물학자 제러드 다이아몬드가 '안나 카레니나'라고 명명한 법칙을 만들어냈을 정도로 유명한 소설의 첫 문장("모든 행복한 가정은 서로 닮았고, 모든 불행한 가정은 제각각으로 불행하다.")에는 이 소설이 '불행한 가정사'를 다룰 것이라는 암시가 담겨 있다. 사건은 상트페테르부르크에 거주하는 안나가 오빠인 스티바의 집안 문제를 해결하기 위해 모스크바에 도착하자마자 기차역에서 브론스키라는 젊은 장교와 운명적인 만남을 가지며 시작된다. 그리고 이 운명적인 날, 안나의 불행한 미래를 암시하듯 선로공이 기차에 치여 사망하는 사건이 발생한다. 모스크바에 머무는 동안 안나는 가정교사와 오빠의 부적절한 관계로 빚어진 오빠 집안의 문제는 해결했지만 자신의 의지와는 상관없이 올케 돌리의 여동생 키티와 브론스키 사이를 갈라놓고 말았다. 자신보다 스무 살이나 연상인 데다 체면과 명예만을 중시하며 살아가고 있는 고급관료 카레닌과 무미건조한 결혼 생활을 이어가던 안나에게 있어 매력적인 젊은 장교 브론스키의 적극적인 구애는 커다란 유혹으로 다가왔다.

안나와 브론스키의 관계는 점점 깊어졌고 사교계에서도 이들을 주시하고 있었다. 카레닌은 아내가 브론스키와 깊은 사이라는 것을 알면서도 고위직으로의 승진에 차질이 빚어질 것을 염려해 안나의 이혼 요구를 받아들이지 않는다. 셋 사이의 미묘하고도 불편한 관계가 지속되는 가운데 안나는 브론스키와의 사이에서 생긴 딸아이를 낳은 후 산욕열에 시달리게 된다. 사경을 헤매는 동안 안나는 카레닌에게 브론스키와 화해하고 자신을 용서해 줄 것을 부탁하기에 이르렀지만 산욕열에서 깨어나자 남편 카레닌과 아들 세료자를 내버려 두고 브론스키와 함께 이탈리아로 떠나버렸다.

가정까지 내팽개치고 나왔건만 안나와 브론스키의 관계는 순탄치 못했다. 사교계를 떠나서는 살 수 없었던 브론스키는 계속해서 도박과 사교계 출입을 이어갔고, 브론스키와의 간통으로 인해 사교계에서마저 내몰린 안나는 끊임없이 브론스키를 의심하고 질투하게 된다. 브론스키와의 관계가 삐걱대는 가운데 아들과도 만나지 못하는 상황에 이르게 되자 안나는 점점 더 히스테릭한 상태로 변화되어 가고 결국 모르핀 중독에 빠지게 된다. 브론스키를 기다리며 안절부절못하던 안나는 결국 기차역으로 발길을 돌린다. 극도로 예민해져 거의 정신병적 상태에 이르게 된 안나는 달려오는 기차에 몸을 던져 자살을 하게 된다. 하지만 작품은 안나의 죽음으로 끝나지 않는다. 총 8부로 구성된 소설의 7부에서 안나의 자살로 인해 안나와 브론스키, 카레닌의 관계가 비참한 파국을 맞게 되지만, 8부에서는 행복한 삶을 위해 노력하는 레빈과 키티의 모습이 그려지는 것이다.

2. 발레슈즈를 신은 안나 카레니나들

각색의 성공 여부와는 상관없이 거장 톨스토이의 소설은 다양한 분야의 예술가들에게 영감을 제공하여 다른 예술 매체로 변용되는 경우가 많았다. 하지만 언어를 직접적인 표현 수단으로 삼는 영화나 연극이라든지 언어에 음악을 입히는 오페라에 비해 발레 분야에서는 원작 소설의 각색 작업이 상당히 뒤늦게 이루어졌다. 이는 언어 예술을 몸짓 예술로 전환하는 작업이 그만큼 힘든 작업임을 보여주는 것이기도 하다. 소설의 방대한 서사와 섬세하게 묘사된 주인공의 미묘한 심리변화를 오롯이 신체의 움직임만으로, 더욱이 양식적이고 관습적인 발레의 동작을 통해 구현해 내는 일이 결코 만만한 작업일 리 없었다. 그리하여 1970년대에 이르러서야 첫 발레 작품이 등장하게 되었다. 1972년 마이야 플리세츠카야가 안나 카레니나에게 최초로 발레슈즈를 신겨준 이후, 1979년에는 러시아계 프랑스인 안무가 앙드레 프로콥스키에 의해 안나 카레니나가 다시 발레슈즈를 신은 채 무대 위로 끌려 나오긴 했지만 큰 반향을 일으키지 못하게 되어 이후 한동안은 발레 각색 작업이 정체되어 있었다. 하지만 2000년대 들어서면서 알렉세이 라트만스키와 보리스 에이프만에 의해 성공적인 프로덕션이 제작되었고 이를 계기로 러시아 국내외에서 소설 『안나 카레니나』의 발레화 작업이 본격화되어 지금까지도 지속되고 있다.

발레 <안나 카레니나>의 여러 버전들

창작연도	안무	음악
1972	플리세츠카야	셰드린
1979	프로콥스키	차이콥스키
2004	라트만스키	셰드린
2005	에이프만	차이콥스키
2014	슈푹	라흐마니노프, 루토스와프스키 등
2014	무이치	차이콥스키
2015	카스크	차이콥스키
2017	노이마이어	차이콥스키, 시닛케 등
2019	포소호프	데무츠키
2019	아르부조바	모차르트, 라흐마니노프 등
2019	코스텔	차이콥스키
2020	케슬러	쇼스타코비치

현재까지 창작된 발레 <안나 카레니나>는 몇 가지 기준에 의해 분류할 수 있다. 음악을 기준으로 한다면, 크게 두 가지, 즉 작곡가에 의해 창작된 동명의 발레곡에 안무를 구성한 작품(플리세츠카야, 라트만스키, 포소호프)과 차이콥스키, 라흐마니노프, 시닛케, 쇼스타코비치 등 기존에 작곡된 여러 작품들을 편집한 음악 목록에 안무를 구성한 작품(프로콥스키, 에이프만, 슈푹, 무이치, 카스크, 노이마이어, 아르부조바, 코스텔, 케슬러)으로 나뉜다. 안무 동작 및 무대 장치상의 고전성과 현대성을 기준으로 한다면, 원작의 시공간을 그대로 유지하여 고전적인 발레로 재현한 작품(플리세츠카야, 프로콥스키, 라트만스키, 슈푹, 포소호프, 코스텔)과 원작의 시공간을 현대로 옮기거나 현대적인 무용의 요소로 재해석한 작품(에이프만, 노이마이어), 그리고 고전성과 현대성을 절충한 작품(무이치, 카스크, 아르부조바)으로 나뉠 수 있다.

▶ 감상 포인트

약 1시간 30분~2시간 정도의 공연 시간 동안 몸짓 언어를 통해 서사성이 강한 톨스토이 원작의 정수를 보여준다는 것은 결코 쉬운 일이 아니다. 안무가들은 소설 속 주요 사건들을 효과적으로 취사선택하여 장면을 압축적으로 구성해야만 한다. 안나와 브론스키의 운명적인 만남과 비극적 결말을 암시하는 기차역 장면, 안나-브론스키-키티의 갈등 관계가 부각되는 무도회 장면, 운명을 피하려 상트페테르부르크로 돌아가는 안나를 뒤따라온 브론스키가 눈 내리는 간이역에서 사랑을 고백하는 장면, 안나-브론스키-카레닌의 갈등 관계가 전면화되는 경마 장면을 비롯하여 안나의 출산 장면, 사교계로부터 완전히 배척당하는 안나를 보여주는 오페라극장 장면, 안나와 브론스키의 비극적인 러브스토리에 선명하게 대립되는 키티와 레빈의 행복한 결혼 생활을 보여주는 장면, 안나의 비극적 최후 장면 등이 여러 프로덕션에서 대체로 반복되고 있는 내용이다. 물론, 이 가운데서 안무가들이 가장 고심하고, 관객들이 가장 주목하는 장면은 안나가 기차에 몸을 던져 생을 마감하는 장면이라고 할 수 있으며 브론스키가 출전한 경마 장면 역시 안무가의 역량을 살펴볼 수 있는 장면으로 각 안무작의 주요 감상 포인트가 된다. 뿐만 아니라 많은 버전에서 안나의 운명과 심리 변화를 의상의 색채상징을 통해 표현해 주고 있으니 이를 살펴보는 것 역시 또 하나의 감상 포인트가 될 수 있다.

다음에서는 로디온 셰드린의 곡에 안무를 구성한 플리세츠카야와 라트만스키의 작품을 중심으로 소설의 안무화 작업 과정에 대해 살펴본 뒤, 그 외 현대의 안무작 경향 역시 전체적으로 조망해 보기로 한다.

2.1. 마이야 플리세츠카야의 <안나 카레니나>(1972)

톨스토이 소설의 최초 발레화 작업은 1948년부터 1990년까지 볼쇼이 극장의 주역으로 활약한 전설적인 프리마 발레리나 마이야 플리세츠카야 (1925~2015)에 의해 이루어졌다. 플리세츠카야는 보리스 리보프-아노힌의 리브레토와 자신의 남편인 작곡가 로디온 셰드린(1932~)의 곡에, 자신의 동료 무용수였던 나탈리야 리젠코, 빅토르 스미르노프-골로바노프와 함께 안무한 작품을 1972년 볼쇼이극장 무대에서 초연하였다.

플리세츠카야는 1967년 알렉산드르 자르히 감독의 영화 <안나 카레니나>에 벳시 트베르스카야 공작부인 역으로 특별 출연한 것을 계기로 <안나 카레니나>에 관심을 가지게 되었는데, 그 영화에 삽입된 셰드린의 음악에 영감을 받아 발레로의 개작을 추진하게 되었다. 말하자면 그녀는 셰드린의 음악이 아주 극적이고 율동적이어서 이 곡에 맞춰 춤을 출 수 있을 것 같다는 느낌이 들어 발레화를 계획하게 되었던 것이다. 그때까지 안무 작업 경험이 전무했던 플리세츠카야는 자신이 안무를 하겠다는 생각은 전혀

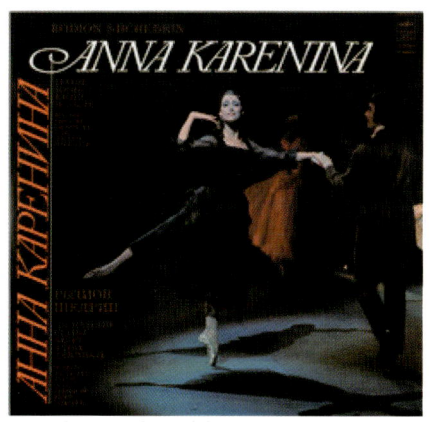

셰드린의 오페라 <안나 카레니나> 앨범 표지로 사용된 플리세츠카야의 발레 <안나 카레니나>

하지 못한 채 안무가인 이고리 벨스키나 나탈리야 카사트키나, 블라디미르 바실료프에게 안무 작업을 제안하게 된다. 그러나 방대한 원작을 제대로 표현해낼 수 없다는 이유로 안무가 측에서 거절하거나 지나치게 급진적인 안무를 제시하여 플리세츠카야 측에서 거절하는 일이 벌어지게 되었다. 상황이 이러하자 플리세츠카야는 스스로 안무 작업을 해보기로 결심하게 되었고, 이로써 그녀의 첫 안무작이자 톨스토이의 소설을

"내가 벳시 트베르스카야 공작부인 역을 맡았던 극영화 <안나 카레니나>를 촬영하면서 톨스토이 소설의 안무화에 대한 생각이 선명해졌다. 잉그리드 버그만과 재클린 케네디가 내게 해왔던 오랜 질문들을 분명하게 기억하고 있었다. 셰드린이 작곡한 영화 음악은 극적이고 율동적이었다. 음악에 맞춰 춤을 출 수도 있었다. 이것 역시 (안무화를) 부추겼다. 벳시 공작부인 역할은 위엄이 있었지만 그다지 중요하지는 않았다. 타냐 사모일로바(안나 카레니나 역을 맡은 배우)가 장면에서 장면으로 톨스토이의 이미지를 따라 어떻게 움직이는지 몰두해서 지켜보았다. 카메라가 켜지기 전에 자르히 감독이 사모일로바에게 하는 당부들이 자주 나를 화나게 했다. 배우의 관심을 다른 것, 심지어는 반대되는 것에 집중시키는 것이 더 나을 듯 했다. 거의 촬영하는 내내 나는 속으로 감독과 논쟁을 이어갔다. 셰드린도 여지 없이 자르히 감독과 싸웠다. 감독이 음악을 무자비하게 조각냈던 것이다.

— 우린 발레를 만들 거야. 완전히 우리 방식으로..."

- 플리세츠카야의 자서전 『나, 마이야 플리세츠카야』

최초로 발레화한 작품인 3막 발레 <안나 카레니나>가 탄생하게 되었다. 플리세츠카야가 만년에 어느 인터뷰에서 농담처럼 밝혔듯 작곡가인 남편은 다이아몬드 대신 발레를 아내에게 선물했던 것이다.

첫 안무 작업이 힘에 부쳤던 플리세츠카야는 안나-브론스키-카레닌의 스토리 라인만을 책임지고, 나머지 군중 장면은 이미 다른 발레 영화 제작 경험을 가지고 있었던 나탈리야 리젠코와 빅토르 스미르노프-골로바노프에게 부탁하게 된다. 발레 제작이 진행되는 동안 '지나치게 외설적'이라는 이유로 문화부장관 예카테리나 푸르체바에 의해 작업이 중단될 위기에 놓이기도 했지만, 셰드린과 플리세츠카야가 당중앙위원회 체카의 서기인 표트르 데미체프에게 청원한 덕분에 가까스로 작업을 이어갈 수 있었다. 놀랍게도 의상은 프랑스의 유명 디자이너 피에르 가르뎅이 담당하였다. 톨스토이 시대의 의상 제작 문제로 어려움을 겪고 있던 플리세츠카야는 파리를 방문했을 때 친분이 있었던 가르뎅에게 이에 대해 토로하였고 가르뎅이 플리세츠카야의 의상을 직접 제작해 줌으로써 문제가 말끔히 해결되었던 것이다. 많은 우려 속에서 창작된 플리세츠카야의 첫 안무작 초연은 예상과 달리 아주 성공적이었다. 플리세츠카야는 자서전 『나, 마이야 플리세츠카야』에서 안무 동작의 관습성이 특징적인 발레와 톨스토이의 사실주의적 소설이 보여주고 있는 섬세한 심리적 체험 및 '영혼의 변증법'을 연결시켜야 하는 사실상 불가능한 과

셰드린과 플리세츠카야

제를 실현하는 데 성공했노라 자평하기도 했다.

안나의 운명 및 심리의 변화는 가르뎅이 제작한 의상의 색상을 통해서도 효과적으로 전달되고 있다. 한편, 안나 카레니나가 기차에 뛰어드는 마지막 장면은 기차가 마치 객석에서 무대를 향해 달려오는 것으로 설정하여 안나가 관객을 바라본 채 다급하게 뒷걸음질하는 방식으로 처리했는데, 암전과 명전을 반복하는 무대 조명 효과로 긴박감을 전해주며 꽤 성공적으로 연출되었다. 플리세츠카야의 안무작은 원작 소설의 여러 스토리 가운데 안나의 비극적이고도 절망적인 사랑에 초점을 맞추어 점점 피폐해가는 안나를 강렬하게 그려내고 있는 작품으로, 정통 클래식 발레의 동작에 극장적 관습성을 적극 활용하여 첫 발레 작품치고는 꽤 성공적인 무대를 만들어냈으며 뒤이은 발레화 작업을 위한 하나의 교본으로 자리 잡게 되었다.

셰드린과 플리세츠카야는 부부가 모두 '국민 배우' 칭호와 셀 수 없이 많은 훈장을 받은 재능 있는 예술가들로, 러시아 문화계의 진정한 '셀럽'들이었다. 셰드린은 소비에트 시대에는 볼쇼이극장의 위촉을 받아, 2000년대 들어서는 마린스키극장의 위촉을 받아 여전히 활발하게 활동을 하고 있는 원로 작곡가로서, 마린스키극장 신관에는 그의 이름을 딴 연주홀도 마련되어 있다. 플리세츠카야는 경제관료였던 아버지와 무성영화배우였던 어머니 사이에서 태어났다. 아버지가 스탈린 대숙청기에 처형당한 이후 소비에트 시절 내내 반혁명주의자의 딸이라는 이유로 정권의 철저한 감시의 대상이 된 채 살아가야 했다. 남동생들인 알렉산드르(1931~1985)와 아자리(1937~)뿐 아니라 이모 슐라미피 메세레르(1908~2004)와 외삼촌 아사프 메세레르(1903~1992) 역시 무용수이자 안무가로 활동한 무용가 집안이었다.

1972년 볼쇼이극장에서 초연되었던 플리세츠카야의 안무작 <안나 카레니나>는 1974년에 영상화되어 현재도 감상할 수 있다. <안나 카레니나>

를 통해 자신감을 얻은 플리세츠카야는 이후 안톤 체호프의 작품을 발레화한 <갈매기>(1980)와 <개를 데리고 다니는 여인>(1985)의 안무 작업을 하였고, <안나 카레니나>에서와 마찬가지로 주역을 맡아 무대에도 섰다.

플리세츠카야의 <안나 카레니나>에 이어 등장한 두 번째 안무작은 앙드레 프로콥스키(1939~2009)에 의해 1979년에 탄생했다. 프랑스 파리에서 망명자인 러시아인 부모 아래서 태어나 어린 시절부터 안무 교육을 받았던 프로콥스키는 1957년부터 1977년까지 세계 유수의 극장에서 솔리스트로 활약하였는데, 그중 4년간은 조지 발란친 발레단에 소속되어 있기도 했다. 그는 1970년대부터 자신의 안무작을 올리기 시작했는데, 1979년에는 차이콥스키 음악에 안무를 구성한 발레 <안나 카레니나>가 멜버른의 오스트레일리아발레단에 의해 초연되었다. 그리고 이 안무작은 1993년 마린스키극장을 비롯하여 미국 및 캐나다의 여러 극장에 오르기도 했다.

3막으로 구성된 프로콥스키 발레의 리브레토는 플리세츠카야 버전과 유사하지만 2막 전체가 브론스키 영지에서 벌어지는 약 1년간의 사건을 다룸으로써 안나와 브론스키 간 관계의 변화에 더욱 집중한다. 음악은 차이콥스키의 여러 작품을 편집하여 사용하고 있는데, 발레 전체의 테마곡은 단조의 환상 서곡 <템페스트>로서, 음악을 통해 안나의 격정적인 운명을 표현하고자 했다. 프로콥스키 버전에서도 안나의 자살 장면은 아주 드라마틱하게 그려지고 있는데, 거의 실제 크기에 버금가는 객차가 불빛을 흔들며 객석을 향해 달려오는 중에 자그마한 안나의 형상이 열차 속으로 사라지는 것으로 구성했던 것이다. 하지만 이런 연출에는 위험이 따를 수밖에 없었는데 실제로 1993년 마린스키 무대에서는 안나 역을 맡은 발레리나(율리야 마할리나)가 열차에 거의 치일 뻔한 아찔한 순간이 펼쳐지기도 했다. '발레 희곡'이라고 불리기도 했던 프로콥스키의 안무작은 정돈되지 않은 불필요한 서사로 인해 여주인공 안나를 제대로 형상화 해내지 못했다는 혹평을 듣게 되었고 이후 마린스키의 공연 목록에서 사라지게 되었다.

2.2. 알렉세이 라트만스키의 <안나 카레니나>(2004/2010)

2000년대에 들어서면서 소설의 발레화는 활발하게 진행되었고 성과도 나쁘지 않았다. 발레 <안나 카레니나>는 2005년과 2006년 연속으로 소위 '무용계의 오스카상'이라 불리는 '브누아 드 라 당스('무용의 브누아'라는 뜻으로, 댜길레프가 조직한 발레단 발레뤼스의 의상과 무대 디자인을 담당했던 베누아(프랑스식 이름 '브누아')의 이름을 따서 1991년 4월 29일, 세계무용의 날에 모스크바의 국제무용가협회가 제정하고 이듬해 유네스코의 후원을 받아 매년 열리고 있는 무용제이다)'의 '최고안무가상'을 수상하는 쾌거를 이루기도 했던 것이다. 러시아의 대표적 안무가들인 알렉세이 라트만스키와 보리스 에이프만이 수상의 주인공이었다. 정통 클래식 발레와 현대발레로 새롭게 각색된 두 편의 <안나 카레니나>는 마치 원작 자체가 다른 것처럼 여겨질 만큼 작품의 성격이 상이하다.

라트만스키의 2막 발레 <안나 카레니나>는 2004년 덴마크 로열발레단에서 처음 선보인 이후 2010년 마린스키발레단에 의해 수정본이 초연되었다. 이 수정본 초연은 마린스키극장이 개최하는 제10회 국제무용제 '마린스키'의 개막작이 되었다. 사실, 마린스키극장 입장에서는 <안나 카레니나>를 무대에 다시 올리는 데 부담을 느끼지 않을 수가 없었다. 1993년에 이미 프로콥스키의 <안나 카레니나>를 올려 실패한 경험이 있었기 때문이기도 하거니와 라트만스키 프로덕션에서 선보이게 될 실물 크기의 객차에 대한 트라우마까지도 있었기 때문이다. 그럼에도 라트만스키의 프로덕션은 이미 해외 무대에서 검증을 받은 바 있고 부족한 부분 역시 개선을 거친 '수정본'이었기에 마린스키극장은 우려 속에서도 기대감을 가지고 이 프로덕션을 선택하게 되었던 것으로 보인다. 라트만스키의 프로덕션이 마린스키의 야심작이었다는 것은 2010년 4월 15일에 있었던 초연이 국제무용제의 개막작으로 선정되었다는 것 외에도 안나 역을 엄청난 팬덤이 형성되어 있는 프리마 발레리나 디아나 비시뇨바가 맡고, 지휘봉을 마린스키극장의 예술총감독인 발레리 게르기예프가 잡았다는 것에서도 확인할 수 있었다. 뿐만 아니라 이 초연에는 발레 <안나 카레니나>의 역사를 최초로 쓰기 시작한 플리세츠카야와 셰드린 부부가 초대되어 공연의 의미를 선명하게 부각시켜 주기도 했다.

플리세츠카야 프로덕션과 라트만스키 프로덕션은 톨스토이 소설의 스토리 라인에 맞춰 작곡된 셰드린의 발레곡을 공통으로 사용했다는 점에서 이미 스토리 전개에 있어 상당한 유사성을 가질 수밖에 없는 운명을 지니고 있었다. 그러나 스토리 전개상의 유사성을 감안하더라도 프롤로그와 2막으로 구성된 라트만스키의 <안나 카레니나>는 안무나 의상 등에서도 플리세츠카야의 무대를 강하게 연상시켜 새로운 발레를 기대한 관객에게는 다소 실망감을 안겨주기도 했다. 정통 클래식 발레의 문법을 대체로 따르고 있는 라트만스키의 <안나 카레니나>는 안무에 있어서는 독특한 점이 많이 보이지 않았지만, 그 대신 무대장치 등에 신경을 써서 현대식 무대를 꾸미려 노력하기도 했다. 즉, 회전하는 실제 크기의 열차 객차가 등장한다거나 실사 영상을 적극 활용하여 장면 전환에 장애가 없었고 사실감 역시 끌어올렸다는 점에서 관심을 불러일으켰던 것이다.

한편, 플리세츠카야의 안무가 비극적인 운명과 사랑으로 인한 안나의 내적 갈등과 심리적 고통을 전달하는 것에 중점을 두었다면, 라트만스키는 꽤 절제된 어조로 소설의 스토리를 담담하고도 세밀하게 묘사하는 가운데 브론스키의 내면에 보다 가까이 다가가고자 했다. 이는 프롤로그가 브론스키의 장면으로 시작되는 것에서 이미 어느 정도 예상된 것이었다. 그리고 다름 아닌 이 프롤로그가 라트만스키 프로덕션에서 가장 독창적인 부분으

라트만스키의 안무작 <안나 카레니나>(2004/2010) 속 안나 카레니나(로파트키나, 2010)

로 보이기도 한다. 프롤로그가 대체로 안나와 브론스키의 기차역 만남으로 시작하는 다른 프로덕션들과는 달리, 비극적인 파토스가 내장되어 있는 셰드린의 음악에 맞춰 브론스키가 관객을 등지고 선 채 이미 주검이 되어버린 안나를 바라보며 조문객을 맞이한 뒤 아들과 함께 있던 안나가 순식간에 바닥으로 사라져버리는 악몽 같은 환영을 보는 장면으로 시작되고 있는데, 영화에서 자주 활용되는 시작과 끝이 맞물려 있는 고리 구성이라든지 브론스키의 시점쇼트로 구성된다는 점에서 이 프로덕션만의 차별성이 도드라진다. (이런 영화적 기법의 활용은 라트만스키가 러시아극예술연구소에서 수학한 것과 무관하지 않을 것이다.)

그럼에도 역시 <안나 카레니나>의 진정한 주인공은 안나 카레니나였다. 2010년 초연을 위해 '국민예술가' 칭호를 받은 마린스키발레단의 진정한 간판스타들인 디아나 비시뇨바(1976~)와 올리야나 로파트키나(1973~)를 비롯하여 그 둘을 잇는 스타로 발돋움한 예카테리나 콘다우로바(1982~)가 함께 리허설을 진행했고, 이후 개성이 뚜렷한 이 세 명의 프리마 발레리나들이 안나 역을 각자의 방식으로 훌륭히 소화하여 호평을 얻어냈다. 관객이 서로 다른 세 명의 안나를 한꺼번에 만날 수 있었던 것은 안무가 라트만스키의 의도에 따른 것이었다. 세 발레리나의 개성을 기꺼이 인정한 안무가는 세 발레리나에 맞춰 텍스트를 변경하기도 했고 발레리나 각자에게 자의적 해석의 자유까지 부여하였다. 그로 인해 비시뇨바의 안나는 "매혹적이고 요염하면서도 충동적이고 앞뒤 재지 않는" 형상으로 표현되었고, (1993년 프로콥스키 프로덕션에서 키티역으로 <안나 카레니나>와 이미 인연을 맺은 바 있던) 로파트키나의 안나는 "아름답고 기품 있으면서도 정열적이고 비장한" 형상으로 표현되었으며, 콘다우로바의 안나는 "가장 솔직하고 자연스러운" 형상으로 표현되었다. 콘다우로바는 안나 역으로 2010년 '황금소피트'상과 2011년 '황금마스크'상을 수상하기도 했다.

> "라트만스키는 완전히 유럽적인, 어느 정도 증류된 볼거리를 무대에 올렸다. 셰드린의 3막 악보는 2막으로 압축되었다. … 모든 주인공들은 예전처럼 팬터마임으로 말하지만, 주인공들인 안나, 브론스키, 카레닌은 춤에 의해 개별적으로 '등록된다'. 라트만스키의 안무는 여느 때처럼 새롭고, 미장센은 세련되며, 여주인공의 포즈들은 잊을 수 없는 플리세츠카야의 안나를 상기시킨다."
>
> 러시아 일간지 『로시스카야 가제타』

　우려와 기대 속에서 선택된 라트만스키의 프로덕션은, 프로콥스키 프로덕션 때문에 마린스키극장이 가지고 있던 <안나 카레니나>에 대한 실패의 기억을 말끔히 씻어주었을 뿐만 아니라 극장의 레퍼토리 역시 풍성하게 만들어 주었다. 물론, 현재도 마린스키극장에서는 꾸준히 <안나 카레니나>

"<안나 카레니나>는 이번 시즌의 분명한 폭탄이다. 첫째, 이것은 관객이 어떤 날씨에도 모이도록 만드는 '라트만스키의 새 작품'이다. 라트만스키는 성공적이지 못할 수 있지만 절대로 재미 없을 수는 없다. …

넷째, 라트만스키는 <안나>에서 실험을 하지 않을 뿐 아니라 곧장 '금고를 제공한다'. 이 발레는 다름 아닌 대중 관객과 대중적인 성공을 위해 확실하게 고안되고 만들어진 작품이다. 하지만, 강조하건대, 대중 관객을 위한 훌륭한 발레이다. …

마지막으로, 로파트키나, 비시뇨바, 콘다우로바는 서로 다른 발레리나들을 제 각각 열어 보일 수 있는 고대하던 텍스트를 얻었다. 발레 매니아들은 멋지고 현명하고 열정적인, 춤추는 배우들을 만끽할 수 있는 기회를 얻은 것이다.

간략히 말해, 최근 20년간 러시아 무대에 이만큼 히트를 보장하는 작품은 아직까지 없었다."

공연 홍보 전문 잡지 『아피샤. 상트페테르부르크』

를 올리고 있는데, 안타깝게도 2017년 은퇴한 로파트키나의 안나만은 더 이상 만날 수가 없다. 그나마 다행인 것은 로파트키나의 2014년 공연 실황이 영상으로 남아 있다는 사실이다. 현재 마린스키극장에서는 초연 주역들인 비시뇨바, 콘다우로바 이외에 빅토리아 테료시키나, 옥사나 스코릭, 아나스타시야 마트비엔코 등의 발레리나들이 안나 역을 맡아 무대에 서고 있다.

2.3. 그 외 안무작들

2005년 3월, 러시아 현대 무용의 거장 안무가 보리스 에이프만(1946~)은 차이콥스키의 곡에 안무를 완성한 2막 발레 <안나 카레니나>를 선보였고, 이 작품으로 이듬해 브누아 드 라 당스 최고안무가상을 수상했다. 러시아의 고전 음악과 문학에 깊은 애정을 지닌 에이프만은 도스토옙스키의 소설을 최초로 발레화한 안무가로, <백치>(1980), <카라마조프가의 형제들>(1995) 등을 통해 이미 활동 초기부터 꾸준히 소설의 서사와 인물들의 심리를 안무화하는 실험을 이어가고 있었다. 그리고 여러 안무적 실험을 충분히 거친 뒤 종합 및 완성 단계에 이른 2005년에는 톨스토이의 소설 <안나 카레니나>를 제작하게 되었다. 안무가가 직접 언급했듯이 <안나 카레니나>는 에이프만발레단이 추구하는 정수를 구현해 낸 완성도 높은 작품이다. 아크로바틱에 가까운 과장되고도 과감한 고난이도의 동작, 연극을 보듯 생생하게 전해오는 탁월한 심리 및 성격 묘사, 과감한 생략을 통한 드라마틱한 스토리 전개, 스펙터클한 무대장치, 사건과 안무에 맞춰 빈틈없이 편집 사용된 극적인 음악, 안무의 완성도를 끌어올리는 상징적 소품의 활용 등이 <안나 카레니나>에서 절정에 이르렀다고 볼 수 있다.

에이프만은 소설의 여러 스토리 라인 가운데 안나-카레닌-브론스키의 삼각관계에 집중하여 극을 전개해 나가면서 주인공 안나의 불안한 심리와 내면 상태를 밀도 있게 추적한다. "발레는 심리극을 구현해 낼 수 있으며 무의식을 꿰뚫어 볼 수 있는 독특한 분야"라고 주장하는 에이프만은 작가 톨스토이의 심리적 통찰에 깊은 영감을 받아 <안나 카레니나>를 안무하게 되었다고 말한다. 특히 차이콥스키의 곡 가운데에서도 교향곡 <비창>을 비롯하여 환상 서곡 <햄릿>, <로미오와 줄리엣>, <템페스트>와 교향시 <프란체스카 다 리미니> 같은 단조의 음악을 활용하여 안나의 격렬한 욕정과 내면의 심리적 불안 및 고통을 형상화한 춤에 서정성과 비극성을 효과적으로 덧입히고 있다.

2005년 러시아 초연 이후, 2006년 빈오페라극장 공연을 시작으로 세계 여러 극장 무대에 오르고 있는 에이프만의 프로덕션은 2010년에 수정본이 만들어졌고 2012년에는 영상으로 남겨지기도 했다(안나: 니나 즈미예베츠, 카레닌: 올렉 마르코프, 브론스키: 올렉 가비셰프). 한국의 관객들은 에이프만의 <안나 카레니나>를 초연 버전으로 이미 만난 적 있고 (2009년 3월 27~29일, LG아트센터), 2020년 5월 내한 공연으로 수정본

에이프만의 안무작 <안나 카레니나>(2005/2010) 속 안나와 카레닌

을 만날 기회를 가질 것으로 예상되었으나(2020년 5월 16~17일, LG아트센터) COVID-19로 인해 공연이 전면 취소되었다. 내한 공연 일정이 다시 잡히기 전까지는 유튜브 등에 올라와 있는 영상으로 아쉬움을 달래야 할 것 같다.

2014년에는 독일 안무가 크리스티안 슈푹(1969~)이 스위스 취리히발레단과 함께 2막 발레 <안나 카레니나>를 무대에 올렸다. 음악은 라흐마니노프, 루토스와프스키, 친차제 등 여러 작곡가의 음악을 발췌하여 사용하였다. 미니멀한 무대를 사용하지만 경마 장면이나 기차에 깔리는 장면을 실사 영상을 활용하여 몰입도를 높이고자 했다. 안무가 슈푹은 테크닉보다는 감정선을 보여주는 마임을 중요하게 여기며 발레가 아닌 캐릭터가 살아있는 극, 즉 '드라마 발레'를 지향하기 때문에 무용수들에게 메소드 연기를 강조한다. 슈푹의 안무작은 2017년 11월에 국립발레단에 의해 한국

크리스티안 슈푹 안무작 <안나 카레니나> (2017, 국립발레단)

초연이 이루어지기도 했다. 사랑, 기대, 배신, 욕정, 질투, 실망 등으로 가득 찬 인물들의 내면세계를 클래식 발레와 현대발레를 접목시켜 깔끔하게 표현해낸 슈푹 버전의 <안나 카레니나>는 국립발레단의 주요 레퍼토리로 자리 잡았다.

에스토니아 안무가 티이트 카스크(1968~)는 2015년 밀라노 극장에 차이콥스키의 음악에 안무를 구성한 <안나 카레니나>를 올렸다. 안무가는 에이프만의 안무작에서 이미 차이콥스키의 음악이 사용되었음에도 다시 차이콥스키를 선택한 이유에 대해 톨스토이와 동시대를 살았던 차이콥스키의 음악 속에는 소설 <안나 카레니나>를 집필하던 당시의 향기와 맥박이 살아 숨 쉬고 있기 때문이라고 밝히기도 했다. 한편, 죽음은 불가해한 어떤 것이기 때문에 직접적으로 묘사해서는 안 된다고 판단한 안무가는 열차의 강렬한 빛만을 보여줌으로써 안나의 죽음을 암시하였다. 고전적인 것과 현대적인 결합되어 '네오클래식한 발레'로 불리는 이 작품은 이탈리아 및 에스토니아, 러시아의 여러 극장에 오른 바 있다.

2017년, 독일 함부르크 발레단은 존 노이마이어(1939~)의 안무작 <안나 카레니나>를 무대에 올렸는데, 이 프로덕션은 이듬해 3월, 러시아 볼쇼이극장에서 초연되기도 하였다. "내 발레는 톨스토이의 소설이 아니라 내가 그 소설 속에서 느낀 것입니다."라고 주장하는 안무가 노이마이어의 프로덕션은 지금까지 선보인 <안나 카레니나> 가운데 가장 독창적이고도 파격적인 작품이라고 할 수 있다. 차이콥스키, 시닛케, 캣 스티븐스(유수프 이슬람)의 음악을 편집 사용한 이 프로덕션은 20세기 말엽부터 오페라 무대에 불기 시작한 레지테아터(연출가 중심 극장)의 영향으로 제작된 것으로서, 19세기의 인물들을 현대의 인물들로 변화시켜 새로운 시대의 감각으로 작품과 인물들을 재해석하고자 했다. 즉 노이마이어의 <안나 카레니나> 속 무용수들은 모두 현대식 복장을 하고 있는데, 이 프로덕션에서 카레닌은 선거에 출마한 정치인으로, 브론스키는 라코트 선수로 설정되어 있다. 휴대폰을 사용하거나 담배를 피우는 일상 속의 안나의 모습과 함께 붉은 체크무늬 셔츠를 입은 채 트랙터를 몰아가며 농사일을 하는 일상 속의 레빈과 키티가 연출된다. 뿐만 아니라 무대 위에서는 에로틱한 장면마저도 거침없이 드러내며(안나의 오빠 스티바와 가정교사의 정사신이나 안나와 브론스키의 정사신이 무대 위에서 펼쳐진다) 사실성을 강조하기도 한다. 하지만 무대 장치에 있어서는 사실성을 완전히 거부함으로써 묘한 아이러니

존 노이마이어 안무작 <안나 카레니나>(2017) 속 안나 카레니나

를 만들어내기도 한다. 아주 단순화된 형태의 무대 장치는, 실사 영상으로 무대를 더욱 사실적으로 만들기 위해 노력하는 여타의 많은 프로덕션에 비해 오히려 시각적 신선함을 제공한다. 이런 단순화된 무대 장치에 대비되어 의상(붉은 투피스 정장을 입은 안나)이나 양식화되고 과장된 동작(특히, 안나의 출산 장면)을 통해 인물의 심리적인 측면에 보다 심층적으로 접근하고자 했던 것이다. 한편, 모두가 주목할 수밖에 없는 안나의 최후 장면은 안나가 무대 아래로 갑자기 사라져 버리는 방식으로 연출되었다.

2019년 2월, 조프리 발레단과 오스트레일리아 발레단의 컬래보레이션으로 시카고에서 초연된 <안나 카레니나>는 안무가 유리 포소호프(1964~)와 작곡가 일리야 데무츠키(1983~)에 의해 탄생된 프로덕션이다. 포소호프와 데무츠키는 볼쇼이극장이 위촉한 <우리 시대의 영웅>(2015), <누레예프>(2017)에서 이미 협업한 바 있으며 이 작품들로 '황금마스크

조프리 발레단의 <안나 카레니나>(2019) 속 키티와 레빈

상'을 수상하기도 했다. 포소호프는 1982년에 모스크바안무발레아카데미를 졸업한 후 볼쇼이발레단에 입단하여 10여 년간 무용수로서 무대에 서기도 했다. 1994년부터 샌프란시스코 발레단의 단장으로 활약하고 있으며 1990년대 말부터 안무가로도 활동하고 있다. 데무츠키는 오페라와 발레 음악에서 두각을 드러내고 있는 유망한 신예 작곡가로서 2016년 베를린 소재 유럽영화아카데미에서 선정한 '2016년 유럽 최고의 작곡가'상을 수상하기도 했다.

프롤로그와 2막으로 구성된 포소호프 안무의 <안나 카레니나>는 대부분의 다른 안무작들이 안나에 초점을 맞춰 안나의 죽음으로 막을 내리는 것과 달리, 발레의 마지막 장면인 2막 7장 에필로그를 원작 소설과 마찬가지로 전원생활을 즐기고 있는 키티와 레빈의 모습으로 마무리함으로써 안나와 브론스키, 카레닌의 불행한 삶에 대조적으로 행복한 삶을 꾸리는 키티와 레빈의 삶을 부각시키고 있다.

이 밖에도 2019년에는 몬테베르디, 모차르트, 리스트, 라흐마니노프 등의 음악에 맞춰 베라 아르부조바(1974~)가 안무한 새로운 <안나 카레니나>가 러시아 첼랴빈스크 오페라발레극장에서 초연되었다. 에이프만발레단에서 오랫동안 솔리스트로 활약하며 2005년 <안나 카레니나> 초연에서 안나 역을 맡기도 했던 아르부조바는 정통 클래식 발레의 안무와 에이프만의 영향이 강하게 감지되는 현대식 안무를 조합하여 또 하나의 <안나 카레니나>를 만들어냈다. 그리고 2020년 9월, 에스토니아국립극장에서는 COVID-19로 인해 6개월 간 미뤄졌던 <안나 카레니나>의 초연이 있었다. 안무가 마리나 케슬러(1970~)는 드미트리 쇼스타코비치의 음악에 맞춰 클래식 발레에 가깝게 안무를 구성하였다.

보는 바와 같이 방대한 원작의 권위에 눌린 채 오랫동안 발레 작품으로 탄생하지 못했던 <안나 카레니나>는 근년에 들어 꽤 활발하게 발레화 작업이 이루어지고 있는 추세이다. 기존에 시도된 안무들을 통해 문자언어를 신체언어로 번역해내는 것에 대한 두려움이 어느 정도 사라진 데다 원작에 충실해야 한다는 강박에서도 자유로워졌기 때문일 것으로 추정된다. 스토리 전개에 있어서의 선택과 집중, 안무 구성에 있어서의 전통과 혁신의 조율이 소설의 발레화 작업의 성패를 가르게 된다. 그리고 안무가들의 이런 작업 덕분에 내일도 발레슈즈를 신은 안나들이 무대 위에서 사랑에 빠지고 절망하다가 스러져가게 될 것이다.

참고문헌
찾아보기

필자 소개

참고문헌

르제프스키, 니콜라이 엮음. 『러시아문화사 강의』. 최진석 외 옮김. 서울: 그린비, 2011.

베인즈, 샐리. 『춤추는 여성』. 김수인·김현정 옮김. 서울: 성균관대출판부, 2012.

숄, 팀. 『프티파에서 발란신까지』. 김복선·김태원 옮김. 서울: 현대미학사, 1998.

신혜조. 「혁명과 발레: 소비에트 혁명발레 유산의 재조명」. 『러시아어문학연구논집』 55. 2016.

심정민. 「세르게이 디아길레프의 발레뤼스(Ballet Russe)에 나타난 종합예술적 특질: <세헤라자데(Shéhérazade)>를 중심으로」. 『영상문화』 27. 2015.

오, 수잔. 『발레와 현대무용』. 김재현 옮김. 서울: 시공사, 2004.

이은경. 『발레 이야기: 천상의 언어, 그 탄생에서 오늘까지』. 파주: 열화당, 2011.

정옥희. 「발레뤼스의 「불새」의 미국적 수용에 대한 연구」. 『무용예술학연구』 41(2). 2013.

호먼스, 제니퍼. 『아폴로의 천사들』. 정은지 옮김. 서울: 까치, 2010.

해리슨 로만, 게일 & 마쿼트, 버지니아 헤이글스타인 엮음. 『아방가르드 프런티어: 러시아와 서구의 만남, 1910~1930』. 차지원 옮김. 서울: 그린비, 2017.

Гаевский, В. *Дивертисмент. Судьбы классического балета. В 2 томах*. М.: Сеанс, 2018.

Захаров, Р. В. *Сочинение танца: Страницы педагогического опыта*. М.: Искусство, 1983.

Петипа, М. *Мариус Петипа: материалы, воспоминания, статьи*. Л.: Искусство, 1971.

Плисецкая, М. Я. *Майя Плисецкая*. М.: Новости, 1997.

Скворцова, И. А. *Балет П. И. Чайковского «Щелкунчик»*. М.: Московская консерватория, 2011.

Слонимский, Ю. *Советский балет. Материалы к истории советского балетного театра*. М.: Искусство, 1950.

Суриц Е. *Балет и танец в Америке*. Екатеринбург: Изд-во уральского университета, 2004.

Фокин, М. М. *Против течения*. Л.: Искусство, 1981.

Яковлева, Ю. *Мариинский театр. Балет. XX век*. М.: Новое литературное обозрение, 2005.

Balanchine, George. *Choreography by George Balanchine: A Catalogue of Works*. Viking: An Eakins Press Foundation Book, 1984.

_____. "The Dance Element in Stravinsky's Music." *The Opera Quarterly* 22(1). 2007.

Bellow, Juliet. *Modernism on Stage: The Ballet Russes and the Parisian Avant-garde*. Burlington: Ashgate Publishing Company, 2013.

Buckler, Richard. *George Balanchine: Ballet Master*. NY: Random House, 1988.

Dianina, Katia. "The Firebird of the National Imagery: The Myth of Russian Culture and its Discontents." *Journal of European Studies* 42(3). 2012.

Garafola, Lynn & Van Norman Baer, Nancy. *The Ballet Russes and Its World*. New Haven and London: Yale University Press, 1999.

Garafola, Lynn. *Diaghilev's Ballets Russes*. NY: Oxford University Press, 1998.

Joseph, Charles M. *Stravinsky & Balanchine: A Journey of Invention*. New Haven and London: Yale UP, 2002.

Lieven, Peter. *The Birth of Ballet-Russes*. NY: Dover Publications, 1973.

Teachout, T. *All in the Dances: A Brief Life of George Balanchine*. Florida: Harcourt Inc., 2004.

Villella, Edward. *Prodigal Son*. NY: Simon and Schuster, 1992.

Wiley, R. J. *Tchaikovsky's Ballets: Swan Lake, Sleeping Beauty, Nutcracker*. Oxford: Clarendon Press; NY: Oxford University Press, 1985.

찾아보기

ㄱ

가우크, 알렉산드르(Aleksandr Gauk) ◆ 229~230
고르스키, 알렉산드르(Aleksandr Gorsky) ◆ 306, 329~330
곤차로바, 나탈리야(Natalia Goncharova) ◆ 121
골로빈, 알렉산드르(Aleksandr Golovin) ◆ 112, 120, 128
<곱사등이 망아지>(The Little Humpbacked Horse) ◆ 325~342
그리고로비치, 유리(Yuri Grigorovich) ◆ 22~23, 56, 69, 74~77, 234~238, 263, 268, 270~271, 280~281, 283~289, 298, 304~305, 312~314, 318~323
글리크만, 이삭(Isaak Glikman) ◆ 234~235
게르기예프, 발레리(Valery Gergiev) ◆ 169, 174, 337, 340, 390
게바, 타마라 (Tamara Geva) ◆ 209
겔버, 노아(Noah Gelber) ◆ 238~239

ㄴ

노이마이어, 존(John Neumeier) ◆ 169, 272, 382~383, 396~397
누레예프, 루돌프(Rudolf Nureyev) ◆ 24, 265~268
니진스카야, 브로니슬라바(Bronislava Nijinskaya) ◆ 52~53, 130, 180~181, 184, 193, 251~252
니진스키, 바츨라프(Vatslav Nijinsky) ◆ 4, 51, 85, 87, 90, 93, 95, 127, 129~130, 143, 146~148, 162~169, 172~197, 210~211, 213~215, 268, 307, 366
니체, 프리드리히(Friedrich Nietzsche) ◆ 211

ㄷ

다닐로바, 알렉산드라(Danilova, Aleksandra) ◆ 204
당부아즈, 자크(Jacques d'Amboise) ◆ 202, 206
댜길레프, 세르게이(Sergei Diaghilev) ◆ 4, 52~54, 56, 85, 89~92, 104, 107~108, 115~117, 121, 127~132, 143, 151~153, 158~160, 163,

　　　　　　　　　　　166~168, 174~175, 178~180, 182, 184~188, 190,
　　　　　　　　　　　194, 205, 208, 251, 284, 366, 389
데 키리코, 조르조(Giorgio de Chirico) • 276
델에라, 안토니에타(Antonietta Dell'Era) • 66
드리고, 리카르도(Riccardo Drigo) • 16
드 발루아, 니네트(Ninette de Valois) • 266
뒤마, 알렉산더(Alexandre Dumas) • 68~69, 71, 266

ㄹ

라둔스키, 알렉산드르(Aleksandr Radunsky) • 326, 331, 335, 339
라들로프, 세르게이(Sergei Radlov) • 241, 250, 253, 266
라브롭스키, 레오니드(Leonid Lavrovsky) • 250, 255, 258~259, 261~265, 269, 273, 280,
　　　　　　　　　　　　　　　　　　　　　　283, 295, 298
라이언, 페트리샤(Patricia Ryan) • 266
라이징거, 바츨라프(Václav Reisinger) • 10, 14~16
라트만스키, 알렉세이((Aleksei Ratmansky) • 4, 35, 246~247, 274~276, 340, 342,
　　　　　　　　　　　　　　　　　　　　　　382~383, 389~393
램버트, 콘스탄트(Constant Lambert) • 251
랴도프, 아나톨리(Anatoly Ryadov) • 106, 116
로시, 카를(Carlo Rossi) • 212
로파트키나, 울리야나(Ulyana Lopatkina) • 348, 392~393
로푸호프, 표도르(Fyodor Lopukhov) • 20~21, 70~71, 220, 240, 284, 309
루나차르스키, 아나톨리(Anatoly Lunacharsky) • 282
루빈시테인, 이다(Ida Rubinstein) • 85, 87~88, 93,181~82
루치, 에우세비오(Luzzi Eusebio) • 251
리예파, 마리스(Maris Liepa) • 319
리예파, 안드리스(Andris Liepa) • 108, 169
리파르, 세르기(Serge Lifar) • 206
림스키-코르사코프, 니콜라이(Nikolai Rimsky-Korsakov) • 13, 84~85, 88~89, 93,
　　　　　　　　　　　　　　　　　　　　　　　　　　104~108, 117

ㅁ

마레스칼키, 루이지(Luigi Marescalchi) ◆ 251
마이요, 장-크리스토프(Jean-Christophe Maillot) ◆ 33, 272~274
마틴스, 피터(Peter Martins) ◆ 207, 210, 216
막시모바, 예카테리나(Ekaterina Maximaova) ◆ 319
말랴렙스키, 파벨(Pavel Malyarevsky) ◆ 326, 331, 337
<맑은 시냇물>(The Bright Stream) ◆ 223, 227, 253
먀신, 레오니드(Leonid Massine) ◆ 130~131, 137, 194
맥밀란, 케네스(Kenneth MacMillan) ◆ 265~267
머피, 그램(Graeme Murphy) ◆ 33
메세레르, 보리스(Boris Messerer) ◆ 347~348
메세레르, 아사프(Asaf Messerer) ◆ 21, 387
<목신의 오후>(Prélude à l'Après-midi d'un Faune) ◆ 165~167, 175, 179, 183, 188, 210, 212~213
<므첸스크 현의 맥베스 부인>(Lady Macbeth of Mtsensk District) ◆ 223
메리메, 프로스페르(Prosper Mérimée) ◆ 326, 343
멘델손-프로코피예바, 미라(Mira Mendelson-Prokofieva) ◆ 280, 295

ㅂ

바가노바, 아그리피나(Agrippina Vaganova) ◆ 19~20
바리시니코프, 미하일(Mikhail Baryshnikov) ◆ 206
바실리예프, 블라디미르(Vladimir Vasiliev) ◆ 320~321, 323, 385
바이노넨, 바실리(Vasily Vainonen) ◆ 70~ 71, 73~74, 77, 220, 229, 326, 331, 337
바조프, 파벨(Pavel Bazhov) ◆ 295
박스트, 레온 (Léon Bakst) ◆ 50, 53, 84~86, 88, 90~93, 97, 99~104, 108, 112~113, 121, 127~130, 136, 157~158, 179~180, 183
발란치바제, 게오르기(Georgy Balanchivadze) ◆ 130
발란친, 조지(George Balanchine) ◆ 47, 71, 73~74, 107, 130~131, 137, 200, 203~212, 215~217, 362, 388
<백조의 호수>(The Swan Lake) ◆ 9~35, 39~40, 44, 51, 127, 135, 286, 289, 307, 344
베기체프, 블라디미르(Vladimir Begichev) ◆ 10, 13, 14

베누아, 알렉산드르(Aleksandr Benois) • 46, 49, 54, 65, 84, 89~92, 117, 120, 127~130, 142~143, 148, 153~154, 156~160, 162, 165, 169, 212, 389
베르거, 아우구스틴(Augustin Berger) • 16
베자르, 모리스(Maurice Béjart) • 107, 137, 169, 195
본, 매튜(Matthew Vaughn) • 30~31
<볼트>(The Bolt) • 221~222, 224, 227, 239~247
뵘, 아돌프(Adolf Bolm) • 200, 204
부르마이스터, 블라디미르(Vladimir Burmeister) • 21~22, 24
<불새>(The Firebird) • 86, 93, 109, 111~139, 143~144, 174~175, 357
<붉은 지젤>(Red Giselle) • 351~375
<붉은 양귀비>(The Red Poppy) • 226, 228
<붉은 회오리>(The Red Whirlwind) • 226
비라르, 엔키(Enki Bilal) • 271
빌렐라, 에드워드(Edward Villella) • 216
비르살라제, 시몬(Simon Virsaladze) • 269, 280, 314
베스메르트노바, 나탈리야(Natalia Bessmertnova) • 271
비제, 조르주(Georges Bizet) • 326~327, 343~344, 346, 352, 363

ㅅ

생 레옹, 아르튀르(Arthur Saint-Léon) • 328~329
<서부교향곡>(Western Symphony) • 209
<석화>(The Stone Flower) • 4, 279~302, 313, 321
<성조기>(Stars and Stripes) • 209
<세레나데>(Serenade) • 107, 209
세르게예프, 콘스탄틴(Konstantin Sergeev) • 21, 55, 262, 264, 284
세르게예프, 니콜라이(Nikolai Sergeev) • 52~53, 56
솀베로바, 조라(Zora Šemberová) • 254
셰드린, 로디온(Rodion Shchedrin) • 326~327, 330~331, 335, 337, 343~344, 346, 357, 378, 382, 384~387, 390, 392
<셰헤라자데>(Shéhérazade) • 4, 83~109, 130, 146, 164, 166

셸레스트, 알라(Alla Shelest) ◆ 311~313
쇼스타코비치, 드미트리(Dmitry Shostakovich) ◆ 220~224, 227~229, 234~236, 238~239, 241, 253, 288, 308, 344, 382~383, 399
스미르노프, 빅토르(Viktor Smirnov) ◆ 220, 239, 378, 384, 386
스타소프, 블라디미르(Stasov, Vladimir) ◆ 105
스트라빈스키, 이고리(Igor Stravinsky) ◆ 46, 52~53, 90, 96, 112~119, 132, 134, 142~146, 151~154, 156~160, 165~167, 172~177, 184, 189~197
<스파르타쿠스>(Spartacus) ◆ 287~189, 303~323
스페십체바, 올가(Olga Spessivtseva) ◆ 52, 362, 364~375
<스페이드의 여왕>(The Queen of Spades) ◆ 63
슬로님스키, 유리(Yuri Slonimsky) ◆ 212
슬리도프케르, 펠릭스(Felix Slidovker) ◆ 347
시닛케, 알프레드(Alfred Shnitke) ◆ 352, 375, 382~383, 397
시모어, 린(Lynn Seymour) ◆ 265

ㅇ

<아곤>(Agon) ◆ 203, 209
아른쉬탐, 레오(Lev Arnshtam) ◆ 263
아쉬톤, 프레데릭(Frederick Ashton) ◆ 266
아파나시예프, 알렉산드르(Aleksandr Afanasiev) ◆ 120
<아폴론>(Apollon) ◆ 148, 199~217
알론소, 알베르토(Alberto Alonso) ◆ 326, 343~344, 348
<안나 카레니나>(Anna Karenina) ◆ 336, 362, 377~401
야콥슨, 레오니드(Leonid Yakobson) ◆ 220, 229, 305, 309~314, 319
에이젠시테인, 세르게이(Sergei Eizenshtein) ◆ 353~354
에이프만, 보리스(Boris Eifman) ◆ 108, 352~353, 355~364, 370~372, 374, 382~383, 389, 393~396, 399
에크, 마츠(Mats Ek) ◆ 29~30
에크만, 알렉산더(Alexander Ekman) ◆ 34~35
예브도키모바, 예바(Eva Evdokimova) ◆ 266

<오르페우스>(*Orpheus*) ◆ 203
오쿠뇨프, 뱌체슬라프(Okunyov Vyacheslav) ◆ 352
우치텔, 콘스탄틴(Konstantin Uchitel) ◆ 238
울라노바, 갈리나(Galina Ulanova) ◆ 71, 262, 264~265, 298, 306
음악의 승리 상(Victoires de la Musique) ◆ 272
이바노프, 레프(Lev Ivanov) ◆ 17~19, 21, 60, 64~65, 77, 80~81
이바놉스키, 알렉산드르(Aleksandr Ivanovsky) ◆ 220, 228
<이올란타>(*Iolanta*) ◆ 63

ㅈ

자하로바, 스베틀라나(Svetlana Zakharova) ◆ 348
<잠자는 미녀>(*The Sleeping Beauty*) ◆ 12~16, 37~57, 63, 286, 307, 344, 413~414
조리나, 베라(Vera Zorina) ◆ 209
<지젤>(*Giselle*) ◆ 44, 51, 115, 130, 135, 344, 366, 374~375

ㅊ

차이콥스키, 모데스트(Modest Tchaikovsky) ◆ 41~46
차이콥스키, 표트르(Pyotr Tchaikovsky) ◆ 10~18, 20, 38~41, 46~47, 49~50, 53, 55,
　　　　　　　　　　　　　　　　　　60~63, 69, 74, 80, 288, 329, 352, 363~364,
　　　　　　　　　　　　　　　　　　375, 382~383, 388, 393~394, 396~397
채플린, 찰리(Charlie Chaplin) ◆ 353~354
체케티, 엔리코(Enrico Cecchetti) ◆ 42, 45, 148

ㅋ

카르사비나, 타마라 (Tamara Karsavina) ◆ 85, 113, 126~127, 129, 134, 148~149, 184, 366
카발렙스키, 드미트리(Dmitry Kabalevsky) ◆ 331
카르멘 모음곡(*Carmen Suite*) ◆ 326~327, 343~349
카플란, 엠마누일(Emmanuil Kaplan) ◆ 229
카플룬, 보리스(Boris Kaplun) ◆ 366~370, 372~373
커스타인, 링컨(Lincoln Kirstein) ◆ 208, 216

쿨리지, 엘리자베트(Elizabeth Coolidge) ◆ 204

크랑코, 존(John Cranko) ◆ 23, 265

크세신스카야, 마틸다(Mathilda Kschessinskaya) ◆ 51, 129, 266

ㅌ

테라부스트, 엘리자베타(Elisabetta Terabust) ◆ 266

톨치프, 마리아 (Maria Tallchief) ◆ 209

ㅍ

파블로바, 안나(Anna Pavlova) ◆ 46, 124, 126~127, 129, 264, 365~366

패럴, 수잔(Susan Parrel) ◆ 207, 209~210

<페트루시카>(Petrushka) ◆ 109, 114, 130, 134, 141, 143~169

포킨, 미하일(Mikhail Fokine) ◆ 84~85, 87~88, 91~97, 108~109, 112~113, 115~116, 118, 120~121, 123, 127, 129~130, 133~134, 142~144, 148, 156~157, 160~163, 165~167, 169, 173, 175, 178 ,186

폰테인, 마고(Margot Fonteyn) ◆ 264~266

푸니, 체자레(Cesare Pugni) ◆ 328~330

프렐조카주, 앙줄랭(Angelin Preljocaj) ◆ 195, 271~272

프로코피예프, 세르게이(Sergei Prokofiev) ◆ 130, 208, 250, 252~255, 261~262, 265~266, 268~269, 272, 276, 280, 283, 295~298, 308

프리오브라젠스카야, 올가(Olga Preobrazhenskaya) ◆ 266

프리코텐코, 안드레이(Andrei Prikotenko) ◆ 238

프세볼로지스키, 이반(Ivan Vsevolozhsky) ◆ 16~17, 38, 40~41, 45, 47~50, 53, 56, 60~63, 69

프소타, 이보 바냐(Ivo Váňa Psota) ◆ 250, 254

프티파, 마리우스(Marius Petipa) ◆ 16~19, 28, 38~42, 44~45, 47, 49~50, 52~53, 56~57, 60~61, 63~64, 66, 68~70, 71~75, 77~78, 80~81, 123, 126, 305~307, 343

프티파, 마리야(Marie Petipa) ◆ 42

피오트롭스키, 아드리안(Adrian Piotrovsky) ◆ 250, 253~254, 276

피카소, 파블로(Pablo Picasso) ◆ 208

ㅎ

하차투랸, 아람(Aram Khachaturian) ◆ 304, 307~309, 314, 344

한센, 요세프(Joseph Hansen) ◆ 15

<황금시대>(*The Golden Age*) ◆ 219~238, 288

<호두까기 인형>(*The Nutcracker*) ◆ 12, 16, 39, 53, 59~81, 289, 344

<호두까기 인형과 생쥐 왕>(*The Nutcracker and the Mouse King*) ◆ 60, 67

호프만, 에른스트(Ernst Hoffmann) ◆ 60, 61, 67

핫슨, 리차드(Richard Hudson) ◆ 276

필자 소개

김혜란
고려대학교 노어노문학과 박사. 현재 고려대에서 강의를 하고 있다. 주요 논문으로는 「삼인조의 '발레 페에리'(ballet-féeri): <잠자는 미녀>에 관하여」, 「체호프 드라마의 엔딩」, 「유로지비의 귀: 메이예르홀트의 실현되지 못한 공연 <보리스 고두노프>」 등이 있고, 옮긴 책으로는 『거장과 마르가리타』, 『조야의 아파트. 질주』, 『시간은 밤』 등이 있다. 현대 러시아연극과 드라마, 공연예술문화를 연구하고 있다.

박선영
상트페테르부르크 러시아학술원 러시아문학연구소 박사. 현재 충북대와 서울대에서 러시아 어문학 관련 강의를 하고 있다. 지은 책으로는 『Organicheskaya poetika Osipa Mandelshtama』, 『예술이 꿈꾼 러시아혁명』(공저) 등이 있고, 옮긴 책으로는 『사모일로프 시선』, 『러시아 정체성』 등이 있다. 러시아 모더니즘 문화 전반의 특수성 및 러시아 공연예술에 관심을 기울이고 있다.

백승무
상트페테르부르크 러시아학술원 러시아문학연구소 박사. 현재 서울대, 건국대, 중앙대, 세종대, 성균관대, 백석예대 등에서 러시아문학과 한국연극에 관한 강의를 하고 있다. 지은 책으로는 『한국연극, 깊이』, 『20세기를 빛낸 극작가 20인』 등이 있고, 옮긴 책으로는 『메이예르홀트의 연출 세계』(공저), 『부활』 등이 있다. 러시아 공연예술과 한국연극에 관심이 많다.

서선정
상트페테르부르크 러시아학술원 러시아문학연구소 박사. 현재 서울대, 성균관대, 홍익대에서 러시아어문학 및 문화에 대한 강의를 하고 있다. 논문으로 「혁명의 진실과 인간의 실존을 바라보다: 유리 트리포노프의 『노인』」, 「민중의 문학에서 허위 민속

으로: 비평 속에 드러난 소비에트 구술문학과 이데올로기」 등이 있고, 옮긴 책으로는 『노인』 등이 있다. 고대 러시아 문화의 전통이 러시아 근·현대 문화에 끼친 영향을 연구하고 있다.

신혜조

모스크바 러시아국립인문대학교 박사. 현재 중앙대 외국학연구소 HK교수로 재직하며 연구와 강의를 이어가고 있다. 주요 논문으로는 「문학과 발레의 상호텍스트성: '롤리타'와 '잠자는 미녀'의 경우」, 「혁명과 발레: 소비에트 혁명발레 유산의 재조명」, 「니진스키 발레의 미적 근대성과 전위성: '유희'를 중심으로」 등이 있다. 러시아 발레와 민속춤, 문학과 회화 등 러시아 문화·예술을 연구하고 있다.

윤서현

서울대 노어노문학과 강사. 러시아 모스크바국립대학에서 『체홉 드라마에서의 등장인물의 서술행위와 그 의미』로 문학박사학위를 취득한 후 강의와 번역, 드라마투르그 및 연극비평 활동을 병행하고 있다. 「안톤 체홉의 『갈매기』에서의 예술테마」, 「실패한 대화의 이면: 체홉 드라마의 대화 양상에 대한 통념과 이견」 등의 논문을 집필했다. 체홉 드라마의 영향과 현대 러시아드라마 및 비평 연구에 주력하고 있다.

차지원

상트페테르부르크 러시아학술원 러시아문학연구소 박사. 현재 서울대와 이화여대 등에서 강의하고 있다. 저서로는 『Innokenty Annensky (1855~1909): zhizn' – tvorchestvo – epokha』(공저), 『다시 돌아보는 러시아혁명 100년: 인문예술편』(공저), 『제국, 문명의 거울』(공저) 등이, 역서로는 『아방가르드 프런티어』, 『신화시학 1~2』(공역), 『러시아 문화사 강의』(공역) 등이 있다. 러시아 상징주의 문학과 현대 여성문학 및 러시아 극장예술 등에 관한 연구에 주력하고 있다.

황기은

한양대 아태지역연구센터 HK연구교수. 피츠버그대학교에서 『포스트 소비에트 시대 상트페테르부르크 경관 연구: 텍스트 속 도시 이미지와 문화유산을 둘러싼 담론 및 도시 정체성에 대하여』로 문학·문화박사학위를 취득했고 주요 논문으로는 「두 도시와 표트르」 등이 있다. 현재 러시아 도시인문학 및 디지털인문학 연구에 관심을 기울이고 있다.

사진 출처

백조의 호수

챕터 메인 사진_<백조의 호수> 공연 사진(상트페테르부르크 발레씨어터(타츠킨 발레단), 2006, 남아프리카 공화국)
출처: wabby.ru/2020/07/26/balet-lebyadinoe-ozero-lebedine-ozero-vikipediya/
표트르 일리치 차이콥스키
출처: www.mxat-teatr.ru/repertoire/Tchaikovsky/
1895년 공연 팜플렛
출처: 마린스키극장 홈페이지
1895년 공연의 오데트, 피에리나 레니야니
출처: 마린스키극장 홈페이지
아그리피나 바가노바
출처: www.culture.ru/s/lebedinoe_ozero/
부르마이스터의 <백조의 호수>
출처: www.kommersant.ru/doc/2175567
루돌프 누레예프
출처: 100biografiy.ru/iskusstvo/rudolf-nureev
2막의 아다지오
출처: maritana.livejournal.com/198990.html
2막의 4마리 백조의 춤
출처: maritana.livejournal.com/198990.html
백조들의 군무
출처: ynpress.com/archives/10692
흑조 오딜 (3막)
출처: fiordililia.livejournal.com/39248.html?replyto=312912
마츠 에크의 <백조의 호수>
출처: www.culture.ru/s/lebedinoe_ozero/
매튜 본의 <백조의 호수>
출처: www.kino-teatr.ru/teatr/movie/140803/annot/
그램 머피의 <백조의 호수>
출처: www.culture.ru/s/lebedinoe_ozero/
에크만의 <백조의 호수>
출처: www.classicalmusicnews.ru/interview/aleksandr-ekman-realnost-2018/

잠자는 미녀

챕터 메인 사진_<잠자는 미녀> 2막 오로라 공주와 데지레 왕자의 파드되
출처: ru.wikiyours.com/%D0%93%D0%B0%D0%BB%D0%B5%D1%80%D0%B5%D1%8F/%D0%B1%D0%B0%D0%BB%D0%B5%D1%82/7333/%D0%9A%D0%

BE%D1%81%D1%82%D1%8E%D0%BC%D1%8B-%D0%B4%D0%BB%D1%8F-
%D0%B1%D0%B0%D0%BB%D0%B5%D1%82%D0%B0
표트르 차이콥스키
출처: www.muzklondike.ru/news/990?t=2022-01
1890년 초연에서 라일락 요정으로 분한 마리야 프티파
출처: 러시아 위키피디아('마리야 프티파' 항목)
1890년 상트페테르부르크 마린스키극장 초연에서 오로라 공주 역으로 분한 발레리나 카를로타 브리안차
출처: 마린스키극장 홈페이지
2막 숲속 네레이드들과 오로라 공주, 데지레 왕자
출처: www.culture.ru/events/300579/balet-spyashaya-krasavica
오로라 공주의 환영과 춤을 추는 데지레 왕자
출처: meloman.ru/concert/mariinskij-teatrbrspektakl-spyashaya-krasavica-156849333764/
이반 프세볼로지스키
출처: 마린스키극장 홈페이지
1909년 발레뤼스의 <아르미드의 누각> 공연 중 '정원, 혹은 꿈' 장면을 위한 베누아의 무대그림
출처: Lynn Garafola&Nancy Van Norman Baer (ed.), The Balletts Russes and Its World, Yale Univ. Press, 1999
1921년 <잠자는 공주> 공연에서 오로라를 연기하고 있는 올가 스페십체바
출처: Lynn Garafola&Nancy Van Norman Baer (ed.), The Balletts Russes and Its World, Yale Univ. Press, 1999
1921년 발레뤼스 공연을 위해 박스트가 그린 4막의 무대 스케치
출처: Джон Э. Боулт, Зельфира Трегулова, Наталья Ростичер Джордано(ред.), Видение танца. Сергей Дягилев и Русские балетные сезоны. Москва: Третьяковская галерея, 2009.
1952년 초연된 세르게예프 판 <잠자는 미녀>의 3막 장면.
출처: 마린스키극장 홈페이지
1890년 초연을 복원한 비하레프 공연의 피날레
출처: 마린스키극장 홈페이지

호두까기 인형

챕터 메인 사진_키릴 슈모르고네르의 <호두까기 인형>
출처: orfeiart.ru/?p=958
<호두까기 인형>(볼쇼이극장, 2014)
출처: www.vrn.kp.ru/online/news/2978816/
레프 이바노프
출처: 러시아 위키피디아
1892년 <호두까기 인형> 초연
출처: foma.ru/chaykovskiy-shhelkunchik.html

1892년 <호두까기 인형> 초연
출처: foma.ru/chaykovskiy-shhelkunchik.html
바실리 바이노넨
출처: www.belcanto.ru/vayonen.html
발란친의 <호두까기 인형>
출처: twitter.com/i/web/status/1198632369034579968(뉴욕발레단 공식SNS)
드로셀마이어
출처: www.orinfo.ru/120592/bolshoy-teatr-predstavlyaet-balet-shchelkunchik-v-orenburge
디베르티스망 (마린스키극장, 2012)
출처: www.bileter.ru/afisha/show/Shchelkunchik_15209886.html
눈송이 왈츠
출처: russtu.ru/index.php/articles/view/86

셰헤라자데

챕터 메인 사진_셰헤라자데 공연 장면: 황금노예와 셰헤라자데
출처: www.belcanto.ru/ballet_scheherazade.html
<셰헤라자데>의 1910년 공연장면
출처: arzamas.academy/micro/balet/13
<셰헤라자데>의 1910년 공연 프로그램 표지
출처: zen.yandex.ru/media/id/5acdc13cdcaf8e42c2ae3269/russkie-sezony-diagileva-kak-russkoe-iskusstvo-pokorilo-mir-5afd4510a936f442b08ba7ca
조베이다로 분한 이다 루빈시테인(1910, 파리)
출처: www.liveinternet.ru/users/muza-105/post324337868/
세로프가 그린 이다 루빈시테인의 초상
출처: 러시아 위키피디아
셰헤라자데와 황금노예
출처: www.belcanto.ru/ballet_scheherazade.html
레온 박스트의 무대 그림
출처: kiozk.ru/article/russkie-sezony-cast-2
황금노예로 분한 니진스키
출처: dancelib.ru/books/item/f00/s00/z0000017/st010.shtml, 러시아 위키피디아
<셰헤라자데>에서 니진스키와 이다 루빈시테인
출처: desperatewritersblog.com/nastyas-shelf/%D0%B2%D0%B0%D1%86%D0%B-B%D0%B0%D0%B2-%D0%BD%D0%B8%D0%B6%D0%B8%D0%BD%D1%81%D0%BA%D0%B8%D0%B9/%D0%BA%D0%B0%D0%B7%D1%83%D1%81-%D0%B-D%D0%B8%D0%B6%D0%B8%D0%BD%D1%81%D0%BA%D0%BE%D0%B3%D0%BE-%D0%BE%D0%BF%D1%8B%D1%82-%D0%BF%D1%81%D0%B8%D1%85%D0%BE%D0%B0%D0%BD%D0%B0%D0%BB%D0%B8%D1%82%D0%B8%D1%87/
박스트가 그린 조베이다의 의상
출처: www.pinterest.pt/pin/749567931722509641/

박스트의 의상 그림들
출처: www.liepa.ru/projects/saisons-russes-xxi-century/scheherazade/
ru.wikipedia.org/wiki/%D0%A8%D0%B5%D1%85%D0%B5%D1%80%D0
%B0%D0%B7%D0%B0%D0%B4%D0%B0_(%D0%B1%D0%B0%D0%B-
B%D0%B5%D1%82)
레온 박스트의 무대 그림
출처: www.artnet.com/artists/leon-bakst/set-design-for-scheherazade-schehereza-
de-bedroom-a-tOigGIUEIuofEC8xVfugVQ2
레온 박스트의 무대 그림
출처: kiozk.ru/article/russkie-sezony-cast-2
니콜라이 림스키-코르사코프
출처: 러시아 위키피디아

불새

챕터 메인 사진_불새와 차레비치의 파드되
출처: art.1sept.ru/article.php?ID=200800805
베누아가 디자인한 <불새>의 의상
출처: 러시아 위키피디아
이고리 스트라빈스키
출처: 러시아 위키피디아
골로빈이 디자인한 <불새>의 무대
출처: www.liepa.ru/projects/saisons-russes-xxi-century/fire-bird/
불새 의상 디자인
출처: www.liepa.ru/projects/saisons-russes-xxi-century/fire-bird/,
www.belarus.by/ru/press-center/press-release/balet-stravinskogo-zhar-ptit-
sa-v-postanovke-liepy-otkroet-3-oktjabrja-mezhdunarodnuju-programmu-tearta_
i_0000015585.html
미하일 포킨
출처: 366days.ru/article/822
불새 역의 카르사비나와 차레비치 역의 포킨
출처: www.m24.ru/articles/balet/25062015/77296
세르게이 댜길레프의 초상: 레온 박스트의 그림
출처: 러시아 위키피디아
불새 의상을 입은 타마라 카르사비나
출처: cyclowiki.org/wiki/%D0%96%D0%B0%D1%80-%D0%BF%D1%82%D0%
B8%D1%86%D0%B0_(%D0%B1%D0%B0%D0%BB%D0%B5%D1%82)
불새와 차레비치의 파드되
출처: art.1sept.ru/article.php?ID=200800805
마르크 샤갈이 그린 파리 그랑오페라극장의 천장화
출처: izbrannoe.com/news/iskusstvo/kak-mark-shagal-raspisal-plafon-parizhskoy-
opery/

페트루시카

챕터 메인 사진_<페트루시카>의 공연 장면
출처: www.belcanto.ru/ballet_petrushka.html
발레 <페트루시카>의 주인공들
출처: soundtimes.ru/balet/klassicheskie-balety/petrushka
<페트루시카>의 공연 장면
출처: www.belcanto.ru/ballet_petrushka.html
페트루시카 역의 니진스키
출처: m.ok.ru/artlabiri/topic/70578311441201
발레리나 역의 타마라 카르사비나
출처: m.ok.ru/artlabiri/topic/70578311441201
알렉산드르 베누아 (레온 박스트, 1898)
출처: 러시아 위키피디아
알렉산드르 베누아가 디자인한 <페트루시카>의 무대
출처: www.liepa.ru/projects/saisons-russes-xxi-century/petrushka/
페트루시카의 방
출처: www.belcanto.ru/ballet_petrushka.html
무어인의 방
출처: art.biblioclub.ru/picture_22439_komnata_chernomora_eskiz_dekoratsii_k_baletu_i_f_stravinskogo_petrushka_/
베누아의 의상 디자인
출처: www.liepa.ru/projects/saisons-russes-xxi-century/petrushka/
페트루시카 역의 니진스키(프란츠 클라인, 1948년)
출처: selyanka1.livejournal.com/241888.html
바츨라프 니진스키
출처: pastilka-art.livejournal.com/20645.html
니진스키와 댜길레프
출처: пермскоеземлячество.рф/press/news/fraternity/1117/
<장미의 정령>에서 장미의 정령 역으로 분한 니진스키
출처: musicseasons.org/ya-prizrak-rozy/vaclav-nizhinskij-prizrak-rozy/
로댕의 조각 <니진스키라고 불리는 무용수>
출처: regnum.ru/pictures/2344250/278.html
정신병 증세를 보였던 말년의 니진스키가 그린 자화상
출처: strannik17.livejournal.com/8813.html

봄의 제전

챕터 메인 사진_1913년 니진스키 안무의 <봄의 제전> 복원 버전(마린스키극장, 2013년)
출처: 마린스키극장 홈페이지
<봄의 제전> 100주년 기념 공연 포스터
출처: www.theatrechampselysees.fr(샹젤리제극장)

댜길레프, 니진스키, 스트라빈스키(1912년)
출처: www.newestmuseum.ru/history/chronology/1892-1917/1914/index.php
루브르박물관 소장 고대 그리스 자기
출처: en.wikipedia.org/wiki/Afternoon_of_a_Faun_(Nijinsky)
<목신의 오후>(1912년) (목신: 니진스키, 님프: 니진스카야)
출처: api.classicfm.com/composers/debussy/music/prelude-apres-midi-dun-faune/
레온 박스트, <목신의 오후> 의상 스케치 (1912년 발레뤼스 프로그램)
출처: 러시아 위키피디아
<봄의 제전>: 레리흐 디자인의 의상을 입은 무용수들
출처: en.wikipedia.org/wiki/The_Rite_of_Spring
<틸 오일렌슈피겔> 1916년 초연 무대
출처: 러시아 위키피디아
1913년 니진스키 안무의 <봄의 제전> 복원 버전(마린스키극장, 2013년)
출처: 마린스키극장 홈페이지
1913년 니진스키의 <봄의 제전> 복원 버전(마린스키극장, 2013년)
출처: 마린스키극장 홈페이지
사샤 발츠 버전의 <봄의 제전>(마린스키극장, 2013)
출처: 마린스키극장 홈페이지

아폴론

챕터 메인 사진_2018년 마린스키 <아폴론>: 잰더 패리쉬, 마리아 호레바, 다리야 이오노바, 아나스타시야 누이키나
출처: 마린스키극장 홈페이지
1928년 발레뤼스의 <아폴론 무사게트>: 알렉산드라 다닐로바와 세르기 리파르
출처: loc.gov/item/ihas.200156323
2012년 뉴욕시티발레단의 <아폴론>: 로버트 페어차일드, 스털링 힐튼, 틸러 펙, 아나 소피아 셸러
출처: 사진 저작권 by Paul Kolnik, www.danceviewtimes.com/2012/09/balanchines-travinsky-three-different-ways-nycb-opens-its-fall-season.html
2018년 마린스키 <아폴론>: 잰더 패리쉬, 마리아 호레바, 다리야 이오노바, 아나스타시야 누이키나
출처: 마린스키극장 홈페이지
상트페테르부르크의 건축가 로시 거리
출처: commons.wikimedia.org/wiki/File:VaganovaEntrywayPanoramaMay2009.jpg
상트페테르부르크 에르미타주 박물관 신관 입구의 아틀란티스 기둥
출처: www.wikiwand.com/en/Atlas_(architecture)
2009년 수잔 패럴 발레단의 <아폴론>: 새라 이반과 마이클 쿡
출처: www.independent.com/2009/10/27/balanchine-couple-granada/

황금시대

챕터 메인 사진_유리 그리고로비치의 <황금시대>
출처: www.to-premiera.com/events/zolotoj-vek/
드미트리 쇼스타코비치
출처: zen.yandex.ru/media/vgk/sluchai-iz-jizni-stalina-600a83dc11af84570b86f278
1928년, 격문이 가득한 볼쇼이극장 내부
출처: pastvu.com/p/746267
<붉은 양귀비>의 한 장면
출처: krascult.ru/novosti/639-v-dni-aziatsko-tikhookeanskogo-festivalya-na-stsene-krasnoyarskogo-opernogo~
1930년 <황금시대> 초연 장면
출처: ok.ru/denrussia/topic/70275069146469
<황금시대> 포스터
출처: www.belcanto.ru/ballet_age.html
초연 <황금시대>의 한 장면
출처: 마린스키극장 홈페이지
유리 그리고로비치의 <황금시대>
출처: afisha.yuga.ru/krasnodar/teatralnye_postanovki/teatr_zolotoj_vek/
노아 겔버의 <황금시대>
출처: 마린스키극장 홈페이지
1931년 4월 8일 <볼트> 초연 후 쇼스타코비치의 아파트에서 열린 파티
출처: 마린스키극장 홈페이지

볼트

1931년 <볼트> 초연 무용수들
출처: 마린스키극장 홈페이지
<볼트>의 군무
출처: www.looseleafreport.com/shostakovich-better-late-but-still-great-than-never.html
<볼트>의 한 장면
출처: www.belcanto.ru/ballet_bolt.html
<볼트>, 구축주의 경향의 의상
출처: tanjand.livejournal.com/1230293.html
라트만스키의 <볼트>
출처: www.ballets-russes.com/bolshoisynopses.html

로미오와 줄리엣

챕터 메인 사진_라트만스키 안무 <로미오와 줄리엣>
출처: ⓒDamir Yusupov / Bolshoi Theatre

musicseasons.org/igra-ognem-vedushhaya-k-pozharu
니진스카야 안무 <로미오와 줄리엣>, 세르게이 리파리와 타마라 카르사비나
출처: balletristic.com/horeografy-russkih-sezonov-serzh-lifar
체코 브루노극장 <로미오와 줄리엣> 세계 초연, 줄리엣 역의 조라 솀베로바(1938)
출처: art.ceskatelevize.cz/360/brnensti-romeo-a-julie-po-osmdesati-letech-rozmelne-na-tragedie-v-duchu-doby-sxteU
체코 브루노극장 <로미오와 줄리엣> 세계초연(1938)
출처: art.ceskatelevize.cz/360/brnensti-romeo-a-julie-po-osmdesati-letech-rozmelne-na-tragedie-v-duchu-doby-sxteU
도시의 여인들(좌측 상단), 로미오의 다리(좌측 하단), 파리스(우측). (1939)
출처: 마린스키극장 홈페이지
마린스키극장 라브롭스키 안무 <로미오와 줄리엣> 1막, 캐퓰렛가의 무도회에서의 방석춤
출처: 마린스키극장 홈페이지
마린스키극장 라브롭스키 안무 <로미오와 줄리엣> 2막, 광장
출처: 마린스키극장 홈페이지
1940년 당시 라브롭스키 안무 <로미오와 줄리엣>의 피날레
출처: 마린스키극장 홈페이지
1940년 당시 키로프극장 초연 전날
출처: 마린스키극장 홈페이지
로미오(콘스탄틴 세르게예프)와 줄리엣(갈리나 울라노바)
출처: 마린스키극장 홈페이지
맥밀란 안무 <로미오와 줄리엣> 리허설, 누레예프와 폰테인(1965)
출처: www.theguardian.com/stage/gallery/2015/oct/02/royal-ballet-romeo-and-juliet-50-years-of-star-crossed-dancers-in-pictures (Photo Frederika Davis)
로얄오페라하우스에서 공연된 맥밀란 안무 <로미오와 줄리엣>, 누레예프와 폰테인
출처: ©V&A Images / Victoria and Albert Museum, London / Theatre Collections (Photograph Anthony Crickmay)
nureyev.org/rudolf-nureyev-famous-roles-ballets-index/romeo-and-juliet-prokoviev-rudolf-nureyev
그리고로비치 안무 <로미오와 줄리엣>(1979), 줄리엣 역에 나데즈다 파블로바
출처: archive.bolshoi.ru/entity/PERSON/6104
크렘린궁 무대를 위한 1999년 버전 <로미오와 줄리엣>, 두 가문
출처: en.kremlinpalace.org/ballet/repertoire/romeo-and-juliet#98
볼쇼이극장을 위한 2010년 버전 <로미오와 줄리엣>, 파리스의 청혼
출처: 볼쇼이극장 홈페이지
프렐조카주의 <로미오와 줄리엣>, 연인들의 사랑
출처: ©Jean-Pierre Maurin
www.lestroiscoups.fr/romeo-et-juliette-de-william-shakespeare-opera-de-lyon
프렐조카주의 <로미오와 줄리엣>, 수용소의 군무
출처: www.myprovence.fr/article/romeo-et-juliette-contre-la-milice-des-consciences

마이요의 <로미오와 줄리엣>, 혼인성사
출처: ⓒCharlie McCullers
www.artsatl.org/review-atlanta-ballets-romeo-juliette-time
마이요의 <로미오와 줄리엣>
출처: ⓒAngela Sterling
blogpnborg.wordpress.com/2014/02/11/press-release-pnb-announces-2014-2015-season-line-up
라트만스키의 <로미오와 줄리엣>, 캐퓰렛 가문의 무도회
출처: ⓒDamir Yusupov / Bolshoi Theatre
musicseasons.org/igra-ognem-vedushhaya-k-pozharu
라트만스키의 <로미오와 줄리엣>, 광장 군무
출처: ⓒElena Fetisova / Bolshoi Theatre
www.kommersant.ru/doc/3475510
라트만스키의 <로미오와 줄리엣>
출처: ⓒDamir Yusupov / Bolshoi Theatre
denicler.eu/Romeo-i-Julia-cinfo-pol-79.html

석화

챕터 메인 사진_<석화>의 한 장면
출처: afisha.yuga.ru/krasnodar/teatralnye_postanovki/kamennyj_cvetok/
유리 그리고로비치
출처: m.123ru.net/smi/rg-mirtesen/79596716/
유리 그리고로비치
출처: visualrian.ru/media/93199.html
<석화>의 한 장면
출처: visualrian.ru/media/680179.html
연습 중인 유리 그리고로비치
출처: 마린스키극장 홈페이지
대통령 표창장을 받는 유리 그리고로비치
출처: regnum.ru/news/cultura/2547673.html
<석화>의 한 장면
출처: wiki-org.ru/wiki/%D0%9A%D0%B0%D0%BC%D0%B5%D0%BD%D0%B-D%D1%8B%D0%B9_%D1%86%D0%B2%D0%B5%D1%82%D0%BE%D0%BA_(%D0%B1%D0%B0%D0%BB%D0%B5%D1%82)
<석화>의 한 장면
출처: 마린스키극장 홈페이지
<석화>의 한 장면
출처: afisha.yuga.ru/krasnodar/teatralnye_postanovki/kamennyj_cvetok/
<석화>의 한 장면
출처: afisha.yuga.ru/krasnodar/teatralnye_postanovki/kamennyj_cvetok/

<석화>의 한 장면
출처: www.sergpetrov.com/Art/ballet/MAMT/Stone%20Flower/index.htm

스파르타쿠스

챕터 메인 사진_<스파르타쿠스> 3막 스파르타쿠스와 프리기아의 파드되
출처: 볼쇼이극장 홈페이지
아람 하차투란
출처: myslide.ru/presentation/skachat-otechestvennaya-muzyka-v-1920--1950e-gody
야콥슨의 <스파르타쿠스> 1막 중의 한 장면
출처: 마린스키극장 홈페이지
크라수스를 유혹하는 에기나
출처: 마린스키극장 홈페이지
1956년 키로프의 <스파르타쿠스> 중 에기나를 추고 있는 알라 셸레스트
출처: www.nasledie-rus.ru/podshivka/8607.php
유리 그리고로비치
출처: novat.nsk.ru/ media/photo/yuriy-grigorovich
1막 첫 장면의 크라수스와 로마병사들
출처: 볼쇼이극장 홈페이지
1968년 볼쇼이극장 <스파르타쿠스>에서 크라수스로 분한 마리스 리예파
출처: История в кинодокументах. История русского балета. DVD 영상화면 캡처
1968년 볼쇼이극장 <스파르타쿠스>의 주인공 스파르타쿠스 역으로 분한 블라디미르 바실리예프
출처: www.liveinternet.ru/users/4059800/post161614282/
2막 크라수스 연회의 집정관과 무희들의 춤
출처: www.belcanto.ru/ballet_spartacus. html)
3막 마지막 장면의 스파르타쿠스-바실리예프
출처: musicseasons.org/istoriya-ispolnenij-spartaka-baleta-dolgozhitelya-chast-pervaya/

곱사등이 망아지

챕터 메인 사진_라트만스키 안무 <곱사등이 망아지>
출처: 마린스키극장 홈페이지
예르쇼프의 「곱사등이 망아지」를 소재로 한 루복화(1885)
출처: kulturologia.ru/blogs/270216/28595
영화 <곱사등이 망아지>(1941)
출처: www.museikino.ru/events/konek-gorbunok-1941-rezh-aleksandr-rou-30052020
인기 만화영화 <곱사등이 망아지>(1947) 포스터
출처: zen.yandex.ru/media/golytba/kak-amerikanskie-deti-konkagorbunka-poliubili-5ee85f785991a234c2b372a4

<곱사등이 망아지>(1960) 초연, 여왕 역에 림마 카렐스카야와 차르 역에 라둔스키
출처: 볼쇼이극장 홈페이지
라둔스키 안무 <곱사등이 망아지>(1960), 여왕 역에 플리세츠카야와 이반 역에 블라디미르 바실리예프
출처: artsandculture.google.com/partner/bolshoi-theatre
벨스키 안무 <곱사등이 망아지>(1963) 2막, 장터.
출처: forum.balletfriends.ru/viewtopic.php?t=2555
1981년 작 브랸체프 안무 <곱사등이 망아지>
출처: 마린스키극장 홈페이지
키로프극장의 <곱사등이 망아지>(1981)를 위한 마리나 소콜로바의 의상 디자인
출처: www.mariinsky.ru/about/exhibitions/shchedrin/konek81
브랸체프의 <곱사등이 망아지>(1981)
출처: 마린스키극장 홈페이지
라트만스키의 <곱사등이 망아지>, 불새들과 여왕
출처: petersburgballet.com/shows/post/konyok-gorbunok-the-little-humpbacked-horse-mariinsky-ii-new-theatre-ballet/teatr/mariinsky-ii-new-theatre/date/04.10.2020-13:00#balllet-gallery-5
라트만스키의 <곱사등이 망아지>, 이반과 암말 / 이반과 차르, 그리고 여왕
출처: 마린스키극장 홈페이지
라트만스키의 <곱사등이 망아지>, 바다의 왕녀와 수중생물들
출처: petersburgballet.com/shows/post/konyok-gorbunok-the-little-humpbacked-horse-mariinsky-ii-new-theatre-ballet/teatr/mariinsky-ii-new-theatre/date/04.10.2020-13:00

카르멘 모음곡

<카르멘 모음곡> 초연, 알론소와 플리세츠카야
출처: zen.yandex.ru/media/fashion_museum/maiia-pliseckaia-ikona-stilia-izza-jeleznogo-zanavesa-5e9449ef4b3ad201b9ee9c2b
<카르멘 모음곡>, 마이야 플리세츠카야
출처: www.bolshoi.ru/persons/people/2829
마이야 플리세츠카야와 로디온 셰드린(1971)
출처: www.classicalmusicnews.ru/signdates/13-faktov-plisetskaya
<카르멘 모음곡>, 카르멘 역에 스베틀라나 자하로바
출처: 마린스키극장 홈페이지
<카르멘 모음곡>, 숙명과 카르멘
출처: 볼쇼이극장 홈페이지

붉은 지젤

챕터 메인 사진_<붉은 지젤>의 한 장면

출처: showoneproductions.ca/ru/gallery/eifmant-ballet-red-giselle/
보리스 에이프만
출처: russia-news.ru/ru/8-news/389-segodnya-den-rozhdeniya-borisa-ejfmana
보리스 에이프만
출처: www.ledevoir.com/culture/danse/520739/boris-eifman
<붉은 지젤>의 한 장면
출처: www.belcanto.ru/red_giselle.html
<붉은 지젤>의 한 장면
출처: www.belcanto.ru/red_giselle.html
<붉은 지젤>의 한 장면
출처: showoneproductions.ca/ru/gallery/eifmant-ballet-red-giselle/
<붉은 지젤>의 한 장면
출처: www.opentv.tv/boris-ejfman-v-izraile-kak-vsegda-anshlag-i-dopolnitelnye-spektakli/
<붉은 지젤>의 한 장면
출처: www.opentv.tv/boris-ejfman-v-izraile-kak-vsegda-anshlag-i-dopolnitelnye-spektakli/
<붉은 지젤>의 한 장면
출처: life.ru/p/880609
<붉은 지젤>의 한 장면
출처: www.dansportalen.se/111/-fler-artiklar/nyhetsarkiv/2011-02-25-anita-jokela-finlands-nationalopera-savcor-och-eifman---ett-ambitiost-samarbete.html
<붉은 지젤>의 한 장면
출처: thesarafan.ru/spb/event/balet-krasnaya-zhizel-v-aleksandrinskom-teatre
<붉은 지젤>의 한 장면
출처: thesarafan.ru/spb/event/balet-krasnaya-zhizel-v-aleksandrinskom-teatre

안나 카레니나

챕터 메인 사진_에이프만의 안무작 <안나 카레니나>(2005/2010) 속 안나와 카레닌
출처: www.belcanto.ru/karenina_eifman.html
만년의 톨스토이
출처: 러시아 위키피디아
셰드린의 오페라 <안나 카레니나> 앨범 표지로 사용된 플리세츠카야의 발레 <안나 카레니나>
출처: records.su/image/album/9341
셰드린과 플리세츠카야
출처: zen.yandex.com
라트만스키의 안무작 <안나 카레니나>(2004/2010) 속 안나 카레니나(로파트키나, 2010)
출처: 마린스키극장 홈페이지
에이프만의 안무작 <안나 카레니나>(2005/2010) 속 안나와 카레닌

출처: www.belcanto.ru/karenina_eifman.html
크리스티안 슈푹 안무작 <안나 카레니나> (2017, 국립발레단)
출처: news.v.daum.net/v/20171031155644364
존 노이마이어 안무작 <안나 카레니나>(2017) 속 안나 카레니나
출처: www.hamburgballett.de/
조프리 발레단의 <안나 카레니나>(2019) 속 키티와 레빈
출처: www.joffrey.org/anna

HK러시아·유라시아 연구 시리즈 21/37

우리에게 다가온 러시아 발레

초판 발행 2021년 3월 23일
초판 2쇄 2021년 5월 18일

엮은이 한양대학교 아태지역연구센터 러시아·유라시아 연구사업단

펴낸이 김선명
펴낸곳 뿌쉬낀하우스
편집 심지은, 엄올가, 송사랑
디자인 김율하
주소 서울시 중구 동호로 15길 8, 리오베빌딩 3층
전화 02)2237-9387
팩스 02)2238-9388
이메일 book@pushkinhouse.co.kr
홈페이지 www.pushkinhouse.co.kr
출판등록 2004년 3월 1일 제 2004-0004호

ISBN 979-11-7036-049-0 93680

Published by Pushkin House. Printed in Korea
Copyright ⓒ 한양대학교 아태지역연구센터 러시아·유라시아 연구사업단
ⓒ 2021 Pushkin House

저작권법에 의해 보호를 받는 저작물이므로 무단 전재와 무단 복제를 금합니다.